UTCP叢書3

哲学と大学

西山雄二 編

未來社

哲学と大学◇目次

はじめに――大学において私たちは何を希望することを許されているのか　7

第1部

第1章　秘密への権利としての哲学と大学――カント『諸学部の争い』における大学論　**宮﨑裕助**　26

第2章　フンボルトにおける大学と教養　**斉藤 渉**　50

第3章　世俗化された日曜日の場所――ヘーゲルにおける「哲学」と「大学」　**大河内泰樹**　78

第4章　求道と啓蒙――ニーチェにおける哲学と大学　**竹内綱史**　99

第5章　比較と責任――マックス・ウェーバーの学問論　**野口雅弘**　120

第6章　ハイデガーの大学論　**北川東子**　137

第7章　「ユダヤ人国家」の普遍性を追求したヘブライ大学の哲学者たち　早尾貴紀　165
第8章　ジャック・デリダにおける哲学と大学　西山雄二　187

第2部

第9章　欧州高等教育再編と人文科学への影響　大場　淳　206
第10章　条件付きの大学——フランスにおける哲学と大学　藤田尚志　224
第11章　高学歴ワーキングプア——人文系大学院の未来　水月昭道　249
編者あとがき　268
「哲学と大学」に関する参考文献　巻末

装幀——戸田ツトム

哲学と大学

UTCP叢書3

はじめに――大学において私たちは何を希望することを許されているのか

近代ヨーロッパにおける大学の確立は哲学の学問的覇権の確立と不可分である。新人文主義の潮流のなかでフンボルトがベルリン大学を創設し、フィヒテやシュライアーマッハーらがその理念を洗練させていくなかで、哲学は学問の有機的統一性を保証し、大学の理念を支えるものとされた。当時、後進国ドイツにおいては、統一国家を建設するにあたって、社会の意味の総体としての「文化」が必要とされていたのであり、その洗練と教授を担ったのが大学の研究教育活動だった。外部の諸権力(国家や教会)に対して大学の自律を主張するのではなく、理性をその統合原理とする国民文化の形成拠点という近代的な大学がここに登場するのである。

本論集の目的は、十九世紀以降の各哲学者の大学論を批判的に考察し、哲学の営みと大学の制度や理念との関係を問い直すことである。カント、フンボルト、フィヒテ、シュライアーマッハー、シェリング、ヘーゲル、ショーペンハウアー、ニーチェ、ハイデガー、オルテガ、ヤスパース、デリダ……大学論を執筆した思想家はほとんど大学教師であり、あるいは大学制度との関係において思索を展開した。彼らはその歴史的・社会的状況において、教師として大学制度のなかでどのように振る舞ったのか。彼らはその大学論においていかなる哲学的主張を展開しているのか。そうした大学論は彼らの哲学の理論や実践においていかなる位置を占めるのか。哲学と大学をめぐる議論のなかからは、それぞれの哲学者の学問論、教育論、教養論、人間論も浮かび上がってくる。

本論集は、哲学者の大学論を参照し、哲学と大学の関係を見定めることによって、哲学を含めた諸学問のあいだの布置連関（科学—哲学、人文科学—社会科学—自然科学、哲学そのもの—哲学研究、職業教育—教養教育、など）を浮き彫りにし、各々の大学の歴史的文脈と学問の社会的な諸条件を明らかにすることをめざす。これは、哲学を通じた普遍的な真理探究が、大学の理念として諸学問を総合するという考えがもはや失効している現在からの回顧的な読解作業である。つまり、哲学と大学をめぐるある種の「没落の歴史」の考察となるだろう。

現在、グローバル資本主義における知識基盤経済の競争のなかで、大学は経済的な価値観によって決定的な変容を遂げており、大学固有の理念を構想することが困難となっている。社会からある程度自律した大学の「孤独と自由」（フンボルト）を前提として、学問の宇宙を想像することはもはやできない。だからこそ本論集は、過去の哲学者たちが大学の全体像をいかに構想したのかを辿り直しつつ、今日もなお有効な論点を見出すことで、現在の大学に課せられた諸条件を再考することをも目的としている。彼らが思い描いた大学の総体的な理念はもう時代遅れかもしれないが、その理念の廃墟のなかから、大学を根本的に思考するためのいくつもの要点が断片的なかたちで私たちに送り届けられるはずである。
ここで、本論集が示す道程を足早に辿りつつ、哲学と大学の歴史的変遷を観望しておきたい。そして、その眺望のなかで、現在も効果的であると思われる論点の数々を看過しえぬ道標としてあらかじめ確認しておこう。

カントは大学の自由を学問の自由としてはじめて定式化した哲学者である。宮﨑裕助は「**秘密への権利としての哲学と大学——カント『諸学部の争い』における大学論**」において、近代の大学論の起点をなすカントの意義を考察する。

カントは上級学部（神学部、法学部、医学部）と下級学部（哲学部）という建築術的な構図でもって大学における理性の役割を重要視した。一方で、上級学部の教説は国民に強力な影響力をもつ。神学部は各人の永遠の幸せを、法学部は社会の各成員の市民的な幸せを、医学部は肉体的な幸せ（長寿と健康）を対象とする。他方、哲学部は国家の利害関心からは独立しており、その教説は国民の理性のみに委ねられる。哲学部は国家権力の後ろ盾がないが、しかし、すべての教説を判定する理性の自由を保証されている。哲学部の批判的な役割を通じてこそ大学の社会的機能は保たれ、国家や社会に大学が真に役立つとされる。
ここで重要なことは、古典的だがいまなお未解決な問い、つまり、国家権力に対する大学の自律性の問いである。哲学部は国家権力に対して「反‐権力」を対置するのではなく、一種の「非‐権力」、つまり権力とは異質の理性を対置することによって、この権力の限界画定を内側から試みる。宮﨑が指摘するように、哲学の力はこの「慎ましさ」にある。権力をもたないことによって哲学は「無力さの力」として振る舞う。そして、知の「慎ましさ」が作用するかぎりにおいて、大学における知は特定の国家的物語に従属する手前にとどまるのである。

ただ、現在となっては、カントのような建築術的構図でもって大学の構成や役割を整然と説明し、哲学部という特定の学部にのみ理性の公的な使用が許されると考えることはできない。だから、さらに重要なことは、大学の適切な内的構成を問うことだろう。国家権力と大学、社会と大学といった内部と外部の対立ではなく、大学の内部ですでにこうした対立が象徴的に生じている。大学における諸学部の構成や力関係こそが、社会のいたるところにおける有用なもの／無用なもの、権力／非権力といった対立を反映しているのだ。真理に対する無条件的な探究を保守しようとする試みは、それゆえ、大学のなかの限定された学科や個人を救済する組合主義的な試みにとどまらず、社会における理性の自由な行使を保守することに連関しているのである。

上級学部と下級学部の争いはあくまでも合法的な争いであって、戦争ではない。上級学部が右派として政府の規約を弁護するならば、下級学部（哲学部）は反対党派（左派）として厳密な吟味検討をおこない、異論を唱える。理性という裁判官が真理を公に呈示するために判決を下すかぎりにおいて、この争いは国家権力に対しても有益なのである。その場合、まるで梃子の作用が働くように、真理への忠実さという点で哲学部は右派となり、上級学部は左派となるだろう。こうした大学の建築術的な図式において重要なことは、各勢力の争いの両極を分かつ支点において大学全体の方向を転換するような「梃子（モクロス）」（デリダ）の作用が維持されること、そうすることで、真理をめぐる複数の政治的戦略が可能性として残されることであるだろう。相手の存在を否定する戦争を回避しつつ、真理探究に向けて大学の各学部や学科が、各々の大学人が「合法的な争い」を展開するにはどうすればよいのか――これは、学術をめぐって激化する戦争にも似た今日の競争のなかで再考されるべき問いである。

斉藤渉は「フンボルトにおける大学と教養」において、近代的大学の理念とされるフンボルト理念をその歴史的文脈と思想的背景を踏まえつつ考察する。

プロイセンの内務省の管轄下にある宗教・公教育局長として学校計画の策定に携わっていたフンボルトはカントの大学論の骨子を引き継ぎつつ、新人文主義的な教育思想を加味して大学を構想する。知識の理解や習得をうながすための「基礎教育」、自律的な学習能力の獲得に向けた「学校教育」、学問の統一性を産出する能力の獲得をめざす「大学教育」といった区分と段階は、大学における教育目標をめぐる興味深い論点だ。また、「素材」(知識内容)の習得という実用的な教育法ではなく、「形式」(一般的な思考能力)の涵養を重視し、「形式的陶冶」をめざすという教育論は現在も再確認されるべき「教養」の本質である。

フンボルトによる大学の理念としては「孤独と自由」という文句がもっとも有名である。社会や国家(大学の外部)による要求や介入を受けることなく「学問の純粋な理念」と対峙するとき、大学は自己の活動に責任をもち(＝孤独)、他からの干渉を受けない(＝自由)とされる。ただし、実務家フンボルトはたんに大学にとっての国家無用論を唱えたのではなく、国家と大学の実践的な関係をつねに考慮しているのであり、ここには、学問の純粋さの社会的実践という屈折した思考が提示されている。

フンボルトが大学論を執筆したころ、すでに、旧時代の遺物として大学の廃止が喧伝され、さらには、啓蒙主義者たちによって職業教育を柱とする実用的な教育が要求されていた。大学の理念が失効した末に大学制度の適切な縮小、統合、廃止が唱えられ、実践的な教育が重視されるというのは現代にも当てはまる趨勢である。これら厄介な二つの敵に対して、大学はいかに振る舞うべきだろうか。フンボルトの丹念な読解を通じて斉藤が示すように、大学のさらなる存在意義のひとつは、その研究教育が国家の理念に一義的に収斂するのではなく、むしろ国境を越えた人材と知性の横断を促進することで他者への「尊敬の念」を共有することだろう。

大河内泰樹は「世俗化された日曜日の場所――ヘーゲルにおける『哲学』と『大学』」において、ヘーゲルがいかなる仕方で教育や大学を哲学的に思考しようとしたのかをその時代状況や社会背景を踏まえながら詳細に考察する。

ナポレオンの征服の影響でドイツ各領邦内で近代化が進展するなか、ヘーゲルはニュルンベルクでのギムナジウム校長として八年間教育改革の渦中にいた。それは形而上学的な学問が没落し、実用的な学識への要求が高まる時代であり、ヘーゲルは学問研究と職業教育、学問の有用性と無用性、高貴な内面的生活と世俗の現実的生活といった区別に敏感だった。その後、ヘーゲルはハイデルベルク大学、ベルリン大学で教授職を得る。ベルリン大学での教授就任演説は力の入ったもので、プロイセンの世界史的使命がベルリン大学における教養＝形成（Bildung）のなかに位置づけられる。こうした哲学者による国家論的な大学論を典型的なナショナリズム的言説として片づけることはたやすいだろうが、大河内が繊細に解釈するように、大学の使命に対するヘーゲルの期待は陳述的なものではなく、来たるべき大学と哲学の曙光に向けられた行為遂行的なものである。

ヘーゲルによれば、哲学は何かに役立つ有用なものではなく、「哲学との交流は人生の日曜日（der Sonntag des Lebens）とみなされうる」。プロイセン国家によって保証された大学は、世俗化された「日曜日」の場所とみなされる。大学で得られる教養によって獲得されるのは、何らかのよりどころとなるような有用な常識や健全な人間悟性ではない。逆に、大学は「いっさいのよりどころを問い直す苦闘」の場所であり、安息のない日曜日＝無用性の場であるかぎりにおいて社会的に有用なのである。

十九世紀、ドイツに教育制度が確立されて、「教養」による立身出世が一定の市民層を形成していたころ、ニーチェは新たな教養施設の将来を説く。竹内綱史は「**求道と啓蒙――ニーチェにおける哲学と大学**」において、哲学と哲学研究、哲学者と学者の相違をめぐる彼自身の実存的な問いから出発して、ニーチェ哲学の初期と中期における大学論の変化を分析しつつ、「求道」と「啓蒙」の二つの方向性においてその大学論を読み解く。

『われわれの教養施設の将来』において、理論と実践の一致としての「教養」を掲げ、研究教育制度への期待を抱いていたニーチェは、『反時代的考察』においては一転して大学の哲学への苛烈な批判をくり広げる。たしかに、ニーチェは真理を無制約的に探究し、日々の生活のなかで自らを高めるという「求道」を強調する。しかし、それは世間から隔絶して自己を形成するという孤高の営みではなく、哲学者という「実例」を必要とする限りにおいて啓蒙的な振舞いをも前提としている。こうした求道と啓蒙の一致はもはや大学制度を必要とはしないが、しかし、「実例」を通じた知的共同体の形成という点ですでに大学の理念を宿している。竹内がニーチェ研究者の立場から描き出したのは、大学と在野、哲学と哲学研究、思想家と研究者といった区別の両義的な閾《しきい》であり、これは哲学研究者が一度は立ち止まるであろう閾である。

二十世紀に入り、自然科学研究の進展と産業の発展によって大学の研究教育は変容し、一九一〇年代に大学の優越的な地位はドイツからアメリカへと移行する。膨大な研究予算によって工業化や専門化が促進されるアメリカ型の大学が優位となり、生き方の基準となる原則の研究教育を掲げてきた大学先進国ドイツが凋落し始めたのである。野口雅弘は「比較と責任——マックス・ウェーバーの学問論」において、ウェーバーがアメリカとドイツ双方の大学の理念と現実から距離を取りつつ、両義的な立場から学問の意義や学術への態度を規定する点に着目する。

学問は世界観を教授するのか、それとも、生活上の技術を提供するのか。たしかに、ウェーバーは『職業としての学問』において、学問はドイツ流に「生き方」を教示するものではなく、アメリカ流に研究の専門化に随従しなければならない、と若者たちに厳しく説く。だがしかし、彼はアメリカとドイツの学問観の抗争をあえて鮮明にすることで、そのジレンマのなかで学問の姿を提示しようとする。この戦略は安易な相対主義に帰着するものではなく、むしろもろもろの価値対立のなかでの態度決定の責任と切り離せない。つまり、自分が態度決定をおこなうことで、なんらかの犠牲がつねに生じていることを自覚させ、対立関係やジレンマに敏感であるように促すことが学問の「責任」なのである。専門に没頭することによって、より広範な視野で、他の価値の犠牲に対する感性を洗練させること――これこそが「学問としての学問がなしうる最後の功績」であり、また「学問の限界」なのである。『職業としての学問』は学問の素朴な自己限定と学術活動の過度の情熱が共存する稀有なテクストであり、「学問にいったい何ができるか」という問いの前で逡巡する多くの読者をこれからも魅了し続けるだろう。

二十世紀の哲学者が著わしたもっともスキャンダラスな大学論は、ハイデガーによる一九三三年のフライブルク大学総長演説「ドイツ大学の自己主張」である。あらゆる学問に対する哲学の普遍主義が大学を通じた国家主義と結びつくこのテクストは、哲学が大学の理念をもっとも決定的に主導した最後のテクストである。ナチズム体制下では社会改革の一部として大規模な大学改革が実施されたが、この演説もまた、そうした大学の自己改革に賛同するかたちで書かれている。北川東子の「**ハイデガーの大学論**」は、権威主義的な男根ナルシズム的口調で大学の存在をドイツの運命へと結びつける「ドイツ大学の自己主張」をたんなる政治的プロパガンダによる問題作とはせず、ハイデガーの学問論全体のなかで分析を加え、大学という場所とドイツというナショナリティの問いを浮き彫りにする。

ハイデガーの英雄的な口調にしたがえば、「導く者」が「導かれる者」として「ドイツの運命」に曝されるときにはじめて、ドイツ大学は自己変革を遂げることができる。大学は研究教育活動を超えて、学問が歴史的・精神的な必然性に委ねられることで、民族的なアイデンティティを醸成する場となる。そのとき、学問は近代科学と技術的世界と形而上学に裏打ちされた現実的な営みではもはやなく、〈存在の真理〉の根源的な基礎づけをめざす革命的な探究となる。フンボルトが提唱した「研究と教育の統一」を踏み越えて、教官と学生は「闘争共同体」としてこうした学問を意志することが求められ、学問の理念は既存の大学を超過し、大学の解体さえ示唆する。大学の根源的な自己改革を進めるなかで、学問の本質が大学という場所から逃れ去るという逆説がここにはあるのだが、この徴候は現在も散見される大学改革の病である。

「ドイツ大学の自己主張」は哲学による近代科学の総体的な批判を通じて、ドイツというナショナリティと大学という場所がもっとも緊張感のある仕方で関係づけられたテクストである。その後、ハイデガーは近代科学への根本的な批判を放棄し、学問に携わるおのおのが自らの拠って立つ場所への控えめな「省察」を実践することを提起するに至る。ハイデガー以後、私たちは学問全体に対する総合的な視座、学術活動のナショナリティ、大学という場所の意義を問い直すように促されている。

早尾貴紀による「『ユダヤ人国家』の普遍性を追求したヘブライ大学の哲学者たち」は、一九四八年のイスラエル建国以後、ユダヤ人国家の理念を支えるヘブライ大学の動向を追いながら、文化シオニストが主張したアラブ人との共存に焦点を当てる。近代ヨーロッパにおいて、大学は国民国家や国民文化を基礎づける役割を担ったのであり、ヘブライ大学においても国民文化の創出がめざされる。だが、哲学部においては、「ユダヤ哲学」という表現を採用することなく、現代ヘブライ語での翻訳によって古代ギリシア以来のヨーロッパ哲学を摂取することに力点が置かれた。つまり、ヘブライ大学哲学部はヨーロッパ普遍主義とユダヤ性の個別主義の緊張関係のなかで研究教育活動を展開したのである。早尾がさらに指摘するように、こうした特異な状況にあったヘブライ大学において、初代学長ユダ・マグネスによって、ユダヤ人とアラブ人の一国家での共存というバイナショナリズム運動が隆盛した。他者との共存こそが普遍性をもったユダヤ・ナショナリズムを確証するというユートピア的希望を、マグネスは大学という場に託すのだった。これは、近代ヨーロッパの大学に規範を求めつつも、ナショナリズム的使命へと収斂することのない大学の理念を構想した貴重な例である。

西山雄二は「ジャック・デリダにおける哲学と大学」において、一九七〇年代のジャック・デリダの教育をめぐる社会的闘争、脱構築の論理にもとづいて創設された国際哲学コレージュについて概観し、晩年の大学論『条件なき大学』を検討する。

デリダはいわゆる伝統的な大学教師のポストに就いたことはなかったが、しかし、大学制度や哲学教育をめぐる積極的な提言を続けた。近代の大学を理念的に支える哲学が百科全書的な知の体系として作用し、ひいては国家権力と結びつきやすい傾向をもつことをデリダは警戒する。彼がめざすのは、真理を生み出す哲学の営みが、その制度的枠組みである大学をも変容していくという脱構築的なプロセスである。大学に認められる脱構築の力は「すべてを公的に言う権利」と簡潔に表現される。なぜなら、大学においては、真理のみならず虚構をも含めて、人間の精神的活動の総体が無条件的に探究されるからである。

デリダの大学論『条件なき大学』は、ジャン＝フランソワ・リオタールの『ポストモダンの条件』（一九七九年）を意識したものだろう。後者はケベック州政府の大学協議会からの委託を受けて、提出された文章であり、パリ第八大学の哲学総合研究科の創設に捧げられている。リオタールが主張したのは、認識や真理の獲得は一元的なものではなく、むしろ、知というものがそもそも実践的な性質をもつということであった。デリダの方は認識や実践ではなく、信から出発して大学を論じる。「教師professeur」や「職業profession」の語源を辿り、動詞professer（自らが信じていることを他者の前で公言すること）という視点から大学を論じる。大学に許容される「すべてを公的に言う権利」もまた、こうした信の力と関係する。「信じること」から大学制度や研究教育を思考した点でデリダの大学論は画期的であり、後述するように、それは現在の大学を問い直すうえで重要な論点だろう。

十九世紀を通じた学問の専門分化によって、哲学は大学における覇権的な地位をもはや占めてはいない。また、二十世紀を通じて、哲学は文学、芸術、社会学、政治学、人類学、精神分析など他分野と混交し、「比較文学」「地域研究」「カルチュラル・スタディーズ」などの新たな名称とともに伝統的な人文学の枠組みは複雑な仕方で変容し続けている。第2部ではこうした背景を踏まえつつ、哲学者の大学論ではなく、大学制度の現状を分析し、おもに人文科学の立場からその問題を批判的に検討する論考が続く。

まず、大場淳は「欧州高等教育再編と人文科学への影響」において、知識や情報、サーヴィスに立脚した経済への傾向が強まるなか、二十世紀末から実施されているヨーロッパの高等教育再編の現状を概観しつつ、劣勢に置かれた人文科学の役割や存在意義を提示する。ヨーロッパでは、一九九九年のボローニャ・プロセス（欧州高等教育圏構想）、二〇〇〇年のリスボン戦略を経て、欧州地域全体で高等教育の国際競争力を高めるための目標が設定される。ただし、その戦略は知識基盤経済のなかに高等教育を位置づけるものであり、市場化の原理が研究教育活動に多大な影響を与えるようになる。研究教育の成果の「商品化」になじまない人文科学はかくして不利な立場に置かれるのだが、大場は人文科学の必要性を前提としつつ、しかし、人文科学研究者が取り組むべき課題として、社会に対する説明責任を果たすという責務を提言する。大場の結語が示唆しているのは、人文科学における二重の責任をいかに引き受けるのかという問いだろう。一方で、数値目標を設定し、国際的な指標でもって評価し、その結果を広く説明する責任（accountability）が必要となる。他方で、その成果がいかに低調なものであっても、社会にとっての人文科学の必要性を訴え、その将来性に対する応答責任（responsibility）もまた必要である。こうした二重の目標、二重の「責任」において、人文科学に従事する者は新たな尺度と評価基準を発明するべくうながされている。

藤田尚志は「条件付きの大学――フランスにおける哲学と大学」において、フランスの大学の制度的な変遷を追いつつ、デカルトからドゥルーズに至るまでの哲学者による大学論の不在を指摘する。伝統的な大学とその外の高等研究教育機関、哲学部の講壇哲学者と在野の思想家、大学の大衆化とグランゼコールのエリート主義など、藤田は大学をめぐる歴史とともにフランス独特の知的背景を描き出す。こうした制度的状況はなるほどフランスならではの極端な例外ではあるだろうが、しかし、この例外性は研究教育制度をめぐって広く認められる範例的な構造として考察することもできる。

後半では、藤田はデリダの大学論『条件なき大学』を挑発的に読み込み、大学を制約する諸条件の分析とその変革のために、社会的・経済的な条件との積極的な交渉が必要であることを説く。とりわけ、デリダの行論が大学擁護論や大学教師例外論に陥っている箇所にある種の純粋さへの欲望を観察するくだりは示唆に富むもので、この性向はあらゆる大学論や教師論が留意しなければならない論点だろう。藤田が固執する「大学の諸条件」はその表現からして、デリダが提唱する「大学の無条件性」と正反対に見えるかもしれないが、興味深いことに、両者は「大学という制度の脱構築」を重視しつつ、異なる仕方で共通の地平を提示しているのである。


大学が経済的な価値観によって浸透されている現在、その制度的な問題をもっとも集約しているのが大学院生の存在であるだろう。水月昭道は「高学歴ワーキングプア――人文系大学院の未来」において、とりわけ日本の人文系大学院の実態を分析し、人文学の本来的な目的に即して大学院生の可能性を提示する。

大学院は矛盾する二つの状況に置かれている。一方で、一九九一年の「大学院重点化」政策以降、大学院生の数は倍増し、博士号を取得しても就職先がないまま非正規雇用として生計を立てる者が少なくない。他方で、少子高齢化の現実のなかで、大学側はその存続のために人気集めの学部を創設し、大学院教育の拡充を宣伝する。つまり、大学院生の現実からみた高学歴神話の崩壊と、大学経営側からみた学歴信仰の維持とが矛盾したまま進展しているのだ。

水月が指摘するように、もっとも深刻なことは、高学歴ワーキングプアの問題が大学の構造的な問題にとどまるだけでなく、学問探究の本質そのものに深い影響を及ぼすことだ。正規の教職員など大学運営に携わる者と困難な状況にある大学院生との双方が大学の制度的な問題に対して異議を唱えることがなく、むしろ発言しにくい空気が醸成されていく。大学人が自らの制度に対する根本的な批判の力――「すべてを公的に言う権利」(デリダ)――を欠いている限り、社会に対する大学の批判力など期待されるべくもないのではないか。大学院生の問題を諸個人の質の低下や自己責任の問題に単純化しないという一線を水月は保守する。むしろ人文系大学院の役目は大学院の構造的な問題を分析し説明することだという彼の主張は、高学歴ワーキングプア問題を解決するための出発点であるだろう。

このように、「哲学と大学」という簡潔な主題に即して本書が論じるのは、現在の大学に関係する人々に広く共有された問いの数々である。「現在の大学」には社会や経済の論理が浸透し、効率性や収益性といった基準で研究教育活動が評価され、大学教師ではなく学生やその家族の方がその価値を評定するようになっている。すでにビル・レディングズが『廃墟のなかの大学』(一九九四年)で指摘しているように、近代の大学の理念を決定的に変容させ、グローバル化時代の大学の理念なき尺度として作用するのが、「excellence(卓越性)」である。エクセレンスは大学と社会のあいだであらゆる価値を比較可能とし、競争させることを可能とする尺度なき尺度である。エクセレンスはその無内容性によって、あらゆる分野を一様に評価する基準となる。学生の成績、卒業生の進路状況、学会発表の本数、レフェリー付論文の数、受賞履歴、大学の財政状態、図書館の蔵書など、研究分野や教育活動の質だけでなく、社会貢献の度合いに至るまでがエクセレンスの対象となる。エクセレンスはまったく異質な対象を比較対照するための便利で空虚な概念であり、かくして大学は社会と同じ尺度で評価されるようになる。自律した真理探究の場としての大学はエクセレンスによって社会へと完全に開かれ、社会のなかでの競争原理に曝されるのである。

レディングズは、ナショナルな枠組みで機能してきた近代的な大学が国民国家の制約から外れて、グローバル資本主義の運動の一部と化すとしている。しかし事態はより複雑で、グローバルな競争に曝されているとはいえ、大学は依然としてナショナルな経済政策の一環にとどまり、国民国家と大学との関係は刷新されている。先進国は産業資本主義からポスト産業資本主義へ移行し、知識資本主義においては情報やコミュニケーションが重視され、価値をもつようになってきた。資本金で生産手段を獲得し、安い労働力で工業製品を大量生産する産業資本主義を経たのち、現在の知識資本主義においては、知識や情報を創造する人材育成が重視される。それゆえ、こうした二十一世紀の「知識基盤社会」においては、国力増強と結びつくかたちで大学の役割がますます重視されている。大学はグローバル資本主義の潮流のなかで社会や経済と機能的に連動し、ナショナルな産業発展に寄与することが当然視されているのである。

カントは『純粋理性批判』の末尾で、理性に関して、「私は何を知りうるのか」「私は何をなしうるのか」「私は何を希望することを許されているのか」という三つの問いを立てた。前二者は的確な認識および適切な実践の問いであり、私の可能性に属する問いである。これに対して、第三の問いは希望や約束、信に関わる問いであり、しかもそれは私にかろうじて残された権利に属する問いである。

これらの問いはおそらく、現在の大学における研究教育活動への信念を考えるにふさわしい問いの構えをなすだろう。

一方で、研究教育の理論や実践は数量化され評定される。日本の実例を挙げると、研究者の論文発表数や学会発表数、学生の「学習ポートフォリオ」（在学中の知識や技能習得の記録）や「コンピテンス」（経営学でいう職業や生活での実践能力）、卒業生の就職実績、大学教員の教育能力向上の方法「ファカルティ・ディベロプメント」、そして、斬新な教育改善に補助金を提供する文科省の「大学教育グッドプラクティス（GP）」……。理論探究の進展と教育実践の向上を争うアリーナにおいて、教師と学生（そして大学事務員）の能力と可能性はほとんど際限なく伸長することが期待される。

これに対して、大学において「私は何を希望することを許されているのか」という問いは私の可能性と不可能性の閾で想定される。それは「私は何を希望することができるのか」という信念を選択する私の可能性でさえない。研究教育に対する私の希望がかろうじて許されるとすれば、大学の名に値するいかなる場が必要なのかという問いなのだ。

おそらく、「大学において私は何を希望することを許されているのか」という問いは、評価や競争の渦中にある大学関係者が、学生から教師に至るまで、高学歴ワーキングプアをも含めて感じる問いではないだろうか。経営の危うい小規模大学で研究活動に専念できず営業や経営の仕事に駆り立てられる教員。倍増した事務仕事に忙殺されるなかで、国際的な水準での研究教育活動の実績を要請される教師。博士号を取得したのち、非常勤やポスト・ドクターなどの不安定な身分で出口の見えない労苦を重ねる若手研究者。自分の能力をどこまでも伸ばすように強いられる大学のゲームの規則のなかで、それでもなお残る自分の信念を確かめつつ研究教育に従事する、そんな繰り返しが数多くの大学関係者の日常的な風景となっているのではないだろうか。現在の大学制度を取り巻く数々の困難を考えると、残余するこうした大学への信はひとつの限界の風景をなしているように思われる。客観的な評価に曝される理論と実践の能力や可能性と、大学への信の力との非弁証法的な接合地点こそが、おそらく現在の大学にとって、合法的な争いのひとつの地平となるだろう。私たちに残される信の力までもが数量化され評価の対象とならないように、真理の無条件的な探究に即して合法的な争いがなされるのである。

研究教育活動を信じることが許されるために、計算され評価される認識と実践と可能性の果てに、大学の名に値するいかなる場が、いかなる条件において、いかなる責任において残されるのだろうか。たとえ没落の歴史であるにせよ、「哲学と大学」をめぐって紡ぎ出された言葉を辿り直すことで、こうした信の力の所在を確かめることが本論集の目途である。

西山雄二

第1部

第1章　秘密への権利としての哲学と大学——カント『諸学部の争い』における大学論

宮﨑裕助

一、フンボルトの大学理念からの遡行

いわゆる近代的大学——私たちの時代が絶えずそこに根ざしながらそこから離脱せんとしている「近代」特有の大学——の由来は、一般に、一八一〇年のベルリン大学の創設のうちに求められてきた。ベルリン大学創設の理念が、その後の二〇世紀にいたる大学の新設と高等教育の拡大に広範な影響を及ぼしたということもよく知られているだろう。このベルリン大学の創設にあたっては、哲学者のフィヒテやシュライエルマッハーによって大学構想の案が提出された。そして、その理念を定めるのに最終的な役割を担ったのが、当時の教育行政庁長官ヴィルヘルム・フォン・フンボルトである。「研究と教育の統一」としてしばしば特徴づけられるフンボルトの大学理念は[★1]、一方では、学問研究それ自身の内在的な目的追究のために「孤独と自由」(一七七)を支配的原則とすることで、大学が、国家権力や世俗的な有用性によって干渉されることを警戒する。他方では、そうして推し進められた学問と研究が「国民の道徳的教養」および「精神的かつ道徳的陶冶」(一七六)のために供されるとき

に、大学は成り立つのだとフンボルトは主張した。

学問それ自身の純粋で無償な探究は、しかしながら、どのようにして、特定の国民――ここではドイツ国民――にとっての「教養」や「陶冶」に役立つのだろうか。ここで「教養」や「陶冶」と訳されているのは、ドイツ語では、Bildung である。周知のように、この言葉は、直接には Bild（形、像）をもたらすという意味で「形成」を表わすが、それだけではなく、英語では「culture」と訳されるように、広く「文化」一般に結びつくような、知性や人格の形成・修練・教化を言い表わす言葉である。学問そのものは、普遍的な知を目指しており、特定の国民や文化のために存在するわけではないのにもかかわらず、大学の使命は、学問探究の確保そのものによって（ドイツ国民という）特定の国民の教養や陶冶を実現することだとされるのである。

フンボルトによれば、学問は、たんなる知識の獲得や蒐集ではない。そうだとしたら「学問は、空虚な外殻のように、言葉ばかりのものに堕してしまうであろう」。のみならず「それはまた国家にとっての損失となる。なぜなら、内面から発し、内面に植え付けられうる学問だけが、人格をつくりかえることができるからである。そして国家にとっては、人間にとってそうであるように、知識や言葉だけでなく、人格と行為こそが重要だからである」（一七九）。しかし、このような学問の実現は、いったいいかにして可能なのだろうか。

フンボルトは、学問を通じたそのような「精神的努力」の淵源を「ドイツ人の知性的な国民性」（一八〇）に帰している。だが、これは、たんなるプロイセンの国家主義や民族主義のようなものとして理解されてはならない。ジャン＝フランソワ・リオタールが指摘したように、こうした説明のうちに見いだされるものこそ、諸学問の追究と、国家・民族の形成とを統一的に統御しているひとつのメタ原理、すなわち、ドイツ観念論によって達成された、近代的な知の自己正当化の物語なのである。すなわち、

ドイツ観念論が依拠するメタ原理は、認識、社会、国家の発展を、同時に、フィヒテが「神の生」と呼び、ヘーゲルが「精神の生」と呼んだ〈主体〉の「生」の成就のうちに基礎づける。こうした展望のもとでは、知はまず自己自身でみずからの正当性を見いだすことになる。そして、知こそが、国家とは何であり、社会とは何であるかを言うことができるのである。★2

たんなる実証的ないし経験的な認識であることを止め、「生」や「精神」という名を自己付与することによってみずからの正当性を自己創出的に主張し、かつ、そのことによって諸学の正当化をもたらす知の知――大学とは、そのような知を実現する場なのだというのがここでの物語だ。言うまでもなく、そのような物語は、歴史的に哲学と呼ばれた知のことである。大学とは、機能的な目的をもつ初等学校や専門学校とは異なり、本来、哲学的でなければならない、ということになる。こうした哲学としてのメタ原理は、大学というひとつの宇宙において、学問の普遍性と国民の特殊性とを同時に巻き込みつつ一体となった知の展開を自己正当化することができる。かくして学問探究によって実現される国民形成としての **Bildung** は、本質的に哲学的であるような大学という場を媒体として可能になるのである。以上が、近代的大学の物語である。

カントの大学論は、フンボルトの大学理念によって創始された近代的大学の雛型をもたらしたと言われている。中世の大学が、ギルドとしての同業者組織に端を発しながら、神学部を頂点とした、教会ないし王権に従属した制度にとどまっていたのに対し、近代の大学は、学問そのものに内在する普遍的な統合原理にその根拠をもつ。いまみたように、フンボルトの大学理念は、学問のこの統合原理が、国民の Bildung として作用することに基づいてベルリン大学を創設したが、それに先立つこと十五年以上前に、カントの大学論は、この統合原理に「理性」という人間の能力を位置づけ、中世の大学のあり方からは、すでに明確に袂を分かっていた。この意味で、カントの大学論は、近代的大学論の先駆であり、中世から近代を分かつ大学の転換点に位置づけることができる。

たしかに、この「理性」の働きを担う特権的な学問分野は、やはり哲学であり、カントの大学論が、その後に連なるドイツ観念論の大学論が展開する一種のフォーマットをもたらしたことは疑いを容れない（それどころかカントは近代哲学全体の範型ですらある）。しかしながら、ドイツ観念論では、哲学が、知の自己正当化の物語を提供することによって、あらゆる諸学の「主人」の役割を担い、それによって近代的大学の中心原理たりえたのとは異なり、カントの大学論の枠組みのなかでは、哲学は、いまだ「下級」学部にほかならず、他の「上級」学部（神学・法学・医学）とは峻別されたままにとどまっている。

「上級／下級」という区別そのものは、カントの時代において中世からの伝統的な学科区分を引き継いだものである（カントのいたケーニヒスベルク大学は一五四四年創立である）。だが、カントが、ひとりの哲学者として、理性の働きを大学の中心原理として掲げようとして、単純に、哲学部を「下級」から「上級」に格上げし、学部のヒエラルキーを逆転させようとしたわけではない。以下にみるように、カントの大学論において、哲学は力をもたない。それは、一種の本質的な「慎ましさ（Anspruchlosigkeit）」によって特徴づけられるのである。この点は、後のドイツ観念論の大学論において、近代的大学がそもそも哲学的なものとして創設され、哲学が諸学の正当化のメタ原理の役割を果たしたのとは、大きな違いをなす。それはいったいなぜだろうか。哲学のこの「慎ましさ」は、中世から近代にいたるたんなる過渡的な現象や、あるいは、検閲に苦しめられた哲学者（カントの『諸学部の争い』第一部および第二部の初版は検閲によって発禁処分となった）の自己卑下にすぎないのだろうか。そうでないとすれば、そこにはいかなる意味があるのだろうか。

このような問いが必要であるように思われるのも、当然のことながら、近代的大学の創設期（一九世紀初頭）とは違って、いまや哲学が「大きな物語」を提示するものとは単純に信じられなくなっており、それだけに、こうした問いが、今日の大学における哲学の役割、あるいは、そこから垣間見える新たな大学の可能性を探究するのに不可欠な示唆を与えてくれるように思われるからだ。歴史を遡行することで、中世と近代の端境期にあるカントの大学論は、私たちの時代にあってつねに近代とポストモダンとの境界で揺れ動いている来たるべき大学像にとって、なにがしかのヒントを与えてくれるかもしれない。

二、カント大学論の構図と企図

カントの大学論の主要部分は、『諸学部の争い』（一七九八年）、とりわけその第一部に見いだすことができる。まずはその議論の骨子をさらっておこう。カントによれば、そもそも大学とは、学問の受託者としての教授が、自治権をもって形成した学問共同体であり、これは、種々の学問分野の違いによって区別された下位団体である「諸学部」から成っている。ここで「諸学部」と呼ばれるのは、三つの上級学部（神学・法学・医学の諸学部）とひとつの下級学部（哲学部）を指す。標題において「諸学部の争い」と呼ばれているのは、この「上級学部」と「下級学部」のあいだの争いのことである。

はじめに用語上の注意を促しておけば、ここで「哲学部」と呼ばれている学部が扱うのは、今日私たちが「哲学」として知っている学問分野に限定されない。カント自身の説明によれば、哲学部とは、「歴史的認識の部門（自然学、歴史、地理、言語知識、人文科学）」と「純粋な理性認識の部門（純粋数学、純粋哲学すなわち自然および道徳の形而上学）」（三八―九）という二つの部門から成るとされる。[★3]この学部の区分はそもそも、アリストテレスにさかのぼる学科区分に由来しており、中世の大学では「自由七科（septem artes liberales）」――言語に関する三科（文法・修辞学・論理学）と数に関連する四科（算術・幾何・音楽・天文学）に分かれる――と呼ばれるものである（英語でいう「リベラル・アーツ」のこと)。要するに哲学部とは、今日私たちが「哲学」と呼ぶものを含みながらも、「人間的知識のあらゆる部分に及ぶ」とカントが言うように、人文学《ヒューマニティーズ》、人文的な知一般を包括的に扱う学部だとさしあたりは理解してよい。

では、この哲学部がなぜ「下級学部」と呼ばれ、他の神学・法学・医学の三学部が「上級学部」と呼ばれるのか。カントの説明によれば、次の通りである。そもそも政府(国家)が国民に及ぼそうとする影響力は、以下の三つの動機に端を発している。すなわち、内面への働きかけによる各人の「永遠の幸せ」、法的な規制による「市民的な幸せ」、延命処置による「身体的な幸せ」、という三つの動機がそれである(三〇)。政府は「国民に強力で持続的な影響力をもつ手段」となるような学説に関心を寄せており、これらの三つの動機にかんする学説を担うのが、それぞれ、神学、法学、医学である。政府は、これらの学部の学説を認可する権利をもち、この権利の行使を通じて「幸福の促進」を達成するだろう。こうして神学、法学、医学は、国民の福祉という有用性を政府に約束するのであり、自身の学説とそれを認可する政府を通じて国民に直接影響を及ぼすという点で、「上級」学部と呼ばれることになる。

それに対して、哲学部が「下級」学部なのは、その学説がそれ自体として、政府の関心を引くものではなく、学問自身の利害関心しかもたないからである。その関心は、言い換えれば「真理の利害関心」でしかなく、下級学部の学説は、公開されて「学識ある国民の理性に委ね」られるのみである(二六―七)。下級学部の関心は、上級学部のそれとは異なり、政府の命令を介して国民に直接影響を及ぼすことがない。それは、命令を下す権力も影響力ももたず、それ自体としては政府の意向を顧慮しないのである。

ということは、下級学部は、自身の学説にかんして政府の命令から独立しており、制約を受けることがないということでもある。つまり、自由だ、ということである。それは「命令を出すことはできないがすべての命令を判定する自由をもつ」(二七)。この自由は、理性の本性に由来する自由である。ここで「理性」と呼ばれているのは「自律によって判断する能力、すなわち、自由に（思考一般の原理にしたがって）判断する能力」(三八)を指す。カントはこの理性の自律性を「なにかを真と信じよ（crede）という命令を受け入れ」ることがなく、自分自身によって「『私は信じる』（credo）という自由しか受け入れない」(二七)こととして説明している。

下級学部は、政府の関心に応えることも国民の幸福に直接役立つこともなく、「真理の利害関心」にしか関わらないという意味では無力である（ゆえに「下級」である）。しかしそれと引き換えに、政府の命令や上級学部の学説からひとまず距離をおいたところで、それらが妥当かどうか真理かどうかを判定するという自由を手に入れる。それは「政府の立法」ではなく、みずからの「理性の立法」（自律）に服するのであり(三八)、そのことによって、与えられた学説が真であると保証する、いわば学問の守護人の役割を担っているのである。

以上から、下級学部としての哲学部が、なぜ大学組織のなかで必要とされるのかが察せられるだろう。もう少しカントの言葉をたどっておく。一見役に立たない無力な哲学部が役に立つのは「上級三学部を統御し、まさにそのことによって三学部にとって有用になるという点」においてである。「なぜなら、真理（学識一般の本質的で第一の条件）こそなにより重要なのであって、上級学部が政府に約束する有用性は二番目の契機にすぎないから」（三八・強調原文）。

下級学部は、公に講述される学説を自由に吟味し、それが真であるかどうかを判定し保証しなければならない。上級学部は、政府からそれぞれに認可された学説を用いて、政府の目的（国民の幸福促進）に適うよう国民に働きかけてゆくことを第一の使命としており、そこでの最終的な尺度は、国民への影響力や有用性であって、学説そのものの正しさではない。カントによれば、国民は往々にして努力なしに「指導されることを望む」ものであるから、その結果、上級学部の学者に学者以上のものを求めて過剰な期待をしてしまうのであり、学者を「超自然的な事物に精通した予言者や魔法使い」（四二）であるかのように扱うということが生ずる。

もしそれにつけこんだ上級学部が、自身の学説を、下級学部による検証を経ることなく、国民への影響力をもつことだけを旨として流布するということになれば、国民は、間違った学説に迷信的に盲従することにもなりかねないのである。それに対して「公に述べられ原則として立てられるものすべてが真であるよう留意することが、下級学部の権能であるばかりでなく義務でもある」（四四―五）というわけだ。この意味では、下級学部は、依然として上級学部に仕える侍女としての立場を守っている。カントはこう述べている。

哲学部を追い払ったり口を封じたりさえしないのなら、哲学部は神学部の侍女たるべしという尊大な要求も、場合によっては神学部に許容することができる（その場合でも、哲学部が神学部という貴婦人の前を松明をかかげて先導するのか、それとも引き裾をもって後塵を拝するのかという問いは依然として残っている）。というのも、この慎ましさ――みずからはたんに自由であることしか望まず、また他をも自由にさせておき、しかも、たんにあらゆる学問の利益のために真理をつきとめ、これを上級学部が随意に使えるように差し出そうとする、この慎ましさによってこそ、哲学部は、疑惑のないもの、それどころか不可欠なものとして、政府自身にも受け入れられるにちがいないからである。（三八・強調原文）

下級学部が「下級」や「侍女」にとどまり、政府や国民にとって有用性を度外視して、一見無益に思われようと学問そのものの利害関心にしか関わらないのは、まさにそのことによって上級学部の学説は真理を保証されるからであり、結果的に上級学部は、国民を惑わすことなく、よりよく国民の福祉を促進することができるようになるからである。カントの言葉をいま一度引いておけば、下級学部の効用とは「上級学部が（みずからよりよく教化されて）公務員たちをますます真理の軌道に導き入れるようになり、そうすると彼らのほうでも、みずからの義務についてよりよく啓蒙されて、講述内容を柔軟に変更することが可能になる」（四〇）という点にある。

カントが「諸学部の争い」と呼ぶものは、一方で、国民の幸福促進という有用性（政府の関心）を優先する上級学部と、他方で、有用性とは無関係に学問そのものの真理（理性の関心）を優先する下級学部との緊張関係において生ずる争い（Streit）のことである。上級学部が、政府の立法のみを優先させ、みずからの学説を厳密な学問として扱うことなく、理性の立法に即した下級学部による吟味と批判の可能性を受け入れない場合、それは、カントにしてみれば「違法な争い」だということになる。というのも、その場合、当の学説は、公に講述されるべきものではなくなるから、つまり、もし政府がそれに認可を与えるならば、政府（国家理性としての）は理性そのものに反することによって、哲学部を全滅させるのみならず、みずから「死の危険」（四四）を招くことになるからである。

それに対して「合法な争い」とは、上級学部が国民の幸福促進という有用性（政府の関心）を優先するにしても、学問そのものの関心を顧慮しつつ、下級学部による学説の自由な検討を許容し、必要な場合にはその批判を受けてみずからの学説を訂正変更する、という場合である。それに応じて下級学部は、理性の要求に即して学説の真偽を検証するために、あらゆる学説を自由かつ公にとりあげるという無条件な批判の権利を行使しなければならない。カントは、上級学部と下級学部とのあいだの「合法な争い」を、議会での与党と野党の関係にたとえており、この例で下級学部の役割はいっそうわかりやすくなるだろう。「上級学部という階級は（学識という議会の右翼として）政府の諸規約を弁護するが、他方、真理が問題である場合には当然必要とされるぐらいに自由な体制においては、反対党派（左翼）もなければならないのであって、これが哲学部の占める議席である。なぜなら、反対党派が厳密な吟味を通じて異論を唱えなければ、政府は、自分自身にとって有益であったり不利益であったりすることについて十分な教示が得られなくなるだろうからだ」（四七）。

カントにとって大学とは、理性の法のもとでのそのような「争い」の場である。ならば、このような大学のなかで、あるいはこのような大学として、「学部の争い」はいったい何を目指しているのだろうか。このような争いをもっていったい何が達成されるのか。

カントは、この争いが「concordia discors, discordia concors（不調和の調和、調和の不調和）」であって戦争（Krieg）ではない、と述べている（四九）。それは、葛藤と緊張を孕みながらも、ひとつの共通の究極目的を目指すというかぎりで保たれている調和である。この目的こそ「学者共同体と市民共同体とが一致する」そのような格律の実現であり、この格律を遵守するならば、「最終的には、政府の意志によって公の判断の自由に加えられる一切の制限からの解放」が見込まれることになるだろう。その結果、「いつかは、最後の者が最初の者に（下級学部が上級学部に）なるにいたるかもしれない。それは、なるほど権力をもつという点においてではないが、権力をもつ者（政府）に助言するという点においてである。政府はみずからの目的を達成するためのよりよい手段を、自分自身の絶対的権威によりは、哲学部の自由およびその自由から政府のために生まれてくる洞察のほうにみとめるであろう」（四八）。

ここにいたって、政府は、逆説的なことに、みずからその学説を認可し統制していた上級学部にではなく、自由にさせていた下級学部（哲学部）の学説のほうにこそ、国民に働きかける根本的な影響力をみとめなければならなくなる。ここでは、政府は、学部をたんに束縛するのではなく自由に任せるということの意義を見いだすのであり、そのことで可能になった下級学部の「助言（Beratung）」を受けて、政府は、その権限をみずから制限するにいたる。こうして国家理性に基づく政府の立法は、最終的に、下級学部が遵守する純粋理性の立法によって包括され制限されることになるのである。

「学部の争い」が合法のものとして生ずるのは「学者としての公衆（Publikum）」（四九）を前にしてであり、そのような仕方で「学者共同体と市民共同体とが一致する」とカントが述べるとき、この共同体は、もはや「国民（Volk）」とは呼ばれていない点に注意しよう。要するに、カントが「不調和の調和、調和の不調和」としての「学部の争い」を通じて遠望しているのは、特定の政府に従属した特定の国民の支配なのではなく、いわば、理性の法のもとに、国民国家の枠組みを超えて、みずから判断をする自律の能力を備えたコスモポリタンとしての市民（Bürger）の姿であり、カントの大学論においては、大学とは、そのような人材を生み出すべく学問の発展を推し進める場であるということがみてとれるのである。

三、文化形成と普遍主義のジレンマ

近代の大学は、学問（研究）の普遍的な自律性と、特定の国家の要請（国民の教育）とのあいだで引き裂かれた状態に置かれている。これを解決するのに、フンボルトの大学理念では、哲学という知の自己正当化の原理が、ひとつの Bildung（文化形成）として全体を包括することで、学問の発展と国民の教化とを統合する物語として提示されていた。いまみたように、こうした構図そのものはカントの大学論において準備されていたものだ。つまり、大学は、国家の要請（上級学部）と学問の自律性（下級学部）が衝突する場であるが、下級学部たる哲学部が、理性の普遍的な関心を担うことで、ローカルな関心にとらわれた上級学部のありうべき過ちを是正し、政府の立法を制限することによって、最終的には、政府に従属した国民を普遍的な市民へと教化できるのだ、という構図である。

にもかかわらず、フンボルトの大学理念から生まれたその後の近代の大学は、カントの望んだような啓蒙された市民たちの普遍的な文化の社会を実現するどころか、実際には、特定の国民国家にとっての、特定の文化や伝統に根ざした、民族的な自己意識を生産するための制度的な装置として発展した。ビル・レディングズがきわめて説得的に描き出したように、Bildungとしてのフンボルト以来の大学は、結局のところ、国家政策として自国民文化のアイデンティティを形成する点に主要な役割があったことが知られている。先に述べたように、たしかにフンボルトの大学理念自体は民族主義的なものではない。しかし「国家についてのフンボルトのヴィジョンは、フンボルトよりも民族に根ざしたものではなかったにもかかわらず、大学のその後の展開は、実際にはフィヒテの道をたどったのであり、なによりも民族的な観点から教化＝陶冶（cultivation）の過程を定義するものだったのである」。[★4]

というのも、普遍的な知の自己正当化を語る物語は、同時に、それを遂行する担い手を必要としており、その効果において（ドイツ民族という）特定の国民文化の正当化の物語へと容易に反転してしまうからだ。それに対して、フンボルトの大学理念の手前で、カントの大学論の特異さが際立つのは、哲学が、知の自己正当化としての国家的物語となる以前に、ひとつの「慎ましさ」として現われている点である。ここには、カントの大学論が、国家と哲学との関係をどう考えるのかについての基本的な立場が示されている。すなわち、哲学は権力をもたない。哲学が無力であることには変わりはないが、カントにあっては、むしろそうであるかぎりで、上級学部の越権行為を批判し、政府に助言する

役を果たすことができるのである。★5

デリダは、カントの大学論において哲学が国家に対してもつ関係を「国家権力に対して反権力(contre-pouvoir)を対置するのではなく、一種の非権力(non-pouvoir)、つまり権力とは異質の理性を対置する」ことによって、国家権力の限界画定を内側から試みることとして要約している。★6 これは、言い換えるなら、哲学(下級学部)の自律性、ひいては学問の自由を、国家の検閲や抑圧から庇護するために、理性の名のもとに、国家理性の検閲に抗する純粋理性の検閲、権力の検閲に抗する非権力の検閲を企てるという、カントなりの、大学による対国家戦略を表わしている、とみなすことができるだろう。★7

たしかに「いつかは、最後の者が最初の者に(下級学部が上級学部に)なるにいたるかもしれない」(四八)という言明に照らせば、カントは、やはり哲学部が上級学部よりも劣位に置かれている序列関係を最終的には逆転させようと目論んでおり、このような言明に、フンボルト以降の大学論に連なる一種の哲学中心主義の萌芽があるのだ、とみなすことは可能である。しかし、カントの大学論の構図にあっては、哲学がたんに諸学の普遍性と国民の特殊性との統合原理として積極的な中心を占めるのではなく、それ以前に、それでもなお、あくまで下級学部たるべくひとつの「慎ましさ」から出発するものとして特徴づけられている。「慎ましさ」と訳されたAnspruchlosigkeitとは、多くを要求しないこと、謙虚で無欲なさまを意味する。哲学部が「下級」であることは、たんに中世の大学の図式を引き摺っているわけではない。哲学部は、理性が課す無条件性のために自己自身にしか根拠をもたないまま、まさにその「慎ましい」無力さによってこそ、当の批判と吟味を可能にするのである。

ここに提起されているのは、力としての知（ベーコン）ではなく、哲学が「無知の知」（ソクラテス）としてその起源より宿していた無力さの力、無力さそのものの力をいかに救うのかという問いである。

とはいえ、そのような構図を支えている理性理念への依拠は、他方で次のような疑問を呼び起こさざるをえない。「自律的理性は、他律的な迷信のすでに確立した権威を打破するけれども、自律性はどのように制度化されるのだろうか。すなわち、大学における理性の自律性の制度化は、必然的に理性を、理性にとって他律的なものにしてしまうのではないだろうか」[★8]。大学内の学部という制度として哲学部が想定されているかぎり、哲学部の掲げる理性の自律は、ひとつの根本的なジレンマにとらわれ続けている。というのも、理性は、理念への能力としては無条件でなければならないが、それをひとつの具体的で有限な制度のなかに定着させようとするやいなや、たちまち経済的・政治的・言語的・歴史的といったさまざまな経験的制約を蒙らざるをえないからだ。その意味では、大学は、ひとつの国家的な制度としては理性の普遍的な理念を掲げていればよいわけではなく、結局は、コスモポリタニズム（世界市民主義）の担い手としてよりも、特定の国民文化の陶冶と庇護の担い手として展開したフンボルト以後の近代的大学の歴史は、けっして理由のない成り行きではなかった。

一種の理念的な普遍主義は、大学制度としてはかえってそれを担うローカルな民族主義やナショナリズムを強化してしまうというジレンマに陥った。とすれば、シェリングがカントの大学論を批判していたように、そもそも理性の理念に基づくべき哲学部のような学部は「一般にそのようなものは存在しないし、またありえない」のだと考えたほうが正しいということになるだろう。シェリングによれば、そもそも哲学とは、ひとつの学部へと局限しうるような学問ではなく、それ自身全体であるところの絶対者についての根源的な知である。哲学のように「一切であるものは、まさにそれゆえに、特殊なものではありえない」のであり、「個々のどれによっても総体としては客体化されない」ままである。[★9] 哲学部のようなものは、本質的に哲学たりえない。哲学部を大学のうちに制度化したこと自体において、カントは、哲学の無条件性に反してその自由を制限してしまったのであり、国家権力に従属させてしまったのである。

シェリングは、哲学部を否定することで、大学から哲学を放逐しようとしたわけではない。哲学がそれ自体一切であるところの知であり、上級学部の諸学はむしろ哲学が分化した派生物である以上、シェリングが試みたのは「逆に、哲学の真の場所があらゆる場所であることを承認」しようとすることであった。[★10] 哲学は、大学の制度的な区分にとらわれることなく、あらゆる学部・学科に遍在すべき根源知にほかならない。他方、大学は、国家理性のひとつの制度的な分肢である。シェリングの図式においては、哲学は純粋理性として、大学を超えて、そこから国家理性が発生するところの根源知である一方、国家理性としては、そのような根源知を、国家そのもののうちに実践的に具現化・客体化しようとする。ここには、いわば哲学と国家の理念的な同一性が想定されており、たしかにデリダが警告していたように、哲学としての「国家の全体主義への絶対化」に通じるもの、すなわち、一種の哲人政治として、哲学と国家のあいだで「全体主義への誘惑がまったくないわけでない何ものかへと向きを変える危険」が端なくも露呈してしまうのである。[★11]

以上から、ごく図式的に言うなら、カントの大学論は、フンボルト以降に形成されたドイツ観念論の哲学的大学論の手前にあって、一方で、民族的国家主義（フィヒテ）と、他方で、哲学的国家主義（シェリング）というふたつの大学論の両極のあいだに位置しているように思われる。哲学部（という制度）としての普遍主義は、むしろそれの担い手たる「民族」という実体を必然的に招き寄せてしまう。他方で、哲学としての普遍主義は、それ自体（特定の）国家と同一化することで全体主義的国家論へと傾斜する。このような両極の延長線上に、二〇世紀において、ハイデガーのナチ加担として知られるフライブルク大学の総長就任演説が、あたかもこれらの両極を交叉させるかのように出現したのは、けっして偶然ではないだろう。[★12]しかしいまはその内実を検討する余裕はない。ここで私たちにとって必要なのは、あくまでカントの議論のうちに、近代の大学論を再考する可能性を見いだすことであり、とりわけ、カントの大学論をポストカントの大学論から区別する差異においてそうすることである。

四、哲学の秘密政治

カントの政治的著作としてもっともよく知られている『永遠平和のために』は、『諸学部の争い』第一部の成立とほぼ同時期に出版され（一七九五年）、翌年には「第二補説」が増補されて再版された。この第二補説は、一見して奇妙な条項をなしている。というのは、カントの平和論が法の条項という体裁で公の文書として読まれるよう発表されているにもかかわらず、増補されたこの条項が「永遠平和のための秘密条項[★13]」と題されているからである。

カントによれば、この条項はひとつしかない。すなわち「公の平和を可能にする諸条件について哲学者がもつ格律が、戦備を整えている国家によって忠告（Rat）として受け取られなければならない」という命題がそれである。ここには、カントの大学論で問われていた哲学（部）と国家の緊張関係が、いっそう鋭く現われている。なぜ、このことが「秘密条項（Geheimer Artikel）」かと言えば、「国家には当然最大の知恵が授けられているはず」なのに、「国家の立法する権威にとって、他の諸国家に対する態度の原則について臣下（哲学者たち）に教えを乞うのは、その権威を傷つけることのように見える」からである。それゆえ、国家は、哲学者たちに「暗黙のうちに（したがって国家がそれを秘密〔Geheimnis〕にして）」教えを乞うのであり、言い換えると「国家は、哲学者たちに、戦争遂行と平和の樹立にかんする普遍的格律について、自由に、かつ公然と発言させる」のである（強調原文）。

このことは、国家（政府）が、みずからの関心を代理している法律家（上級学部）の学説よりも、哲学者の原理原則を優先すべきだ、ということではない。大学論におけるのと同様に、これは、哲学者に対して、国民に直接影響を及ぼす権力を付与すべきだということではなく、たんに「哲学者に耳を傾けよ」ということを主張しているにすぎない。つまり、国家は、哲学者に自由に助言させるがままにすることが必要なのである。

だからといって「国王が哲学することや、哲学者が国王になることは、期待されるべきことではなく、また望まれるべきことでもない。なぜなら、権力の所有は、理性の自由な判断をどうしても損なうことになるからである」。平和論においても、カントは、哲学が国家権力の中心にくるような哲人政治的なヴィジョンを明確に否定している。哲学は権力をもたない。そしてまさに無力であるがゆえに、理性による自由で無条件な思考の力を発揮することができるのだ。そのような思考に触れることが、結局のところ、国家にとって、政治にとって重要になるのであり、「国王や王者として（みずからを平等の法則に即して支配する）国民が、哲学者階級を消滅させたり沈黙させたりしないで、かえって公然と語ることは、双方にとってそれぞれの職務を明らかにするために必要不可欠なことなのである〔……〕」。

無力な哲学者が国家に対してできることは「助言」や「忠告」だけである。「助言」であるかぎりは、それは命令でも強制でもなく、国家のほうもそれに従う義務や責任はない。受け入れられる助言もあれば、拒否されたり無視されたりする助言もあろう。しかも一切は、秘密裡に進行すると言われている。であってみれば、国家の政治が、哲学の助言に耳を貸したことで実際に行なわれたかどうかは、結果として確かめようのないままであるほかはない。にもかかわらず、哲学へのそうした曖昧な関係が、そのようなものとしての秘密が、国家的判断の核心において、政治には必要だということである。哲学の秘密政治《クリプトポリティクス》。しばしば普遍的な公開性や公共性を旨として要約されるカントの政治哲学には、実のところ、そのような「秘密条項」としての秘密への権利が、それ自体秘密裡に働くものとして導き入れられているのである。

そして国家と哲学とのこうした関係が、まさに大学論でこそ展開されていたからには、この秘密条項は「諸学部の争い」の構図のなかで読み取られるべきものである。大学における諸学部の争いにおいて哲学は無力であり、その無力さにおいてこそ力をもつのだとしても、権力をもたないその働きは確実なものではなく、曖昧なままにとどまっている。それが述べているのは、国家における以前に、大学における、哲学の秘密であり、哲学部の秘密であり、そして人文学の秘密なのである。

　もちろんそのような秘密への秘密裡の権利は、カントの歴史哲学にあっては、一種の理性主義を背景とした（永遠平和へと通じるような）理念的目的論によって担保されているのだと反論することができよう。理性の密輸入というわけだ。しかしここで重要なことは、理性の理念が、あくまで大学という有限な制度との関連で引き合いに出されていたという点である。すでにみたように、大学が有限な制度として基礎づけされ創設されたものであるかぎり、大学の純粋に理性的な理念はそれ自体として実現不可能である。少なくとも、そうした大学の理念が、諸学部の争いに統整的に作用しうることで「下級学部が上級学部になるにいたるかもしれない（*könnte* es wohl dereinst kommen）」（四八）と言いうるとしても、それはあくまで接続法第二式（一種の仮定法）で言い表わされる不確実な様相においてでしかない。哲学と大学の名のもとでの理性へのカントの信は、たしかに明白なのだが、未来にむけたその作用の成否は包み隠されたままであり、カントがそう信じることのできた時代から二百年を経たいまもなお、秘密のうちにある。

　そのような秘密に覆われているかぎりで、カントの目的論的な理想主義は、たんなる予定調和ではありえないだろうし、まさに哲学が慎ましさのうちにあったのと同じ程度に積極的なものではないだろう。少なくとも、ミネルヴァの梟が黄昏時に飛び立つと信じ、歴史の過程としてしかるべく理性が現実化するといった「理性の狡智」（ヘーゲル）、そのような意味での積極的な理想主義《イデアリスムス》＝観念論はそこにはない。

　カントの理性への依拠を斥けようというのではない。カントにおける理性の賭金は、それなくしては近代以後の大学論の企図そのものが意味をなさなくなってしまうほど根本的なものだ。実際、国家的制約（検閲）から解放されるべき大学の自由の根拠は、カントによって、理性の自由としての無条件性を介してはじめて思考しうるようになったのである。たとえいまでは理性の法そのものが反省に迫られる場合でさえ、このことは揺るがない。しかし、それでも問題なのは、カントの理念的な目的論が、あたかも歴史の終わりに永遠平和をもたらすかのように、国家と大学、上級学部と下級学部の争いを解決しうると述べているように見えるということである。これまでみてきたように、そのような予定調和にカントの企図がどこまで与しうるのかは曖昧であり続ける。それゆえ、もしカントの理想主義それ自体が理性の無条件性にみずから制約を加えているのだとすれば、哲学そのものの慎ましさ、無力さ、そしてその秘密によって、その目的論のトーンをいくばくか抑え、転調させる余地があるだろう。そのためにはたとえば、カントの時代と私たちの時代とのちょうど狭間の時代、二〇世紀前半に人類が経験した世界戦争――永遠平和どころでない――という歴史の転換期に、なおも知性の未来に希望を抱き続けた、ひとりの非哲学者による、よく知られた次の一節をここで反響させておくことができるかもしれない。

たしかに人間の知性は、力をもたない〔……〕。だが、この弱さには、それでもなにか特別なものがある。知性の声はか細いが、聞き入れられるまでつぶやきを止めない。そうして何度も繰り返し黙殺された後で、やがては聞き入れられるのである。これは、われわれが人類の将来について楽観的でありうる数少ない理由のひとつである[★14]〔……〕。

★1　ヴィルヘルム・フォン・フンボルト「ベルリン高等学術施設の内的ならびに外的組織について」、クレメンス・メンツェ編『人間形成と言語』小笠原道雄・江島正子訳、以文社、一九八九年。以下、本書の参照箇所は、本文中の丸括弧内に頁数を記す。また外国語テキストからの引用は、原文に照らして訳文を適宜変更させていただいたことをお断りする（以下同）。

★2　ジャン＝フランソワ・リオタール『ポスト・モダンの条件――知・社会・言語ゲーム』小林康夫訳、水声社、一九八六年、九〇頁。

★3　イマヌエル・カント「諸学部の争い」角忍・竹山重光訳、『カント全集一八巻――諸学部の争い・遺稿集』岩波書店、二〇〇二年。以下、本書の参照箇所は、本文中の丸括弧内に頁数を記して示す。

★4　ビル・レディングズ『廃墟のなかの大学』青木健・斎藤信平訳、法政大学出版局、二〇〇〇年、九三―四頁。強調原文。

★5　本論で述べたカントとフンボルトの大学論の関係はごく図式的な整理にすぎないが、両者の関係を軸としながら、「大学史」と「大学としての歴史」の相互連関について掘り下げた優れた論考として、以下を挙げておきたい。Timothy Bahti, "Histories of University: Kant and Humboldt", *MLN* 102. 3 (1987): 437-460.

★6　ジャック・デリダ「哲学を教えること――教師、芸術家、国家」岩田靖夫訳、『他者の言語――デリダの日本公演』高橋允昭編訳、法政大学出版局、一九八九年、一七九頁。

★7　カントの大学論における検閲のモティーフについては、本論では十分に扱うことができなかったが、次の論考が簡明な整理を与えてくれている。牧野英二「カントの大学論――『諸学部の争い』の現代的射程」『遠近法主義の哲学――カントの共通感覚論と理性批判の間』弘文堂、一九九六年、第八章。デリダとの関連では、次のものが参考になる。Hent de Vries, "State, Academy, Cencorship," in *Religion and Violence: Philosophical perspectives from Kant to Derrida* (Baltimore and London: Johns Hopkins University Press, 2002), ch. 1.

★8　レディングズ『廃墟のなかの大学』七九頁。

★9　フリードリヒ・シェリング『学問論』勝田守一訳、岩波文庫、一九五七年、一〇二頁。
★10　デリダ『他者の言語』一九八頁。
★11　同書、二〇一―二頁。
★12　ハイデガーの総長就任演説（「ドイツ的大学の自己主張」矢代梓訳、ハイデッガーほか『30年代の危機と哲学』平凡社ライブラリー、一九九九年）に関して、大学論がハイデガーの哲学にとってけっして一過性の問題設定ではない射程を備えていた点については、ジェラール・グラネルとラクー＝ラバルトの論争を参照。Gérard Granel, *De l'université*, (Mauvezin: Trans-Europ-Repress, 1982) および、フィリップ・ラクー＝ラバルト「政治のなかの有限なる超越／超越は政治のなかで終わる」『近代人の模倣』大西雅一郎訳、みすず書房、二〇〇三年、また、同著者による『政治という虚構――ハイデガー　芸術そして政治』浅利誠・大谷尚文訳、藤原書店、一九九二年。
★13　イマヌエル・カント『永遠平和のために』宇都宮芳明訳、岩波文庫、一九八五年、七二―五頁。
★14　ジークムント・フロイト「ある幻想の未来」浜川祥枝訳、『フロイト著作集三巻――文化・芸術論』人文書院、一九六九年、四〇二頁。

第2章　フンボルトにおける大学と教養

斉藤　渉

哲学者のティルマン・ボルシェは、「偉大な思想家（Große Denker）」という叢書のために『ヴィルヘルム・フォン・フンボルト』を執筆しているが、同書の冒頭で「フンボルトを哲学者のなかに含めるのはそれほどよくあることではない。またフンボルト自身、自分が哲学者だとは考えてもいなかった」と断っている。★1

その意味で、『哲学と大学』という本のなかにフンボルトをあつかう論考が混ざっているのは説明を要することかもしれない。第一の理由は、新人文主義の代表人物とされる彼の教育論が、大学の歴史を考えるうえで不可欠の参照項となっているということである。第二の理由は、フンボルトが、個々の学科の「有用性」といった観点を断固として退け、あらゆる学問ないし研究――そこには当然哲学が含まれる――がそれ自体としてもつような意義から出発して大学を構想したということである。

以下ではまず、プロイセン教育改革とフンボルトの関係について説明したあと（第一節）、彼の教育制度論を知るうえで重要な二つのテクスト「ケーニヒスベルク学校計画」と「リトアニア学校計画」について論じる（第二節）。最後に、草稿「ベルリン高等学術施設の内的および外的組織について」をとりあげ、「教養（Bildung）」の概念に注目しつつ、フンボルトの大学論の意義を考察したい（第三節）。

一、プロイセン教育改革とフンボルト

教育行政の責任者としてフンボルトが残した仕事のうち、もっとも重要なもののひとつがベルリン大学創設ということになるだろう。だがまずは、フンボルトの経歴を手短かに紹介するとともに、プロイセンの教育改革を彼が担当するまでの経緯を確認しておきたい。

ヴィルヘルム・フォン・フンボルトは一七六七年六月二十二日、プロイセンの新興貴族の長男として、ベルリン近郊のポツダムで生まれた。二歳年下の弟が、有名な自然研究者アレクサンダー・フォン・フンボルトである。当時の貴族の子弟のならいで、兄弟は学校には行かず家庭教師たちから教育を受けるが、その講師陣には著名な人物が含まれていた。最初に兄弟の教師となるのが、十八世紀ドイツの代表的教育理論家カンペである。カンペを引き継いだクントは、ベルリンの代表的知識人たちと交友があった。このため、フンボルト兄弟の教育には、当時活躍した啓蒙主義者たち、特にいわゆるベルリン水曜会のメンバーがかかわっている。[★2]

一七八七年秋、フンボルトは、ベルリンに近いフランクフルト・アン・デア・オーダーの大学に一学期だけ在学したあと、翌一七八八年春から二学期の間、ゲッティンゲン大学に学んでいる。在学期間中、フンボルトは大学教師にとどまらず、多くの人物を知ることになるのだが、ここでは直接の面

識はなかったものの大きな影響を与えた哲学者として、カントとの関係について述べておきたい。

書簡などに残された証言を信用するなら、フンボルトは一七八八年以降、五年ほどの間に少なくとも三度にわたりカントの全著作を通読したことになる。[3] 一七九三年のある書簡では、哲学におけるカントの著作の意義を、法学におけるユスティニアヌス法典の重要性に喩えている。かつての家庭教師エンゲルは、まだ当時の一般的なテクストにもとづいてライプニッツ・ヴォルフ学派風の形而上学を教えたが、フンボルトは新しく登場したカント哲学のインパクトを受けた最初の世代に属していた。後年、一七九七年から一八〇一年にかけてパリに滞在したフンボルトは、『永遠平和について』の仏訳（一七九六年）によってカントへの関心が高まったさい、その哲学体系について講演もしている。[4] 同じくカント晩年の著作『諸学部の争い』との関係については、第三節で再び触れることにしよう。

一八〇二年、フンボルトはローマ教皇庁のプロイセン公使となる。彼にとってローマ滞在はきわめて有意義なものとなったが、ちょうどその間、祖国プロイセンは、一八〇六年十月のイエナ・アウアーシュテットの戦いでナポレオン率いるフランス軍に大敗を喫し、国家的な危機を迎えていた。翌年七月のティルジット講和条約によって、プロイセンは一億二〇〇〇万フラン（約三二〇〇万ライヒスターラー）という膨大な額の対仏賠償金を負わされたほか、領土を約半分にまで切り詰められてしまう。このため、旧領内にあったハレ大学（一八〇六年十月、ナポレオンの命により閉鎖）[5] をはじめ、エアランゲン、エアフルト、ミュンスター、パーダーボルン、デュースブルクという多くの大学が失われ、戦後はフランクフルト・アン・デア・オーダー、ケーニヒスベルク、ブレスラウを残すのみとなった。

講和成立の翌月、失職の憂き目にあったハレの大学教員らが国王に対し大学のベルリン移転を求める請願をおこなった。国王フリードリヒ・ヴィルヘルム三世は、請願を聞き届け、「わが国は、物質的な力において失ったものを精神的な力で補わなければならない」と述べたという。[★6] ベルリン大学は、いわば敗戦によって生み出された大学であった。

ナポレオンに敗れたプロイセンでは、国家体制の抜本的な建て直しが図られる。中心人物の名から「シュタイン・ハルデンベルク改革」とも呼ばれる一連の近代化の試みは、官僚層の主導による「上からの改革」であり、農地、都市、行政機構の改革という三つの柱をもっていた。農地改革では、農奴制の廃止と土地取得の自由化が図られ、都市改革においては、同職組合の廃止によって職業選択の自由が認められると同時に都市の自治制度が導入されている。行政機構改革がめざしたのは管轄の明確化であり、内務、外務、軍事、財務、法務を担当する五つの省が設けられた。当初のシュタインによる構想では、国務会議という機関を設置し、国王の前で直接審議・表決する権限を各大臣のほか局長クラスの実務担当者にまで与える方針であったが、結局、実現に至らなかった。

フンボルトは一八〇九年二月十日、内務省の下にある「宗教・公教育局（Sektion des Kultus und des öffentlichen Unterrichts）」の局長に任命され、教育制度の改革をになうことになった。就任後に書いた報告書のなかで、フンボルトは宗教・公教育局の主要業務として次の三点を挙げている。第一に、宗教・公教育局自体の制度を整備すること。そのさい、宗務については聖職者メンバー、公教育については学術審議会（後述）と連携を図ること。第二に、「学校計画」を策定し、教育の計画および方法を規定すること。第三に、財政管理を見直し、教員や聖職者の給与を安定させること[★7]（FG IV, 45）。

「宗教・公教育局」という名称からもわかるとおり、彼の部署は教育行政だけでなく宗教行政をも担当している。伝統的に教会は教育に深くかかわっていたため、十九世紀に入っても二つの領域の結びつきは強かったが、聖職者による教育行政への関与は、とりわけ人事において近代化を阻む要素となっていた。また、フリードリヒ二世の時代に中央集権化が進められたとはいえ、プロイセンはまだ地方ごとの行政機構が不統一であり、一局長がもちえた権限も限られていたといえる。もっとも大きな障害となったのは、宗教・公教育局が内務省の一部局にすぎず、独立した権限をもちえないという点であった。フンボルトは、局長に大臣なみの発言権を与えるはずだった国務会議の設置が見送られた直後、一八一〇年四月二十九日に辞職を願い出ている。[★8] 一ヶ月ほどあとに辞職は受理され、六月には後任者に引継ぎも終えている。つまり、教育改革の担当者としてフンボルトがその職にあったのは一年半あまりにすぎず、ベルリン大学が設立された一八一〇年九月二十九日にはすでにウィーン大使に着任していた。

二、教育制度論の骨格——二つの「学校計画」

宗教・公教育局の主要業務のひとつとしてフンボルトが挙げた「学校計画」策定については、一八〇九年に書かれたケーニヒスベルクとリトアニアに関する二つのテクストが残っている。[★9] いずれもプロイセンの一地方をあつかった文書ではあるが、彼の教育制度論の全体像を示すものであり、特に「ケーニヒスベルク学校計画」については、フンボルト自身、範例的性格をもつと考えていた。[★10]

フンボルトはここで教育を基礎教育（Elementarunterricht）、学校教育（Schulunterricht）、大学教育（Universitätsunterricht）の三つに区分している。いや、彼の言葉を借りれば、「教育には原理的（philosophisch）に三つの段階しかありえない」のだという★11（FG IV, 169）。

基礎教育の目標は、「思考を理解し、発表し、書きとめ、書きとめられたものを読み解く」能力の育成であり（FG IV, 169）、別のテクストでは、「読み書き、ごく単純な数と量の関係、母語の基本的規則」を教えるものだと説明されている（FG IV, 242）。それに対して学校教育（＝中等教育）は、「第一に学習そのもの、第二に学習の学習という二重の課題」をもつ（FG IV, 170）。教師はそこで生徒にさまざまな事柄（フンボルトは「素材〔Stoff〕」の語を用いる）を教えるが、たんに知識を授けるだけでなく、生徒が自律的に学んでいく能力（「将来どんな素材でも集められる」能力）を授けるのだとされる。

大学教育についてフンボルトは、先行する二つの段階と対比しつつ次のように説明している。「したがって、基礎教育が教師というものをまずもって可能にするのだとすれば、学校教育は教師を不用にする。だから、大学教師はもはや教師ではなく、学生ももはや学習者ではない。学生は自分で研究するのであり、教授はその研究を導き、手助けするだけである。大学教育は学問の統一性を把握し、産み出す能力を与えるのだが、それゆえに創造する力を要求する」（FG IV, 170）。

このように基礎教育・学校教育・大学教育の三段階は、学習者が徐々に能動性と自律性を獲得していくプロセスだと考えられている。そして、三つの段階が明確に区分されると同時に不可分の全体をなすというこの原理にもとづき、フンボルトは教育機関にも三つの区分のみを認め、混合的形態を排除しようとする（FG IV, 171）。

大学教育については次節で論じることとして、ここでは中間に位置する「学校教育」を詳しく見ておこう。フンボルトは学校教育を特定の職業のための訓練に結びつけること、言い換えれば、一般教育と特殊教育を混在させることに反対する。だが、それは職業教育を軽視することではなく、むしろより効果的に職業教育をおこなうために必要なことだと彼は考えていた。「リトアニア学校計画」では、国家が国民のために運営するあらゆる学校は一般的人間教育（allgemeine Menschenbildung）を目的としなければならないと明言されている。

「実社会やさまざまな職業が求めるものは、一般的教育が終了したあとで、別個に習得されなければならない〔……〕。一般的教育では、さまざまな力、言い換えれば、人間自身を強め、純化し、整えることが目的となる。特殊的教育では応用技能が身につくにすぎない〔……〕。一般的学校教育は人間全体にかかわる」（FG IV, 188）。

フンボルトが、教育に対して「一般的（allgemein）」という形容詞を用いるとき、その第一の含意は、「幅広くさまざまな知識を獲得する」ことではなく、「特定の職業や身分に限定されない、どのような人間にも必要な能力を育成する」ことであった。知識の量ではなく、教育を受ける人間の範囲にかかわるということが、この引用からも見てとれる★12。

だが、学校教育は具体的にどのような内容のものなのだろうか。フンボルトは一方で、従来の学校教育が古典語、特にラテン語偏重であったことを批判し、数学や経験的知識にも同じくらい力を入れるべきだと述べている（FG IV, 174f., 220）。また、知的教育だけではなく体育や美的教育も視野に入れていた（FG IV, 189）。だが、いわゆる新人文主義ギュムナジウムの創始者とされるフンボルトにとって、古典語がもっとも重要な教育内容であったことに変わりない。そして、彼が古典語教育の価値に関して繰り返し用いるのが「形式（Form）」の概念である。

たとえば、「ケーニヒスベルク学校計画」では、「言語の形式が形式として」理解されなければならないこと、この目的には、生きている母語よりむしろ、母語とは異質な死んだ言語のほうが適していること、そして、「例外なくどの生徒も」ラテン語とギリシア語を学ぶべきことを述べている（Cf. FG IV, 176）。また、「リトアニア学校計画」でも次のように言われている。「ギリシア語を学んだことは家具職人にとって、学者が机の作り方を学ぶのに劣らず役立つことだろう。もっとも、あらゆる形式の訓練はなんらかの素材によらなければならないので、素材の選択についてはいくらかの余地が残る」（FG IV, 189）。

個々の学習の内容が素材と呼ばれるのに対して、さまざまな素材（たとえば、個々の言語）に共通する基盤となるものが形式と呼ばれ、形式は素材より上位に置かれている。このような議論の背景には、十八世紀末の教育言説に登場した形式的陶冶（formale Bildung）の理論がある。当時、啓蒙主義の教育学は、実生活の要求に即した有用な人材の育成を主要目標としており、古典語教育を必須の教育内容とすることに批判的であった。それに対抗して登場した新人文主義者たちは、古典語学習が特定の職業（たとえば学者・官吏）に限定された効用でなく、思考や判断の能力を養うという一般的目的のためにこそ有効かつ必要であることを説く。特殊な内容（＝素材）に限らない、むしろあらゆる内容を包摂する能力（＝形式）の涵養が「形式的効用」と呼ばれた。★13 フンボルトが教育に対して「一般的」という形容詞を用いるさい、その第二の含意は「形式の優位」であったといえる。

たとえば、「学校計画」の直後に書かれた宗教・公教育局の報告書でも、形式的陶冶の考え方が明瞭にうかがえる。「あれとかこれを学ぶことではなく、学ぶことを通して記憶力が鍛えられ、悟性が鋭敏になり、判断が矯正され、道徳感情が細やかになること」こそ重要だとフンボルトは述べる（FG IV, 217）。さらに、素材に対する形式の優位という前提は、古典語教育が必ずしも言語習得それ自身を目的としないという主張につながっていく。

「言語教育に関して宗教・公教育局が普及させていく方法は、たとえ言語それ自身を忘れてしまっても、いったん開始した学習が一生を通じてのちのちまで価値を失わず、記憶力が鍛えられるだけでなく悟性が鋭敏になり、判断の吟味や一般的な見識の獲得にも役立つような方法である」[★14]（FG IV, 220）。

古典語教育はこのような根拠づけを与えられ、新人文主義的教育制度の中核に据えられる。その理念と現実の間には大きな乖離があったにもかかわらず――あるいはまさしく乖離があったからこそ――ラテン語・ギリシア語の知識は市民が備えるべき必須の教養としてイデオロギー的機能を発揮することにもなった。他方、この新人文主義の教育理念を制度的に支えていたのは厳格な試験の実施である。宗教・公教育局長としてのフンボルトは試験制度整備の必要性を繰り返し力説しているが、教育を受ける側の進級・進学だけでなく、教育を授ける側も就職や昇任にさいしては資格審査が不可欠の条件だと考えていた（FG IV, 185f.; 220, 228f.）。特に教師の任用については、専門的知識を有する学者・教育者からなる学術審議会（前述）が審査することとされた（FG IV, 241-243）。こうした制度が実現することによって教師（とりわけギュムナジウムの教師）の社会的威信は飛躍的に高まることになる。[★15]

三、大学と〈教養〉

一八〇九年二月十日、フンボルトは宗教・公教育局長に任じられた。同僚ズューファーンは同年三月二十五日付の手紙で、フンボルトが「ベルリンに予定されている大学の計画」と精力的に取り組んでいることを報告している。[★16] おそらく彼は、それまでに書かれた建議書の類いを入手可能なかぎりで検討したと考えられる。すでに五月中旬には「ベルリン大学設立建議書」の第一稿を書いているが、七月末に修正された第二稿が国王に提出され、一八〇九年八月十六日の政令で大学設立が正式に決定された（前述のとおり、正式な開学は一八一〇年九月二十九日）。この時期にフンボルトが残した大学関連の文書のうちでもっとも重要なのが「ベルリン高等学術施設の内的および外的組織について」（以下「内的・外的組織」とする）と題された草稿である。[★17]

「内的・外的組織」はアカデミー版全集で十頁あまりしかない未完の断片であり、十九世紀末になってはじめて公刊された。[★18] 成立時期についても確かなことはわかっていない。[★19] にもかかわらず、この草稿は長らく「ドイツ的大学の理念」を示す代表的テクストとして評価されてきた。フンボルトの生前には知られていなかったであろうこの断片に、それほどの意義や影響力を認めることは妥当なのか——このような疑問が生じてきたとしても不思議ではないが、「内的・外的組織」の影響史を具体的史料にもとづいて分析する仕事は、ようやく最近になって始まったばかりである。歴史家のパレチェクは、二〇〇一年の論文「十九世紀にドイツの大学で『フンボルト・モデル』は広まっていたか」で、百科事典などの大学に関する項目を調べあげ、十九世紀を通じて「内的・外的組織」がまったく言及されないばかりか、フンボルトの著作が当時の大学をめぐる議論にいっさい影響を及ぼさなかったと主張している。★[20] 本稿では、パレチェクの所論を検討することは控えるが、さしあたり「内的・外的組織」というテクストが読まれ始めたのは、大学や人文学研究の存在意義が問い直されるようになった二十世紀初頭以降であることを確認しておこう。

第一節で述べたように、ベルリン大学創設の直接のきっかけとなったのは、一八〇六年の敗戦とそれにともなう窮状であった。すでに十八世紀末から、プロイセン王国の首都ベルリンに新たな大学をつくるという構想はあり、フンボルトの教師の一人であったエンゲルも一八〇二年に建議書を書いている。★[21] だが、今日よく知られているフィヒテやシュライアーマッハーらの大学論はいずれも対仏敗戦後に書かれたものばかりである。★[22]

フンボルトの大学論を論じたシェルスキーの『孤独と自由』にしたがえば、これらの新しい大学論は二つの論敵をもっていた。★[23] 第一に、旧時代の遺物と化していた当時の大学である。旧態依然とした大学教育は実用性や有用性を欠き、とうてい時代の要求に応えうるものではなくなっていた。にもかかわらず、大学には独自の司法権などの特権が認められていたため、学生の風紀は乱れ、悪習の温床ともなった。もはや大学制度自体がたんなる時間と金と才能の浪費と見なされていた。第二の論敵は、こうした現状を批判した、フンボルトより一世代前の啓蒙主義者たちである。彼らが求めたのは、より実生活に即し、産業の振興にも役立つような教育である。旧来の大学がこうした有益かつ実践的な教育に適さなくなっている以上、啓蒙主義者たちは大学制度の廃止すら辞さなかった。大学に代わるものとして、職業教育などに特化した新たな専門的教育施設の設立が求められた。

ベルリン大学設立の建議書を起草するさい、フンボルトが国王に対し「大学（Universität）」という名称の使用許可を求めているのも、当時の大学批判を意識してのことである。「宗教・公教育局は、この一般的教育施設に旧来の『大学』という名称を付与する許可を陛下に求めるものです。〔……〕この名称なく、また学位を授与する権限もないならば、国外からの子弟はほとんど見込めないでしょう」（FG IV, 115f.「建議書」第二稿。Cf. FG IV, 31）。また、「内的・外的組織」がタイトルに「大学」の語を避け、「高等学術施設（höhere wissenschaftliche Anstalten）」[★24]としているのも、同じ理由からであった。

フンボルトらの大学論がめざしたのは、旧来の大学を克服しつつ、啓蒙主義者たちの実用中心的教育観にも対抗することだったといってよい。ところで、時代遅れとなっていた大学制度の刷新はともかく、実用的な教育という、ある意味で至極まっとうな要求のどこに問題があるのだろうか。もちろんフンボルトたちも、けっして実社会での有用性を否定するわけではなかった。だが、そもそも近代社会においては、いわゆる実用的な知識なるものもたえず新たな研究によって拡張・更新されなければならない。こうした学問の継続的発展をになうことが大学に期待された役割であったとひとまずはいえる。今日であれば、「基礎研究の重視」として語られる問題に相当しよう。しかし、学術研究の振興というだけであれば、当時すでに一〇〇年以上の歴史を有していたベルリン・アカデミーの整備拡張だけで事足りたのではないか。

この点に関連するのが、のちに「研究と教育の統一」と称されることになる組織原理である。それは、「研究することを通じて学習する」ことを意味する。つまり、大学における教育は、すでに知られている事柄の伝授ではなく、まだ知られていない事柄の探求にほかならないという考え方である。第二節で見た「ケーニヒスベルク学校計画」でフンボルトは次のように述べていた。「基礎教育が教師というものをまずもって可能にするのだとすれば、学校教育は教師を不用にする。だから、大学の教師はもはや教師ではなく、学生ももはや学習者ではない。学生は自分で研究するのであり、教授はその研究を導き、手助けするだけである。大学教育は学問の統一性を把握し、産み出す能力を与えるのだが、それゆえに創造する力を要求する」(FG IV, 170 再掲)。これに呼応するように、「内的・外的組織」でも、「教師と生徒の関係もこれまでとはまったく異なったものになる。教師は生徒のために存在するのではなく、両者は等しく学問のために存在する」と述べられている(FG IV, 256)。

一般に、複数の目的を実現しようとする場合、それぞれの目的に特化した別々の組織に役割分担させる方が全体の効率は上がる。だとすれば、研究には研究専門、教育には教育専門の組織を設けるのがもっとも効率的ということになるだろう。だがもし、教えられるべき内容がまだ探求の途上にあり、研究されるべき事柄をまず研究する者自身が発見し学んでいかなければならないとしたら、そもそも研究と教育の機能分担は不可能になってしまう。フンボルトが念頭においていたのは、まさしくこのような研究の局面であった。彼は、「つねに学問をいまだ完全には解決されていない問題としてあつかい、それゆえつねに研究を続ける」こと(FG IV, 256)、あるいは、「学問をいまだ完全には見出されていないもの、けっして完全には見出しえないものとしてとらえ、そのようなものとして学問を探求し続ける」こと(FG IV, 257)の意義、つまり、学問の本質的な完結不能性を繰り返し強調している。★25

学問のこのような未完結性が含意するのは、研究しつつ学ぶ者自身がたえず新たに学問を「創造」ないし構築していかなければならないということである。既存の知識を収集・整理・分析し、そこから探求されるべき問題を自ら設定し、研究方法や手段を考案し、実験や考察を通じて問題を解決し、たえざる自己検証をおこなう――フンボルトの学問観からはおおよそこのような研究者のイメージが導き出せるだろう。ここに、啓蒙主義の標語のひとつ「自ら考える（Selbstdenken）」の具体化を見ることもできる。実際、フンボルトらの教育理念において第一の目的は、知識の発展や拡大それ自体というより、学問にたずさわる者が研究活動を通して自己を精神的・道徳的に陶冶することにあった。「心の内から生じ、心の内へと植えつけられた学問だけが、性格をも形成し直すことができる。人類にとってはもとより、国家にとっても、重要なのは知識や言葉ではなく、性格と行為なのだ[★26]」（FG IV, 258）。

このような文脈で、フンボルトはしばしば Bildung という概念を使う。この語は、動詞 bilden（形成する・形づくる）およびその再帰形 sich bilden（自らを形成する・形づくる）から派生した名詞である。教養、教育、陶冶、（人間）形成などとも訳せるが、文化、啓蒙などの語とも関連する意味内容をもち、なかなか日本語では説明しにくい。以下ではひとまず「教養」の訳語を用いることにしよう。

「内的・外的組織」の冒頭部分で、フンボルトは次のように述べている。「高等学術施設の本質は、内的には、客観的な学問を主観的な教養（Bildung）と結合すること、外的には、終了した学校教育を、自己の管理のもとで始めた大学での研究と結合すること、言い換えれば、学校教育から大学での研究への移行をもたらすことである」(FG IV, 255)。

ここでいう「高等学術施設」とは、大学を中心とする研究・教育機関を指している。「内的に」、つまり、実現すべき機能ないし理念の点からいえば、大学の本質は、学問と教養の結合である。「外的に」、つまり、この理念を実現するための組織ないし制度からいえば、大学は、学校教育(学習)から大学での研究(学問の自律的・創造的追究)への移行をもたらすべきものとされる。きわめて抽象的な表現になっているが、客観的な学問と主観的な教養の結合が大学の内的本質であるというのは、要するに、大学が構成員(研究者)の主体的参与を通じて学問の再生産過程をになうということにほかならない。つまり、さしあたり個々人の恣意を超えて存立するものと見なされている(=「客観的な」)学問は、そこに個々人が研究主体としてたずさわることによってはじめて再生産可能となり、他方、この再生産過程をになうことで個々人は自らの(=「主観的な」)教養ないし人間形成を達成できるとフンボルトは考えている。

このような理念を実現するための条件は、学問や研究がそれ自身の内在的論理にしたがって展開されること、言い換えれば、学問にとって外在的・副次的な関心や要求が研究のあり方を歪めないことであろう。「内的・外的組織」でよく知られた標語「孤独と自由」もこうした文脈で登場する。「高等学術施設がその目的を達成できるのは、ひとつひとつの施設ができるかぎり学問の純粋な理念と向き合う場合だけであるから、孤独と自由こそがその領域内で主導的な原理となる」(FG IV, 255; Cf. FG IV, 191)。

学問の理念が「純粋」であるとは、学問外的な領域(国家や社会)からの要求や介入を捨象したという意味であろう。先に、フンボルトの大学論が啓蒙主義者たちの実用中心的教育観に対抗するものであったことを述べたが、実社会の要求に従属するかぎり、学問や研究がそれ固有の論理にしたがって発展することは不可能になると彼は考えた。再びシェルスキーの整理を援用すれば、だからこそ、大学の理念を実現するには、社会の利害関心にとらわれず自己の研究活動に専念するという責務（「孤独」）と、社会からの干渉を受けないという権利（「自由」）が保証されなければならない[★27]。

こうした理念は当然、国家と大学の関係にも大きくかかわる。フンボルトは、大学における知的活動の活性化について、「このことは国家がなすことではないし、国家にはなしえないということ、それどころか、国家が介入するやいなや、むしろ邪魔にしかならないということ、事柄それ自体は国家などないほうがはるかにうまく進むであろうことを、国家はよくよく承知しておかなければならない」と述べている（FG IV, 257）。

国家（政府）が学術研究に介入すべきでないことを誤解の余地のないほど明瞭に主張した箇所である。しかし、これを国家無用論と混同してはならない。そもそも「内的・外的組織」は、宗教・公教育局長としてフンボルトが書いた草稿である。どの範囲で読まれることを想定したものか確かなことはわからないが、政府内部での趣意書として構想されたものとみて間違いないだろう。つまり、右の引用は、国家自身に対する戒めとして書かれているのだ（「国家はよくよく承知しておかなければならない[★28]」）。

また、この箇所に依拠してフンボルトをいわゆる「大学の自治」の擁護者に祭り上げるのも妥当ではあるまい。当時の大学では、教え子や身内を優遇する情実人事なども珍しいことではなく、このことが教育レベルの低下を招いていた。★29 こうした状況に対して、学生の進学ばかりでなく教員の採用・昇進についても資格審査を厳格におこなうことが、プロイセン教育改革の大きな柱であったことは第二節でみたとおりである。数々の報告書のなかでフンボルト自身が大学の人事について、こと細かに指示や意見を出しており、当該学部の意向を尊重している様子はほとんど見られない。では、先の引用はどう理解すべきなのだろうか。

「内的・外的組織」の別の箇所でフンボルトは、国家は、国家に直接かかわる事柄を大学に求めてはならず、むしろ大学が外部からの干渉を受けずに自らの目的を達成することによってはじめて、国家自身の目的もよりよく実現されるのだとしている（FG IV, 260）。政府は、教育制度全体の整備を担当し、スタッフを含めた必要資源の配分まではおこなうが、その業務内容自体には口を挟まない。人事については、大学当事者による情実人事を避けるとともに、行政担当者が不当な干渉をおこなわないよう、学術審議会の外部専門家による推薦を介することで中立性を確保する――フンボルトが想定していた国家と大学の関係は、おおむねこのようにまとめることができるだろう。

学問に対して国家が直接介入せず、大学に最大限の自由を認めるほうがむしろ学問の発展と活性化につながり、ひいては国家のためにもなるという論法は、『諸学部の争い』（一七九八年）におけるカントの議論を想起させる。もっとも、カントの場合、神学部・法学部・医学部のいわゆる上級学部は国家の統制に服すが、下級学部と呼ばれた哲学部は国家の統制から自由でなければならないという主張であったのに対し、フンボルトは同じ考え方を大学全体に拡張しているという違いがある。だが、彼らの議論は共通の方向を示しており、それはたんにカントからフンボルトへの直接的影響という話にとどまらない。[30] むしろ、両者に共通する背景として、十八世紀から十九世紀にかけて進行しつつあった学問システムの自律化があったことを想起する必要がある。宗教・公教育局という名称にも見られるように、当時はまだ宗教行政と教育行政が完全には切り離されていなかったが、すでに聖職者による教育への影響力は世俗化とともに大きく後退していたし、いわんや学問や研究への発言力は――神学など一部の学科を除けば――きわめて限定されたものとなっていた。同時に、宗教の領域が教育や学術研究の領域と機能分化していくプロセスと並行して、政治や経済の領域もますます自律化し、これらの領域相互の関係を組み替えつつあった。『諸学部の争い』のカントが学術研究の自由を説くさいに、学問の領域より一足先に機能分化を進めていた経済の領域から、重農主義の標語となった「為すに任せよ（レッセ・フェール）」を援用しているのは、この意味で象徴的といえる。[31] 学術研究に専念する学生にフンボルトが望んだ教養の核には自律的自己形成という理念があったが、このような価値観も国民国家と資本主義を機軸に近代化していく十九世紀西欧の市民社会の要求と深いところで通じ合うものだった。

だが、こうした近代化の動きがかなりのところまで進行し、そこに潜んでいた矛盾や問題点が露わになってきた十九世紀末には、大学や学問をめぐる状況も大きく変わっていた（パレチェクの主張によれば、まさしくこのような時期にフンボルトが再発見ないし「発明」されたことになる）。近代科学は未曾有の規模と速度で発展したが、まさしくそのために研究は急速に複雑化・細分化し、「学問の統一性」という理念を非現実的なものにしていく。学生が研究の最前線に追いつくためには「研究と教育の統一」などという悠長な話ではすまなくなり、教育もよりシステマティックに組織されていった。ヴェーバーは一九一九年の講演『職業としての学問』のなかで、医学や自然科学の大規模な研究所がいわば「国家資本主義的」企業と化していること、言い換えれば、国家的規模でしか調達できないような巨額の運営資金が必要になることを指摘している。そこで生じるのが、資本主義企業ならどこにでも見られる「生産手段からの労働者の分離」という現象である。つまり、ちょうど原料や機械が工場労働者のものでないように、大学研究者も自分の所有物ではない高価な実験器具や研究設備に依存せざるをえない。かつての職人が自分の腕ひとつでやっていけたのとは違い、今日の学者は、教育のポストにしても研究の資金にしても、国家の維持する研究所を離れては生活すらできないのだ。ヴェーバーは、こうした傾向が社会科学や人文科学にも遠からず波及するであろうことを付け加えている。★32

おそらく一九六〇年代は、ドイツにおける大学のあり方をめぐる議論のなかでフンボルトがまだいくばくかの権威をもつものとしてあつかわれた最後の時期であったろう。これまで何度か触れたシェルスキーの『孤独と自由』は一九六三年に第一版が刊行されているが、十九世紀初頭の古典的大学理念の原像をとらえ直し、進行中の大学改革に対する指針を得ようとするものだった。だが、第二版に付された一九七〇年の後書きは「フンボルト的大学の終焉――孤独も自由もなく」と題され、著者自身が第一版の構想の放棄を宣言するに至る。★33

いまこうした歴史的変遷を詳しくたどる余裕はないが、まもなく開学二〇〇年を迎えるベルリン大学の創設者フンボルトの教養理念からは、もはや近代の国民国家ないし資本主義社会の要求に合致した市民像や、そこから派生する教養主義的、理想主義的、エリート主義的、権威主義的等々のイデオロギーしか引き出せないのだろうか。仮にそうだとしても、フンボルトのテクストは、教養の理念がその本性上、こうしたイデオロギーからはみ出してしまうような契機をはらんでいることの例証となりうるかもしれない。第一節で述べたとおり、一八〇七年のティルジット講和条約によってプロイセンは一億二〇〇〇万フラン（約三二〇〇万ライヒスターラー）という膨大な額の対仏賠償金を負わされた。国王フリードリヒ・ヴィルヘルム三世は、敗戦直後こそベルリン大学新設に前向きだったものの、内外の混乱や厳しい財政事情もあって決断を先送りにしていた。教育改革担当者としてフンボルトはこの出資者に早期設立の必要性を納得させなければならなかったが、彼が要求したのは、ベルリンの高等学術施設関連全体で年額一五万ライヒスターラー、うち大学関連は約六万ライヒスターラーであった。少なくない額には違いないが、費用に対する十分な効果が見込めるならば、有効な投資であろう。しかも、時機を逃さないためには、プロイセンの動向にドイツの知識人が注目しているいまこそ、決断が求められている。

フンボルトが訴えたのは、いわば対外文化政策とでもいうべき論拠であった。「ベルリン大学設立建議書」（第一稿）では次のように述べられている。「学校やギュムナジウムは、それをもつ国にとって莫大な利益をもたらすものです。しかし、大学だけが国境を越えた影響力をその国にもたらし、同じ言語を話す民族全体の教養（Bildung）に作用しうるのです。もし陛下がこの施設〔ベルリン大学〕の設立を正式に確認し、その実行を保証なさるのであれば、陛下は再びドイツにおいて教養と啓蒙に関心をもつすべての人に深い感謝の念を抱かせることになるでしょう」（FG IV, 30; Cf. FG IV, 114）。

国王に対してフンボルトは、こうした説得を事あるごとに繰り返した。「ベルリンに設立予定の大学が実現すれば、陛下の治める国土の境界をはるかに越えた功績となることでしょう」(FG IV, 233)。この「国土の境界をはるかに越えた功績」の意味について、フンボルトは次のように説明する。「もはやプロイセンは、学問と技芸の振興に尽くす以外に他に抜きん出る手段をもたず、いかなる国家もこれ以上に高貴な手段をもたない。そして、国外における尊敬の念は国家が第一に考えなければならないことである以上、この最終目的のために国力を大幅に割くことは政策的にも正当化しうる」(FG IV, 274)。

国内での学問と技芸の振興を通じて「国外における尊敬の念」を培う、あるいは、「外国の賛同を取りつけ、政治的にもまったく無害な方法でドイツにおける精神的権威を獲得する」(FG IV, 300)——この議論はジョセフ・ナイらの唱えるソフト・パワーの概念を思い出させる。ナイは、軍事力や経済力などの強制や威嚇をともなうハード・パワーに対し、文化、政治的価値観、外交政策などのソフト・パワーもそれに劣らぬ重要性をもつと説いている。[★34] ソフト・パワーをうまく生かすことができれば、ハード・パワーの浪費を未然に回避できるばかりでなく、いざハード・パワーを行使するという状況になっても、たとえば同盟国の賛同という形で、より効果的な使用が期待できる、というわけだ。いかにもこれは統治者の論理であり、パワーという以上、権力の言説であることにかわりあるまい。

だが、普遍的な価値や理念であるなら、それは国境を越えて分かち合うことができる。逆に、たとえ統治者が止めようとしても、もはや他者に共有されることを防ぎえない。[★35] フンボルトのいう教養は、個々の人間が学問を通じて自己の人格を陶冶することを核とし、さらに、国家や社会にとって「有用」な官吏や労働者となることを含意していた。しかし同時に、たえず「国土の境界をはるかに越え」ていく理念として、あらゆる他者に伝播し——ときには当該国家の思惑や利害に反してでも——共有される可能性をはらんでいるのだ。

参考文献

Anrich, Ernst (Hrsg.): *Die Idee der deutschen Universität. Die fünf Grundschriften aus der Zeit ihrer Neubegründung durch klassischen Idealismus und romantischen Realismus*. Darmstadt 1956.

Benner, Dietrich: *Wilhelm von Humboldts Bildungstheorie. Eine problemgeschichtliche Studie zum Begründungszusammenhang neuzeitlicher Bildungsreform*.Weinheim und München 1990.

Borsche, Tilman: *Wilhelm von Humboldt*. München 1990.

Brandt, Reinhard: *Universität zwischen Selbst- und Fremdbestimmung. Kants ›Streit der Fakultäten‹. Mit einem Anhang zu Heideggers ›Rektoratsrede‹*. Berlin 2003.

フィヒテほか『大学の理念と構想』、梅根悟訳、明治図書、一九七〇年。

Humboldt, Wilhelm: *Werke in fünf Bänden*, hrsg. von Andreas Flitner und Klaus Giel. Darmstadt 1960-1981.（略号：FG）

Kant, Immanuel: *Gesammelte Schriften*, hrsg. von der Königlich Preußischen Akademie der Wissenschaften. Berlin 1900ff.（略号：AA）

Köpke, Rudolf: *Die Gründung der Königlichen Friedrich-Wilhelms-Universität zu Berlin. Nebst Anhängen über die Geschichte der Institute und den Personalbestand*. Berlin 1860.

Lehmensick, Erich: *Die Theorie der formalen Bildung*. Göttingen 1926.

ナイ、ジョセフ・S『ソフト・パワー——21世紀国際政治を制する見えざる力』、山岡洋一訳、日本経済新聞出版社、二〇〇四年。

Paletschek, Sylvia: Verbreitete sich ein 'Humboldt'sches Modell' an den deutschen Universitäten im 19. Jahrhundert? in: *Humboldt International. Der Export des deutschen Universitätsmodells im 19. und 20. Jahrhundert*, hrsg. von Rainer Christoph Schwinges. Basel 2001, pp. 75-104.

Paulsen, Friedrich: *Geschichte des gelehrten Unterrichts auf den deutschen Schulen und Universitäten vom Ausgang des Mittelalters bis zur Gegenwart. Mit besonderer Rücksicht auf den klassischen Unterricht*. 2 Bde. Berlin und Leipzig ^{3}1919/1921 [Nachdruck 1965].

Riedel, Manfred: Wilhelm von Humboldts Begründung der „Einheit von Forschung und Lehre" als Leitidee der Universität, in: *Zeitschrift für Pädagogik. Beiheft* 14, 1977, pp. 231-247.

斉藤渉『フンボルトの言語研究――有機体としての言語』、京都大学学術出版会、二〇〇一年。

斉藤渉「『フリードリヒの世紀』と自由――カント『啓蒙とは何か』とプロイセン一般ラント法――（前編）」、『ドイツ啓蒙主義研究２』（言語文化共同研究プロジェクト二〇〇一）、二〇〇二年、一―一〇頁。

斉藤渉「『フリードリヒの世紀』と自由――カント『啓蒙とは何か』とプロイセン一般ラント法――（後編）」、『ドイツ啓蒙主義研究３』（言語文化共同研究プロジェクト二〇〇二）、二〇〇三年、三一―三六頁。

Saito, Sho: Der öffentliche Gebrauch der Fiktion. Zur Rolle der fiktiven Autorschaft in der Brieffolge „Ueber Berlin, von einem Fremden" aus den Jahren 1783-1785, in: *Neue Beiträge zur Germanistik* (Japanische Gesellschaft für Germanistik). Bd. 5/4, 2006, pp. 21-41.

斉藤渉「啓蒙主義者たちの大学廃止論」、『ドイツ啓蒙主義研究７』（言語文化共同研究プロジェクト二〇〇六）、二〇〇七年、四三―四九頁。

Saito, Sho: „der Sucht zu regieren entgegenzuarbeiten"- Humboldt, Dohm und die Physiokratie, in:『独文学報』（大阪大学ドイツ文学会）、第二四号、二〇〇八年、九三―一〇五頁。

Schelsky, Helmut: *Einsamkeit und Freiheit. Idee und Gestalt der deutschen Universität und ihrer Reformen*. Düsseldorf ^{2}1971.

シュライエルマッヘル『国家権力と教育――大学論・教育学講義序説――』、梅根悟・梅根栄一訳、明治図書、一九六九年。
Spranger, Eduard: *Wilhelm von Humboldt und die Humanitätsidee*. Berlin ^{2}1928.
Spranger, Eduard: *Wilhelm von Humboldt und die Reform des Bildungswesens*. Tübingen ^{2}1960.
潮木守一『ドイツの大学――文化史的考察』、講談社、一九九二年。
潮木守一『フンボルト理念の終焉？――現代大学の新次元』、東信堂、二〇〇八年。
Weber, Max: *Gesammelte Aufsätze zur Wissenschaftslehre*, hrsg. von Johannes Winckelmann. Tübingen ^{6}1985.
Weischedel, Wilhelm (Hrsg.): *Idee und Wirklichkeit einer Universität. Dokumente zur Geschichte der Friedrich-Wilhelms-Universität zu Berlin*. Berlin 1960.

★1　Borsche (1990), 12.

★2　ベルリン水曜会については、斉藤（二〇〇三）、三二頁および Saito (2006) を参照。論理学と形而上学はエンゲル、経済学はドーム、自然法はクラインが講義しているが、三人はいずれも同会の会員であった。なお、フンボルトがこれらの授業のあとで記したノートが、アカデミー版全集の第七巻に収録されており、彼の思想形成を知るうえでも貴重な資料となっている。ドームの経済学講義については、Saito (2008) を参照。

★3　Spranger (1928), 121-124 によれば、フランクフルト滞在中の一七八七年冬に『純粋理性批判』を断片的に読んだのを別にすると、フンボルトは（1）一七八八年夏から一七八九年、（2）一七九一年夏、（3）一七九三年秋の三回にわたってカントを集中的に読んでいる。

★4　キーゼヴェッターのカント宛書簡（一七九八年十一月二十五日付、Kant, AA XII, 265f.）。

★5　ただし、一八〇八年五月には講義を再開している。

★6　Köpke (1860), 37.

★7　フンボルトの著作からの引用は、フリットナーとギール編集のコッタ版選集にしたがい、略号（FG）に続けて、巻数と頁数をそれぞれローマ数字とアラビア数字で示す。

★8　ベナーはプロイセンの改革が「失敗」した理由として、教育改革の開始が遅すぎたこと、教育行政を内務省から独立させられなかったことの二点を挙げている（Cf. Benner (1990), 172-174）。

★9　「ケーニヒスベルクの学校制度に施すべき改革について」（FG IV, 168-187. 以下「ケーニヒスベルク学校計画」とする）と「リトアニアの都市学校制度整備計画に関する卑見」（FG IV, 187-195. 以下「リトアニア学校計画」とする）。前者は、ケーニヒスベルクの教育関係者による学校計画案に対してフンボルトが自らの見解を示したもので、その一部が一八〇九年八月の教育会議に提出された。後者は同月のリトアニア視察のおり、州政府による学校計画案への所見を述べたもの。ちなみにリトアニアとはプロイセン領東プロイセン州（いわゆる小リトアニア）を指している。この二つのテクストは二十世紀の初めにシュプランガーが再発見し、一九二〇年、アカデミー版全集第一三巻に収録された（Cf. Spranger (1960), VIIf.）。

★10　一八〇九年八月八日付ヴォルフ宛書簡（Cf. Spranger (1960), 185）。

★11　原文は「哲学的（philosophisch）」だが、コッタ版選集の編者注によれば、「原理的（prinzipiell）」の意味だとされている（FG V, 546）。「リトアニア学校計画」でも FG IV, 190f. に同じ区分が見られる。なお、FG IV, 31 も参照。

★12　別のテクストでは次のように言われている。「誰もが知っていなければならない（allgemein）知識というものがあり、それ以上に、誰もがもっていなければならない思考や性格の陶冶というものがある。よい職人、よい商人、よい兵士、よい企業家といえるのは、その人自身がそれぞれの特殊な職業と無関係に、善良で立派な、身分に相応しく啓蒙された人間ないし市民となるときだけである。このために必要なすべてのことを学校教育が授けるなら、その人は職業のための特殊な能力をあとからでも容易に習得できるだろうし、実生活でよくあるように、ひとつの職から別の職に移る自由をいつまでももち続けるだろう」（FG IV, 218）。

★13　形式的陶冶の理論については、レーメンジック（Lehmensick (1926)）に詳しい。レーメンジックによれば、十八世紀のドイツでは特にクリスティアン・ヴォルフが数学に関連して認識能力一般の陶冶を唱えていたが、世紀の後半に古典語教育を重視する教育家や古典学者たちがこの議論を数学から言語に転用したのだという。フンボルトに関しては、FG IV, 172, 202, 261, Spranger (1960), 167ff. を参照。なお、形式と素材という対立概念は、フンボルトの著作のいたるところに登場する。特に言語理論については、斉藤（二〇〇一）、三六―四五頁を参照。

★14　古典語教育擁護の論客フリードリヒ・ゲーディケは一八〇二年にこう述べている。「君は、ダンスなど遠からずやめてしまうという理由で、ダンスの授業を受けたことを後悔するものだろうか。そしてこの技術のおかげで身体が機敏で柔軟になったことを喜ばないものだろうか。同じように、いつかギリシア語を、あるいはラテン語すら忘れてしまったとしても、両言語を通じて精神が柔軟になり仕事にも生かされるという利点は失われないのだと安心してよいのだ」(Lehmensick (1926), 15 参照)。

★15　Paulsen (1919/1921), II, 390 を参照。

★16　Köpke (1860), 63.

★17　FG IV, 255-266 に収録。

★18　一八九六年に前半部分、一九〇〇年にはじめて全文が刊行され、一九〇三年にアカデミー版全集にも全文が採録された。FG V, 556 を参照。

★19　FG V, 556f. 研究者による推定には一八〇九年十二月から一八一〇年夏までの幅がある。

★20　Paletschek (2001) を参照。パレチェク論文は、フンボルトの役職を「文部大臣 (Kultusminister)」としたり（実際は内務省宗教・公教育局長。当時まだ文部大臣の職はない。Cf. ibid. 75)、「内的・外的組織」の全文刊行を一九〇三年とするなど（実際は一九〇〇年。Cf. ibid. 77)、基本的な事実関係について不正確な記述も見られる。パレチェクの主張に全面的に同意するわけではないが、「内的・外的組織」が後世いわゆるフンボルト・モデルを「発明」するうえで大きな役割を果たしたという彼女の指摘は、このテクストを読むにあたって十分考慮する必要がある。パレチェク論文と、特に日本における「フンボルト理念」の影響については、潮木（二〇〇八）に詳しい。

★21　一七九八年に執筆され一八〇二年に公刊されたエアハルトのものがもっとも早い構想と思われる。Köpke (1860), 13 を参照。エンゲルの建議書は Weischedel (1960) に抄録がある。

★22　主要なものは Anrich (1956) に収録。フィヒテほか（一九七〇）、シュライエルマッヘル［シュライアーマッハー」（一九六九）の翻訳は主としてこのアンソロジーにもとづくもの。ちなみに、一八〇七年九月以降、ベルリンではシュライアーマッハーをはじめとするのちの教授陣が大学の正式な開設以前に講義を開始していた（Cf. Köpke (1860), 57f., 141)。

★23 Schelsky (1971), 28. なお、同書の邦題は『大学の孤独と自由——ドイツの大学ならびにその改革の理念と形態』（未來社、一九七〇年）だが、ここでは原書のタイトルのままとする。啓蒙主義者による大学廃止論については、斉藤（二〇〇七）を参照。

★24 この語は複数形であり、設立予定の大学だけでなく、ベルリン・アカデミーなど既存の施設を含めたものとして使われている。

★25 第二節で引用した箇所によれば、学校教育（＝中等教育）は「学習そのもの」と同時に「学習の学習」という二重の課題をもつものとされていた（FG IV, 170)。フンボルトが参考にしたと思われるシュライアーマッハーの大学論（一八〇八年）では、この「学習の学習」の役割が異なっている。シュライアーマッハーは、学校（＝初等・中等教育）とアカデミー（＝研究機関）の中間に大学を位置づけていたが、学校が学習、アカデミーが研究の場であるのに対し、大学は「学習の学習」の場であるとされた（Cf. Anrich (1956), 238f.)。フンボルトは、シュライアーマッハーに比べて、より研究志向的な性格を大学に与えていることになろう。微妙な差異ではあるが、この点にフンボルトの学問観のひとつの特色を見ることができる。

★26 シェルスキーは、フンボルトらに共通する信念として、「近視眼的に実用性を追う職業教育よりも、まさしく『純粋』な学問こそ、人間の実生活や国家の福祉にとって間接的に役立つ」という考え方を挙げている（Cf. Schelsky (1971), 71f.)。

★27 Schelsky (1971), 55f., 91 を参照。リーデルは、シェルスキーを批判しつつ、孤独という概念は研究生活の一側面でしかなく、フンボルトが研究者同士の交流や相互の影響の意義を強調していることに注意を促している（Cf. Riedel (1977), 236-239)。

★28 国家と教育をめぐる議論としては、若き日のフンボルトが書いた『国家の活動範囲を規定する試論のための構想』（一七九二年）との関係が問題となる。政治的自由主義の古典とされる『構想』は、教育が市民自身の手によってになわれるべきことを説き、国家による公教育を否定していた（FG I, 103-109）。この点については研究史上多くの議論があるが、詳しい検討は別稿に譲る。

★29　Schelsky (1971), 27、潮木（一九九二）、二一九―二二一頁を参照。

★30　「内的・外的組織」のなかでは、『諸学部の争い』での学術組織の区分にやや批判的に言及している（FG IV, 261）。カントの大学論については、本書所収の宮﨑論文と Brandt (2003) を参照されたい。

★31　Kant, AA VII, 19; Brandt (2003), 53-56 を参照。

★32　Weber (1985), 584f.

★33　Schelsky (1971), 9.

★34　ナイ（二〇〇四）、三四頁を参照。同書で引用されているコリン・パウエル元国務長官の次の発言をフンボルトの議論と比較されたい。「アメリカ国内で教育を受けている将来の世界の指導者との友情ほど、アメリカにとって価値の高いものは思いつかない。」（ナイ〔二〇〇四〕、八一頁）

★35　フンボルトは、プロイセンの子弟が国外の大学で学ぶことを禁じた従来の法令を国王への進言によって廃止させている。一七四九年以降たびたび出された布告によれば、国外へ留学した者にはプロイセンでの官職に就くことが許されなかった（FG IV, 241f.; FG V, 553）。フンボルト自身がゲッティンゲン大学で学んだあとも問題なく公職についていることからわかるとおり、この規定はほぼ空文化していたと思われる。フンボルトが、国境を越えた大学教員や学生の移動を積極的に認めるべきだと考えていたことは、彼の学問観を評価するうえで重要なポイントのひとつであろう。

第3章　世俗化された日曜日の場所――ヘーゲルにおける「哲学」と「大学」

大河内泰樹

一、はじめに

哲学は「哲学者」として記憶されている者たちの「名前」と結びついている。そしてその結びつきは、「哲学」という制度、特に「大学」という社会的・文化的・政治的制度のなかで保存されてきた「哲学」という学問分野（discipline）に支えられている。本稿の著者がいま「ヘーゲル」について、言及するとき、そうした制度に支えられた特権性を背景にしている。

だとすれば哲学において大学の問題は、単に他と並列に並ぶような問題ではない。大学が――幸か不幸か――「哲学」をdisciplineとして成立させ、保存してきた制度である限りにおいて、哲学者が大学について語ることは、自己言及的であり、さらに哲学が「批判的」な営みであるとすれば（このわれわれの論文集自体）、遂行的矛盾をはらまざるをえないことになる。★1

おそらく近代的な大学という制度が定着してこのかた、こうしたアポリアを自覚しながら大学を論じたものはそれほどない。いま扱おうとするヘーゲルもそうしたアポリアに自覚的ではなかった。★2　彼は国家と自らの哲学の一致を希望することができた「幸せな」哲学者だった。そして哲学者としての、しかも a philosopher ではなく、the philosopher としての特権性を、国家によって用意された制度のなかで獲得した哲学者だった。

そうした彼にまとまった「大学論」があるわけではない。しかし、そのつどその職務において（まさに「制度」のなかで）、彼は「大学」について、「哲学教育」について哲学的に考え、そして語る必要があった。ヘーゲルは当時の制度的枠組みのなかで、ある役割を果たすことを要求され、これに応えながら、しかも単に追従するだけでなくこれを我がものとしながら自らの哲学を構築していったのである。★3

そのヘーゲルは、『大論理学』第一巻「有論」の序文、しかもそのほぼ冒頭で、物自体を認識不可能とするカント哲学を批判しながら、その悪しき影響について次のように記している。

こうした大衆受けする教養を歓迎したのは現代教育学の歓声であり、直接的な欲求に目を向ける時代の要求〔困窮 Not〕、認識にとって経験が第一のものであるように、公的ならびに私的生活における技能にとって、理論的な洞察は有害でさえであり、一般にトレーニング（Übung）と実用的な訓練（praktische Bildung）が本質的なもの、もっぱら役に立つものであるという要求である。★4（GWXI, 5）

確かに、カント哲学は決して直接的欲求と実用性ばかりを重んじたわけではなく、実際にはむしろ逆である。しかしヘーゲルはそうしたカント哲学の当時の教育学における悪用を指摘するのである。われわれはここで少なくとも二つのことに驚かせられるだろう。まずひとつ目は、『大論理学』の序文、つまりまさに彼の本来の体系が始まるその場所で、ヘーゲルが「教育学」に言及しているということである。『精神現象学』と「論理学」「自然哲学」「精神哲学」という本来の体系との関係をめぐる議論はここでは措くとしても、意識の陶冶・形成の末に到達されたはずの「学」そのものが始まるはずのこの箇所で、なぜヘーゲルは「教育学」に言及する必要があったのであろうか。二つ目の、おそらくはより一般の読者の目につくであろうと思われる点は、まさにドイツ観念論という哲学史におけるひとつの絶頂期を代表するこの著作をとりまく時代状況についての、その著者自身の認識の、われわれの「非哲学的」あるいは「反哲学的」時代との奇妙な同時代性である。特に本稿のテーマである「大学」、つまりこの一五〇年ほどの間、良くも悪くも「自己目的」としての学問・研究の制度的な場所として、まがりなりに機能してきた「大学」には、いまや「他の目的のための学問」、つまり学生が卒業後生活を維持し、あるいは金を稼ぐための実用的な訓練が求められている。その背景にあるのは、もはや指摘することさえ陳腐になった感もあるが、やはりいわざるをえない、新自由主義イデオロギーの広まりと、これに便乗した大学改革の流れだ。まさにそうしたなかで哲学をはじめとする人文科学、あるいは自然科学においても基礎的分野は、隅に追いやられ、あるいは消滅の危機にさえあるのだが、ヘーゲルが敵視していたのも、教育を「実用的」な訓練の場とするために改革し、ひいては大学自体を解体しようとする「啓蒙主義」の教育論であった。ただ、少なくともひとつ違うのは、ヘーゲルの時代は、まさにわれわれのイメージする「大学」という制度が、当時のドイツ領邦諸国家の政治改革と結びつきながら、成立し定着する時代であったということである。特にのちに、近代大学の重要なモデルとなるベルリン大学の学長をも務めることになるヘーゲルのこの出世作がこうした時代認識から出発しているということは大変興味深い。本稿では、大学の困難に直面するわれわれが、もう一度「大学」について少しでも立ち止まって考えるために、こうしたヘーゲルの教育論あるいは大学論を取り上げたい。そこで検討されるのは、彼が彼の置かれた時代状況のなかで「学問」あるいは「大学」にいかなる意義づけを与えたのかである。そこでまずは右のテキストを記すことになるヘーゲルが置かれていた状況に目を向け、そこからバイエルン州のギムナジウム校長としての彼の発言、さらに二つの教授就任講義においてヘーゲルが大学に与える使命とその意味を検討する。これを通じて、ヘーゲルの大学観における世俗化と大学との関係が明らかになるだろう。

二、世俗化と哲学の没落――ヘーゲルの時代

ヘーゲルの人生において二〇代なかばから四〇代前半までの時期は、大学でのポストを求め四苦八苦する苦闘の時期であった。[★5] そしてそれはナポレオンによる帝国の解体とドイツ支配、およびその解放後の各領邦国家の近代化、さらにはそれに対する反動という激動の時代であり、思想・哲学にもまた劇的な変動が引き起こされた時代だった。ヘーゲルがハイデルベルクに教授職を得たのは一八一六年、四十六歳のときである。ということは、六十一歳で急死するヘーゲルが正規の教授職にあったの

は一五年間にすぎず、テュービンゲンの神学校を修了した一七九三年からを考えると、ヘーゲルは実際教授職にあった時間の倍に近い時間をその獲得のために費やしたことになる。★6

ナポレオンによる征服は、むしろドイツ各領邦国家内にくすぶっていた近代化の衝動に、解放のきっかけを与えた。特にナポレオンを保護者としたライン同盟諸国では、急速に改革が進み、プロイセンに先立って、憲法を制定するに至っている。★7 憲法に関してはついに一八四八年までこれをもつに至らなかったプロイセンも、ナポレオンに対する敗北以降、近代化の速度を速めていくことになる。教育制度もまたそうした改革の重要な対象だった。ヘーゲルはこのハイデルベルクでの就職の時期を挟んで、バイエルン王国のギムナジウム校長として、あるいはプロイセン王国の大学教授および学長として、当時それぞれの国で進みつつあった教育改革の渦中に、現場で教育に取り組む立場にあった。そしていずれの場合にも、ヘーゲルはこうした改革を推進する行政に関わっていた人物に請われてそれぞれのポストに就任したのだった。

冒頭に引用した『大論理学』序文を執筆したとき、ヘーゲルはニュルンベルクで、ギムナジウムという卒業後高等教育を受けることを想定した学校の校長を務めていたが、ヘーゲルがこの職を務めることになったのも、ナポレオンによるドイツ征服の結果であったといえる。

もともとはカトリック国であったバイエルンは、ナポレオンによる帝国解体の恩恵を被り、領土を大幅に拡大したうえ、また多くの帝国都市を陪臣化（mediatisieren）し、その結果として領内に多くのプロテスタント系市民を抱えることになった。そこから教育制度も市民の信仰告白（Bekenntnisse）の同権を前提としたものに改革される必要が生じたのである。そこでこうした教育改革の担当者として政府の中央視学官に任命されたのが、ヘーゲルのテュービンゲン神学校時代からの友人で、ヴュルテンベルク出身のニートハンマー（Friedrich Immanuel Niethammer）であった。ヘーゲルが赴任したニュルンベルクもまさにプロテスタントの旧帝国都市であった。ヘーゲルはニートハンマーによる教育改革を現場で実行し、助言を与える者として期待され、ニュルンベルクのギムナジウム校長に就任したのである[★8]。右に引用したテキストの少しあとにみられる次の文章は、当時の状況を物語っている。

> 以前の時代には、思弁的な神秘と、依存的なものではあったにせよ形而上学との保護者であった神学が、この学問〔形而上学〕を持ち上げ、感情や、実用的で人気のあるもの、歴史的〔経験的〕学識なるものに対抗させてきた。このような変化に合致するのが、ほかのところで、かの孤独なる者たちが消滅してしまったということ、つまり自身の民族によって、誰かに永遠なるものについて瞑想させ、ただこうした瞑想にのみ仕える生活をおくらせるという目的のため、つまり有用性のためにではなく〔神の〕祝福のために、犠牲に供せられ、世界〔世俗〕から切り離された者たちが、消滅してしまったことである[★9]。（GW11, 4）

ヘーゲルはこれに先立つ箇所で形而上学と呼ばれていた学問が根こぎにされたと語っており、当時の教育の実用化への要求を「形而上学を欠きながら教養ある〔形成された〕民族（ein gebildetes Volk ohne Metaphysik）を見る劇場」と揶揄していた（Ibid.）。まさにヘーゲルをニュルンベルクに導いた近代化のなかで、バイエルン王国は一八〇三年、収入を確保する必要から全ての修道院を解体し、国土の半分以上を占めていた修道院領を「世俗化」、つまり国有化するか民間に払い下げたのだった。この引用でヘーゲルが描いているのはまさにこうして当時進みつつあった近代化にともなうカトリック国家の「世俗化」の状況である。プロテスタント出身で、決してカトリックには共感的でないヘーゲルではあるが、ここでは右に見た教育学の実学傾向と、修道院の解体による内面的生活の喪失が、軌を一にするものと見られている。

三、人文科学と人間性をめぐる論争

さらに言及すべきは、ニートハンマーが、まさに冒頭のヘーゲルからの引用で見たような教育の実用化に対する思想的闘争を繰りひろげていたということである。彼は一八〇八年の『汎愛主義と人文主義の論争』において、人間の普遍的な教養＝形成、それ自身で存立する目的のための教育を目指す「人文主義（Humanismus）」と、生徒の将来のために、特定の職業的訓練の機会を提供しようとする「汎愛主義（Philanthropinismus）」とを対置している。[★10] **Humanismus** がラテン語の **homo** に由来する **human-** を含み、**Philanthropinismus** にギリシア語で人間を意味する **anthropos** が含まれていることからもわかるとおり、ここで対置されているのは二つの「人間」観である。後者が世俗世界での生活を強調する啓蒙主義に由来する人間観に基づいているのに対して、前者は世界を超えた精神性、古典古代の教養を強調する人間観に由来する。[★11] ヴィルヘルム・フォン・フンボルトやフリードリッヒ・アウグスト・ヴォルフらとともに「新人文主義」の思潮を代表するニートハンマーは、この両者の統一を主張しているものの、明らかに強調点は人文主義的な教養にある。そして、ギムナジウム校長としてのヘーゲルもまた「私たちの施設〔ギムナジウム〕の精神と目的は学問研究に向けて（zum gelehrten Studium）の準備であり、しかもそれはギリシア人とローマ人の基礎の上に築き上げられた準備なのです」（GW10, 456）と語るように、こうした新人文主義の教育論に与している。興味深いのはある年の校長としての式辞にある、大学とギムナジウムでの勉強の関係に関する次の発言である。

> 大学では、さらに〔勉強する内容の〕分化が進み、特定の職業の用途によりかなった〔勉強が〕始まります。しかし、諸君、どうかその場合もギムナジウムの勉強を忘れないでください。それは一方ではその手段としての有用性のためですが〔そればかりでなく〕、〔皆さんが〕高貴な生活の根本イメージを引き続きありありとしたもの〔現前するもの gegenwärtig〕として保ち、現実生活の細分化〔此事〕から喜んで戻ることのできる内面的な麗しき場所を確保していただくためです。この場所から、皆さんは憧憬の弱々しさや、夢想の怠惰な無気力〔に陥ること〕もなく、むしろ力を与えられ、リフレッシュして（erfrischt）皆さんの〔職業的〕使命、定められた活動に向かっていくことになるのです。（一八一三年九月二日の式辞 GW10, 499）

ここでヘーゲルは、ギムナジウムの人文学的勉強の有用性に言及しながら、しかしむしろ、ギムナジウムにおける人文主義的な勉強によって、生徒それぞれが今後日々営むことになるであろう、職業や日々の雑事から引きこもる場所としての、内面的な美しい世界が確保されうることを強調している。その前提にあるのは、彼らの生きている近代においては、もはや古代人よりも広い意味で「全体としての生を失うことにならざるをえないという考えである（GW10, 498）。近代社会に生きる「われわれ」は、そうした細分化された生を強いられるがゆえに、人間として「われわれのなかに全き生というイメージ〔表象〕と概念を作り出し、保持することがそれだけますます重要なの」（Ibid.）である。先の『大論理学』からの引用と併せて考えるならば、そのような内面的生活を一部の「孤独なる者たち」にゆだねることは、もはや不可能となったのである。そのような生活は、世俗の職業生活に生きる者たちが、それぞれそこから引きこもり帰ってくる場所となる。

四、国家と大学の世界史的使命

ヘーゲルは八年間ニュルンベルクのギムナジウムの校長を務めたあと、前記のように一八一六年、ハイデルベルク大学で教授職を得、さらにその二年後にはプロイセンの宗務・教育・医療省の大臣アルテンシュタインの招聘に応じて、ベルリン大学にうつることになる。ベルリン大学は、プロイセンが、ナポレオンによって蹂躙された威信を、精神的なものによって回復しようとして、一八一〇年に設立したばかりの大学であった。[★12] しかし、一八一四年にナポレオンが失脚して以降、ドイツの各領邦はナポレオン時代に進んだ近代化への改革の時期から、復古の時期へとうつっていた。ヘーゲルがべルリンに招聘されたのは、まさにそうした状況のなかで政府内の穏健改革派であるアルテンシュタインに期待されてのことであった。

したがってヘーゲルは、ハイデルベルクとベルリンそれぞれで都合二度の開講講義を行なっている。後者にあたってヘーゲルは、新たなテキストを書くことはせず、前者を書き換える形で講義草稿を執筆している。★13 しかしこの書き換えを通じて示されているのは、プロイセンとその中心をなす大学としてのベルリン大学に対するヘーゲルの期待と、そこで哲学を教授すべき自らの気負いであった。両方の開講講義に共通に見出されるのは、右の『大論理学』序文に見られたのと同じトーンの時代認識である。ヘーゲルは前者において、自らが大学に職を得、こうして登壇することになるタイミング（時点 Zeitpunkt）を強調するのであるが、それはまさに哲学に「注目と愛が約束されてよい時」（GW18, 3/11）であるという。それまで哲学は「ほとんど声を奪われてしまった学問（beinahe verstummte Wissenschaft）」（Ibid.）となってしまっており、「世界精神は現実に拘泥していたため、中へと還帰し、自己自身の中に集中することができなかった」（GW18, 3f.）。いまやこうした学問が再び声を獲得しようとするまさにそのときにヘーゲルは教壇に立っているのである。ところが、ベルリンの開講講義においては、それに加えて、「現実性の高次の関心」が「民族生活と国家の政治的全体を再生し救済する」戦いであったことが強調されている（GW18, 12）。そしてこのことはヘーゲルが自らの登壇を特徴的とみなすもうひとつの要素、右の時間的意義に対する空間的な意義（立ち位置 Standpunkt）と結びついている。それは前回とは違う場所、つまりプロイセンのベルリン大学という場所である。

確かにハイデルベルクの開講講義においても、哲学における「ドイツ民族（Deutsche Nation）」に対する期待が示されていた。つまり、哲学の担い手はドイツ民族であり、それは「他のヨーロッパ諸国では〔略〕哲学が記憶と予感のかなたに〔まで〕消滅し没落した」(GW18, 4/cf. ibid., 15) からである。こうして「われわれはこの聖火の保護者であるという、より高次の使命を自然から受け取った」(GW18, 4) のである。しかしここにはドイツ民族への期待が示されているとはいえ、具体的な国家への言及は見られない。

さらにハイデルベルクにおいては、「純粋な学、精神の自由で理性的な世界が再び繁栄する」のは「世俗の国 (das Reich der Welt)」、つまり「国家 (Staat)」よりも「神の国 (das Reich Gottes)」へ再び関心が向けられることによってであるとされていた。哲学から声を奪っていた「現実」への関心が国家への関心であったのに対し、ナポレオンの駆逐とともに政治的なものから教会へと、あるいは神の国へと目を向けることが可能になったがゆえに、再び哲学が耳を傾けられる状況が生まれたと考えられていたのである。しかし、二年後のベルリンでの開講講義においてはむしろ「国家において思想の自由な王国が自立的に繁栄する」(GW18, 12) といわれている。つまり、現実的なものへの関心から純粋な学としての哲学へと関心が向けられる時代状況が整ったのは、そうした現実問題から神の国へと考えをめぐらすことができるようになったからではなく、教会よりもむしろ世俗の国家がそのような場を確保すると考えられるからである。[★14] それは、ヘーゲルを招聘したベルリン大学という機関をもつプロイセンに対する期待の現われであろう。右で見たハイデルベルク開講講義でドイツ民族を哲学という「聖火の保護者」になぞらえた箇所に、ヘーゲルがおそらくはベルリンでの開講講義を執筆するさいに書き込んだと思われるメモに記されているように、「プロイセンは知性の上に建設されて」(GW18,

4）いるのである。

ヘーゲルによればプロイセンが最終的にフランスを駆逐し、勝利を収めたのは何よりもこの国の精神的な優位によってだった。「そして特にこの私を受け入れたこの国こそが、精神的な優位によって現実〔世界〕と政治〔の世界〕において興隆し、外的な手段においてはこの国を凌駕していたであろう国々と、権力と自立において肩を並べるにいたったのです」（GW18, 12）。そしてまさにその中心にあるのが、ベルリン大学である。ベルリン大学こそはこの哲学が唯一可能な国の精神性の中心、時代の「教養＝形成（Bildung）」の中心をなすとされる。★15

> ここでは、教養＝形成、そして諸学の開花が、国家生活のうちでさえも、もっとも本質的な諸要素のひとつとなっています。この大学、すなわち中心の大学では、あらゆる精神形成〔教養〕、あらゆる学問と真理の中心である哲学がその場所と、卓越した配慮（Pflege）を見出すに違いありません。（GW18, 12f.）

大学の国としての「ここ」プロイセンの使命は、哲学に配慮することである。これは世界史的な使命である。なぜなら世界を追われた哲学は「ドイツ人の下に逃げ込んだ」のであり、「そしてなお生き延びているのは彼らの下でのみ」だからである（GW18, 15）。そして右にハイデルベルク開講講義から引用した箇所を書き換えながらヘーゲルはいう。「この聖なる光の保護は私たちに託されているのです。そしてわれわれの使命（Beruf）は、この光の面倒をみて、養うことであり、人間が所有しうる最高のもの、つまり人間存在の自己意識が消え去り、没落しないよう、配慮することなのです」（GW18, 15）。したがってヘーゲルがいま教壇に立っているのは、精神性という価値を保護するという使命を担った、このプロイセンという国とベルリン大学という大学で、まさにこの世界史的な任務を果たすためだということになる。

このベルリン大学の開講講義は、国家と哲学の関係に関する重要なドキュメントのひとつとして、またその政治的な意味においてもハイデガーの「ドイツ大学の自己主張」と比較可能なテキストである。確かに、ここにはハイデガーのような政治的稚拙さは見られないとはいえ、こうしたヘーゲルの発言が、民族の自立性を国家という枠組みにおいて実現し、かつそのなかでもプロイセンを中心とするドイツ民族が世界史的な使命を担うと主張している点で、広い意味でのナショナリズムにとらわれていることは明らかだろう。とはいえ、他方でヘーゲルは当時のブルシェンシャフトに見られるようなラディカルなナショナリズムからは常に距離を取っていた。彼がアルテンシュタインに近かったということは、改革を押し戻そうとする政権内の復古派に対しても、他方で過激なナショナリズムと結びつく熱狂的自由主義者に対しても距離を取っていたことを意味する。反動的な復古派と過激な自由主義者との間の非常に微妙な政治的バランスのなかで、ヘーゲルは彼を招聘したアルテンシュタインとともに穏健な改革を支持していたのである。★16

五、哲学の無用性という有用性と日曜日

　こうしてヘーゲルは、ベルリン大学の開講講義でプロイセンと自らの哲学との課題を明らかにしたあと、この講義で扱われるべき「エンチュクロペディ」について語る。しかしこの開講講義でヘーゲルが主に言及するのは、『エンチュクロペディ』の最後の移行、つまり「絶対精神」における、宗教から哲学への移行である。ヘーゲルはここで、「現在の国（Ein Reich der Gegenwart）」と「彼岸の国（ein Reich des Jenseits）」との矛盾を指摘し、これをいずれをも犠牲にすることなく調和させることが「哲学の欲求」であるとしている（GW18, 21）。この講義の課題は「欲求」という感性的なものを反省から理性へと高めながら、この調和をもたらすことでなければならないだろう。「宗教」と「哲学」とは両者の宥和という同じものを目的とする。しかし、表象と感情にとどまる宗教は、哲学に場所を譲らなければならないのである。この指摘は、『歴史哲学講義』においてゲルマン世界がまさに世俗と教会を宥和させるものとして位置を占めていることとも対応する。ヘーゲルが「ゲルマン」と呼ぶものを「ドイツ」と同一視することはできないとはいえ、歴史哲学においてゲルマン世界が果たす使命と、この開講講義においてプロイセンが果たしているとされている使命は一致している。

　しかしまたわれわれはこうした発言を、単に当時のプロイセンに対するヘーゲルの現状認識を示したものと理解してはならない。こうした発言は陳述的（constative）なものとしてではなく、遂行的

(perfomative) なものとして理解されなければならないだろう。彼は、確かにベルリン大学が哲学の場となりうる可能性を見出したのだが、彼の発言はむしろそこを哲学の場にすることを目指していた。ヘーゲルがプロイセンとベルリン大学に見たのは実現された哲学ではなかった。むしろプロイセンが歴史的に示したのは、(ヘーゲルの)「現代」に哲学を実現するために必要な「きまじめさ (Ernst)」という性格にすぎなかった。[★17] それゆえにドイツ人は哲学を担いうるとされているのだが、実際ドイツ哲学については、本稿のはじめに見た『大論理学』からの引用が示していたように、啓蒙とその帰結であるカント哲学によってもたらされた浅薄さに陥っていたとヘーゲルは考えていたのである。ナポレオン以降のプロイセンに彼が見出したのはまだ哲学の「曙光 (Morgenröthe)」(GW18, 17) であるにすぎなかった。

したがってヘーゲルの使命は、このドイツ的性格を哲学の担い手とした教養=形成の場をベルリン大学に作り上げることである。では、こうして哲学を守るという使命はいったい何のためにあるのだろうか。あるいはわれわれは哲学の有用性をどこに見出すのだろうか。プロイセンとドイツ人は何のために哲学の保護者でなければならないのだろうか。ここでヘーゲルは「哲学の有用性 (Nutzen der Philosophie)」(GW18, 27) について語る。しかしそれは何か他のものの役に立つという有用性ではない。「哲学の基本規定は、有用であるということではない」(GW18, 26) のだ。注目すべきは、ここでこうした哲学の特性を説明するにあたって、のちにコジェーヴが取り上げたことで有名になる「人生の日曜日」という概念にヘーゲルが訴えていることである。[★18] つまり「哲学との交流は人生の日曜日とみなされうる」(GW18, 26) る。これについて彼はさらに次のように説明する。

もっとも偉大な制度のうちのひとつであるのは、通常の市民生活において時間が、平日の仕事、〔つまり〕必要の関心や外面的な生活への従事（そこでは人間が有限な現実性に沈み込んでいます）と、日曜日とに分けられていることです。日曜日には、人間はこの仕事を免れ、彼の目を地上から天へと向け、彼の神性、永遠性、彼の本質を意識することになります。（GW18, 26）

もちろん日曜日は、創世記において創造主である神が天地創造後七日目に休息したとされていることに由来する。しかし重要なのは、ヘーゲルがここで参照するのは、そうした旧約聖書の記述ではなく、近代における世俗的市民生活の日曜日であるということである。これは、右でヘーゲルがギムナジウムの生徒に対して、ギリシア・ローマの人文学的教養を日々の職業的生活から引きこもる場として強調していたことと重なり合う。ただしそのさいには、あくまで再び職業生活に戻ることが前提されていた。ところがここでは、次のようにいわれている。

人間が平日働き通すのは日曜日のためであり、日曜日をもつのは平日の仕事のためではありません。（GW18, 26）

哲学が、無用であるにもかかわらず、有用であるのは、それが目的そのものであるからである。こうした自己目的としての内省をかつて社会的に担っていたのは、修道僧たちであった。そして「日曜日」とは一般のキリスト教徒にとって、そうした自分たちの日常とは（空間的に）切り離された聖性に触れる時間であった。しかし、プロテスタンティズムに基づく社会の世俗化と、そしてヘーゲルが眼前に見ていたドイツ諸国家の近代化によって、それまで世俗から隔離され、「無用な生活」を送る役割を担っていた者たち、つまり「僧侶」は「多かれ少なかれ消え去ってしまった」（GW18, 26）。まさに大学がいま修道院という場所に取って代わる。大学は世俗化された、つまり有用なものに拘泥せざるをえない生活のなかに残された、無用性の場としての「日曜日の場所」なのである。

しかし、それは大学が新たな信仰告白の場となることを意味するものではない。なぜなら大学が担うべき哲学は、宗教を超えたところに、宗教の自己止揚の果てにあるものだからである。そうして知が信仰に取って代わるとき、日曜日もまた安息の時間から苦闘（Studium）の時間となる。哲学的な教養において、「抜け落ちるのはこの感覚的な形式だけでなく、意識がなじんでいるそれ以外のあらゆるよりどころ一般」（GW18, 29）である。教養、そして哲学を通じて到達されるものは、なんらかの「よりどころ」となるような基礎ではない。もはや、聖職者は解答を与えてはくれず、「常識」つまり「健全な人間悟性」もまた十分ではない。近代社会に生きるわれわれにとって、日曜日に、そして大学に許されるのは、安息ではなく、いっさいのよりどころを問い直す苦闘である。

翻ってわれわれの時代に目を向けてみると、それは日曜日が奪われてしまった時代だと言うことができる。そのことと今日大学が置かれている状況とはもちろん無関係ではない。もはや人間性（＝人文科学 Humanity）を信じられない時代であるにもかかわらず、いやだからこそわれわれは学問という格闘の場としての日曜日をどこかに確保しなければならない。ヘーゲルは彼の時代において、これをプロイセン国家と強く結びついたベルリン大学という場に求めた。今日それをどこに求めるのか、それは〈われわれ〉の課題である。

★1　それは一部の特に十九世紀の「哲学者」たちが大学という制度の外にいたとしても、あるいは大学を批判しさえしたとしても、そうである。大学のなかに哲学があったからこそ、彼らはその外に立つことができたのだし、彼らの名前が残されてきたのも、それが哲学という制度に多かれ少なかれ回収されてきたからであろう。

★2　おそらく例外の一人はデリダだろう。しかし、筆者にとって彼の大学論はわれわれの取り組むべきアポリアの提示であっても、その解答ではなかったといわざるをえない。Jacques Derrida, *L'Université sans condition*, Galileé, 2001.（西山雄二訳『条件なき大学』月曜社、二〇〇八年）また「特権」の問題についてはデリダの以前のテキスト Jacques Derrida, «Privilège. Titre justificatif et Remarques introductives», *Du droit à la philosophie*, Galilée,1990 を参照。さらに、デリダがかつて「哲学教育研究グループ（GREPH）」の活動のなかで、「ヘーゲルの時代」を参照し、特に以下に見るギムナジウムの校長時代のヘーゲルのテキストに着目していたことに再び注意を向けることも無駄ではないだろう。Jacques Derrida, «L'âge de Hegel», ibid.

★3　本稿ではこの点について詳しく触れることはできないが、一例として、ヘーゲルが彼の体系の梗概に与えた「エンチュクロペディ」というタイトルが、以下に見るニートハンマーの筆によるバイエルン州のギムナジウム指導要領に由来することを指摘しておく。そこでは上級クラスで「エンチュクロペディ」を講義することが求められていた。Allgemeines Normativ der Einrichtung der öffentlichen Unterrichtsanstalten in dem Königreiche (1808), in: *Friedrich Immanuel Niethammer: Philanthropinismus-Humanismus. Texte zur Schulreform*, bearbeitet von Werner Hillebrecht, Weinheim/Berlin/Basel, 1968, S. 66; H. Schnädelbach, Textgestalt, Titel und Entstehung der Enzyklopädie der philosophischen Wissenschaften (EPW), in: H. Drüe u. a., *Hegels ›Enzyklopädie der philosophischen Wissenschaften‹ (1830). Ein Kommentar zum Systemgrundriß*, Frankfurt am Main, 2000, S. 16f.

★4　以下、ヘーゲルのテキストからの引用は次のアカデミー版全集から行ない、GWとして巻数と頁数を示す。Georg Wilhelm Friedrich Hegel, *Gesammelte Werke*. In Verbindung mit der Deutschen Forschungsgemeinschaft, hrsg. v. der Nordrhein-Westfälischen Akademie der Wissenschaften, Hamburg, 1968ff. 引用文中の〔　〕内は引用者による補足である。また一部のテキストについては次の翻訳を参考にしたが、断りなく改訳している場合がある。上妻精訳『ヘーゲル教育論集』（国文社、一九八八年）。

★5　フルダの伝記的記述は、ヘーゲルの後半生を「大学就職への努力の一五年間」と「大学教授としての一五年間」に区分している。H. Fr. Fulda, *Georg Wilhelm Friedrich Hegel*, München, 2003, S. 269ff.

★6　ヘーゲルはベルン、フランクフルトで家庭教師をしたあと、一八〇〇年からイェナ大学で私講師を務めたが、これは無給であった。その後、員外教授となるが、ナポレオンの侵攻によって一八〇七年大学は閉鎖された。一八〇八年にギムナジウム校長となるにあたって返上するまでこのイェナ大学教授の肩書きをもちつづけていたが、実際にはこの間、新聞編集者として生活していた。

★7　ライン同盟の改革をヘーゲル法哲学形成の契機として重要視する研究は次の二論文を参照。権左武志「帝国の崩壊、ライン同盟改革と国家主権の問題——ヘーゲル主権理論の形成とその歴史的背景」「思想」九九一号（二〇〇六年十一月）、四～二八頁、福吉勝男「バイエルン改革とヘーゲルの国民主権論——二つの『近代国家』類型」「思想」一〇〇八号（二〇〇八年四月）、一〇一～一二五頁。

★8　ヘーゲルはニートハンマーの求めに応じて、ニートハンマーの手によるこの改革の問題点を指摘する私的な所見を提出している。このテキストは、ヘーゲル体系の成立のドキュメントとしても重要なテキストである。Über den Vortrag der philosophischen Vorbereitungswissenschaften auf Gymnasien. Privatgutachten an Immanuel Niethammer vom 23. Oktober 1812, GW10, 823ff.

★9　Th. Nipperdey, *Deutsche Geschichte 1800-1866*, München, 1998, S. 74、谷口健二『バイエルン王国の誕生——ドイツにおける近代国家の形成』（山川出版社、二〇〇三年）、一七二、二〇二頁。

★10　Fr. I. Niethammer, *Der Streit des Philanthropinismus und Humanismus in der Theorie des Erziehungs-Unterrichts unsrer Zeit* (Jena, 1808), in: Friedrich Immanuel Niethammer, ibid. S. 161ff.

★11　ニートハンマーはこれを人間の「人間性 Humanität」と「動物性 Animalität」として対比している（Ibid., S. 94）。

★12　一八〇七年に、ベルリンへの大学移転を求める、ハレ大学（ナポレオンによって閉鎖された）の陳情団に対して国王フリードリッヒ・ヴィルヘルム三世は「国家は物質的な力において失ったところのものを精神的な力で補わなければならない」と述べたとされる。ヘルムート・シェルスキー『大学の孤独と自由――ドイツの大学ならびにその改革の理念と形態』（田中昭徳ほか訳、未來社、一九七〇年）六二頁。レンツの『ベルリン大学史』では国王のこの発言の信憑性について懐疑的な見方も紹介されているが、この言葉が時代の雰囲気を表現していたことは間違いない。Max Lenz, *Geschichte der königlichen Friedrich-Wilhelms-Universität zu Berlin*, Erster Band: Gründung und Ausbau, Halle, 1910, S. 78ff.

★13　分量でいえば後者は前者の約五倍である。その意味ではむしろ新しいテキストであるということもいえよう。しかし興味深いのは次に見るように両者の共通する箇所に見られる、変更点である。

★14　典型的なのは次の箇所の書き換えである。ハイデルベルクにおいては「いまや現実性のこの濁流が打ち砕かれ、ドイツ国民がもっとも粗野なものから身を投げ出し、その国民性とあらゆる生きた生活の根拠を救済したがゆえに、いっさいの関心を自らのうちに飲み込む国家のほかに（neben dem Staat）、教会もまた立ち上がり、思想と努力がこれまで目指してきた世俗の国のほかに（neben dem Reich der Welt）、再び神の国についても考えられることを〔略〕われわれは期待していいのです」（GW18. 4）。この箇所はベルリンにおいてこのように書き換えられる。「いまや現実のこの濁流が打ち砕かれ、ドイツ民族が一般にその国民性、あらゆる生きた生活の根拠を救済したあとで、現実的な世界の統治のほかに（neben dem Regiment der wirklichen Welt）、思想の自由な国もが国家のなかで（in dem Staate）自立的に栄える時代が登場したのです」（GW18, 12）。

★15　これは必ずしもヘーゲルの偏った認識や、自らを招いた国に対する追従を示すものではない。現代の歴史家ニッパーダイが「プロイセン、大学の、教養の、学問の国家、そしてそれゆえに精神と自由の国家」と定式化しているようった。に（Nipperdey, ibid., S. 480）、ベルリン大学に対する国家的文化的役割に対する期待は、当時広く共有されたものであった。

★16 したがって、ヘーゲルを単なるプロイセンの御用哲学者と見るのと同様、ヘーゲルを自由主義勢力と結びつける議論も短絡的といわざるをえない。こうした議論は当時のいわゆる自由主義派が反ユダヤ主義をともなう過激なナショナリズムと結びついていたことをしばしば無視している。ヘーゲルがこうした「熱狂」に与するものではなかったのは同僚のフリースやシュライエルマッハーに対する批判から見ても明らかである。ただしそれはすぐさまプロイセン国家の近代化と民主化に反対だったことを意味しない。

★17 ドイツ（プロイセン）人に特に哲学の担い手としての「きまじめさ（Ernst）」を培ったのは、まさに、「自立のための、心を欠いた外国による専制政治の抹消、自由のための、民族が君主と手を組んだあの戦い」、つまり対ナポレオン戦争においてであったとされている（GW18, 13）。

★18 「人生の日曜日」というテーマについては日本ヘーゲル学会第六回研究大会（二〇〇七年一二月八日、日本女子大学）における入江容子氏の研究発表「ヘーゲルにおける『人生の日曜日』の問題」に大いに示唆を受けた。

第４章　求道と啓蒙――ニーチェにおける哲学と大学

竹内綱史

われわれ神学者が、ともかくも「信徒」の関心をもっとも強く引きつけるのは、われわれがあまり表立って、意図的にかれらのことを顧慮するときではなく、すべての実直な職人がそうであるように、ただ単純にわれわれの問題に取り組んでいるときである。

カール・バルト

はじめに

三つの個人的な問いから始めたい。かつて私が大学院生だったころ、つまり「ニーチェ哲学研究者」としての歩みを始めたころ、自分が何をしているのか、何をしようとしているのか、と胸に抱いた問いである。すなわち、①哲学とは何か、②哲学研究とは何か、③ニーチェ哲学研究とは何か。

①の問いはおいそれと答えられるものではないが、「哲学」と「思想」、あるいは「哲学者」と「知

識人」という区別があるとすれば、私は前者を志しているのだという漠たるイメージがあった。本稿は、初期ニーチェを論じるなかで、「求道」と「啓蒙」という形でそのイメージに内実を与えることになるだろう。

②の問いは、私がいわゆる「実存主義的」な雰囲気の色濃く残る研究室に在籍していたこともあってか、強く胸に刻まれたものでもあった。つまり、「哲学研究者」ないし「〜専門家」は「哲学者」としては二流以下でしかないといった風潮のなかで、いったい自分はこの大学という場で何をしているのか、という問題である。「講壇哲学」が侮蔑語でしかないのなら、私はなぜここにいるのか。[★1] これが「大学論」なるものに手を染める直接の動機であった。[★2] 本稿はその続編である。

③の問いは②と密接に関連している。というのも、「哲学」と「学問」、「哲学者」と「学者」を峻別して、後者に侮蔑の言葉を浴びせかけた急先鋒が、ほかならぬニーチェその人だからである。となると、「ニーチェ哲学研究者」というのは、端的に矛盾した存在になってしまうのではないだろうか。②の問いは先鋭化し、①の問いへと否応なく差し戻される。かくして本稿は、一人の「ニーチェ哲学研究者」として「大学」に籍を置く者の自問自答が出発点となっている。

この三つの問いは、「大学」が「学者」の場所であるというのは先入見であることを知ると、少しずつ氷解を始める。「大学」とは、理念的には、「哲学」の座なのだ。これは近代的大学のモデルとされるベルリン大学の創設経緯を知る者には周知のことである。ニーチェの大学に対する批判的言辞はむしろ、過度の期待の裏返しと見るべきなのだ。彼は大学の理念にきわめて忠実であったがゆえに、現実に我慢がならなかったのである。

以下ではまず、若きニーチェの大学論である『われわれの教養施設の将来について』（一八七二年。以下、『教養施設の将来』と略）の背景と主題を追い（第一節）、そこで問題とされている「教養」の内実を問う（第二節）。続いて、『反時代的考察』（以下、『反時代的』と略）の第三篇（一八七四年）で再び大学が取り上げられるさいにはニーチェの立場が変化していることを見届けたうえで（第三節）、「求道」と「啓蒙」という二つの方向性がニーチェにおける「哲学と大学」という問題系を構成していることを明らかにしたい（第四節）。

一、『われわれの教養施設の将来について』★3

一八六九年に二十四歳のニーチェはバーゼル大学の古典文献学教授に抜擢された。その三年後に出版された哲学上の処女作『悲劇の誕生』は、「ドイツ文化」を危機的状況のなかから救うという希望をもって書かれたものである。しかし、学問的手続きをいっさいとらずに高揚した文体で畳みかける同書が、学界に受け入れられるはずもなかった。この出来事が彼の大学・学界嫌いに拍車をかけたのは間違いないが、『教養施設の将来』は『悲劇の誕生』出版直後、学界がいまだ沈黙を守っている間にバーゼル大学で行われた連続講演である。

この講演には当時の時代背景が色濃く反映されている。ベルリン大学創設（一八〇九—一〇年）後、下位学校が整備され、ギムナジウムと大学を頂点とする教育制度が確立されると、「教養（Bildung）」を主導理念とした教養市民層（Bildungsbürgertum）と呼ばれるエリート身分が生産・再生産されるようになった。ここに、十九世紀ドイツ特有の指導者階級、すなわち伝統的身分でも財産でもなく、「教養」によって形作られる社会身分が基盤を得る。[★4] 一八七一年の帝国成立に頂点を迎える十九世紀ドイツの源泉がこの教育体制と教養市民層にあるとはよく指摘されることであるが、ニーチェの連続講演はまさしくその帝国成立の一年後に行われているのである。

その作用の点では同様に破滅的で、その諸結果においては結局合流する、見かけ上対立した二つの潮流が、われわれの教養施設の現在を支配している。ひとつは教養の可能なかぎりの拡張と拡大への衝動であり、もうひとつは教養そのものの低下と弱化への衝動である（BA1: 667, cf. BA Einleitung: 647）。[★5]

ここで述べられているのは連続講演のライトモティーフである。教養の「拡張と拡大」とは、「可能なかぎりの認識と教養――したがって可能な限り多くの生産と需要――したがって可能な限り多くの幸福」（Ibid.）を求めているのであって、ここにあっては教養の目的として「可能な限り多くの金儲け」（Ibid.）が考えられている、とニーチェは見ている。これは要するに「実利主義（Realismus）」（BA4: 717）であり、結果としての大学やギムナジウムの大衆化である。

それに対し、教養の「低下と弱化」とは実利主義の側からも攻撃されるスコラ的学問を指しており、これが啓蒙の時代から批判の的であったことは周知の事実である。ところが、ニーチェの見るところ、その批判にもかかわらずスコラ的・訓古学的学問は再び息を吹き返しているのだ。「学識と学識的教養〔学者的教養（gelehrte Bildung）〕を絶対的に評価するという、ヴォルフ[★6]自身によって乗り越えられた古い評価が、疲れ果てた闘争の末、次第に、浸透していた教養原理の地位に取って代わってしまった」（BA2: 689）。こうした初期ニーチェによる硬直した学問への批判は有名だが、さらに加えて、そうしたスコラ的学問もまた結果においては実利主義を志向しているにすぎない、とされているのである。どういうことだろうか。

ここにはギムナジウム派と実科学校派に分かれて争われた当時の論争が背景にある。[★7] ギムナジウムや大学の標榜する「教養」を、当時台頭してきた職業訓練を主とする実科学校（Realschule）に対置してそれを擁護しようとしている者が、実は「教養」を階級的イデオロギーとして利用しているにすぎない、ということをニーチェは見破っているのだ。ギムナジウム派が実科学校派の実利主義を商売人根性と嘲り、自らはますます「高踏的」に、「虚学的」になっていくことは容易に想像がつく。けれども、その虚学性それ自身が、階級的「利益」に奉仕しているのである。それゆえ、自らの「利益」のために「教養」を欲している点で、ギムナジウム派の側も、結局は実科学校派と変わらないのだ。

> 私としては、ただひとつの真の対立を知っているだけである。すなわち、教養のための施設と生活の必要のための施設である。現に存在するすべての施設は二つ目の種類に属しているのだが、私が問題にしているのはひとつ目の方なのだ（BA4: 717）。

この区分は、カントによる理性／幸福という二分法以来の、哲学者／パン学者（シラー）・教養施設／教育施設（フィヒテ）・高等教育機関（大学）／学校（フンボルト）といった伝統的な区別を踏襲している。ニーチェは明らかにこれらの二分法の前者へと、ベルリン大学に結実した大学の理念、一般に「フンボルト理念」[★8]と呼ばれるものへと、訴えかけているのだ。

> 私がわれわれの教養施設の将来について語ることができるのはただ、そこからその施設が産まれてきた理想的精神へと可能な限り近づくという意味においてだけである。（BA Einleitung: 645）

二、「教養施設」とは

では「教養施設」の核である「教養」とは、ニーチェにとっていかなるものなのか。

まず言えることは、「教養」は「知識」ではない、ということだ。出来合いの知識をいかに多くもっていても、それだけでは教養とは言えない。「学者〔学識ある人（Gelehrte）〕にはほとんど誰もがなれるが、教養人〔形成された人（Gebildete）〕にはごくわずかしかなれない」[★9]。もちろん、学識ないし知識があるのは前提である。だが知識は生かされなければならない。いや、より正確には、知識を生きなければならない。「教養の課題とは、〔……〕受容し学ぶのみならず、生きることである」[★10]。すなわち、理論と実践の一致。

さらに、「教養（Bildung）」理念の中心には「自らを形成する（sich bilden）」という意味がある。自らを日々高めること。カントの言葉を使うならば、自然的・感性的存在者ではなく、道徳的・理性的存在者へ。けれども、Bildungという語を哲学用語へと押し上げたヘルダー以来、そこには歴史哲学的含意がある。すなわち、自分自身を形成すること（sich bilden）によって高次の存在の形成（bilden）に参与すること。

> 教養とは、あらゆる世代のあのもっとも高貴な諸瞬間が、人がそのうちでさらに生き続けることができるような言わばひとつの連続体を形成する（bilden）ことである。各々の個人にとって教養とは、諸認識ともっとも高貴な諸思想とのひとつの連続体を有し、その連続体のうちでさらに生き続けることである。★11

抽象的な言い方をしているが、ニーチェはその「連続体」を「文化」と見る。ごく単純に言うならば、文化史のなかに登場するような偉大な個人になれ、ということだ。文化の歴史を彩る者たちを模範とし、偉大な人物たちの共同体へと参加すること。「教養施設」とはそうした共同体への予備門なのだ。

けれども、当然ながらそのような共同体には誰もが入れるというわけではない。この文脈で、初期ニーチェの悪名高い天才礼賛や精神的貴族制といった議論が出てくる。「正しい教育原理とはただ、より多くの大衆を精神的貴族制に対する適正な関係へともたらすことである。これこそが本来的な教養の課題である」。[★12] ニーチェは「人は偉大な指導者たちを必要とするのであって、あらゆる教養は服従から始まるのだ」（BA5: 749）と言い、「天才（Genius/Genie）」への服従、「知性の領域における自然的位階秩序」（BA3: 699）への帰依を説く。

だが重要なのは、この「位階秩序」は同時代人にはわからない、ということである。それを判定するのは「公平な後世」（BA3: 698）なのだ。つまり、ここで述べられているのは優生思想のような決定論ではなく、運命論であって、「運命」は原理的に個々人にとって隠されたままなのである。

しかるに、第一『反時代的』では「文化」を探求することこそ、ドイツの古典作家たちを偉大にしたのだ、と言われている。

> その偉大な英雄的人物たちは、〔……〕ただひとつのことをこっそり教えているのだ。すなわち、彼らは探究する者だった、ということを。そして、彼らが熱烈に真剣な粘り強さをもって探究していたのはまさしく、教養俗物が所有していると妄想している当のもの、真正なる根源的ドイツ文化だったのだ、ということを（DS2: 167）。

俗物たちの現状に満足した振舞い、すでに「もてる者」だという意識。それに対し、古典作家たちの絶えざる不満足感が対置させられている。古典作家たちは真正なる「文化」をただひたすらに「探求」した。彼らは終生満足しなかったかもしれない。だがその結果、「公平な後世」たるわれわれは、彼らが「天才」だったことを認め、歴史の殿堂へと列聖するのである。

かくして、教養とは「天才の訓育に対する服従と習熟」であり、教養施設とはそうした意味での「教養の欲求」を、「正しい教育によって導入」し「確固たる慣習（Sitte）」にする場所なのである（BA4: 730）。しかしながら、自分が「天才」であるかどうかは誰にもわからないとはいえ、少なくとも「天才」である可能性を信じていなくてはならないだろう。まったく可能性がないことに身を投じるのは無謀ないし無駄というものだ。だが実際、「天才」である可能性はきわめて低い。つまり、現実にはごく少数にしか可能でないことを、多くの人々に可能なこととして制度化されたもの、それが教養「施設」なのだ。

> もし人が、本当の教養人の数が結局信じられないくらい少ないということ、そもそも少なくしかあり得ないのだということを知ったならば、教養に向けて努力する人はいなくなるだろう。それにもかかわらず、この数少ない真の教養人は、多くの大衆が〔……〕教養と関係をもつことがないのならば、決して存在し得ないのである（BA1: 665）。

これは教養という問題に限らず、他の分野にも言えることだ。要するに、裾野が広くなければ頂上は高くならないということである。ニーチェは困難を確認しているだけで、解決策を見いだせているとは言い難い。制度は理念が履き違えられる恐れがある。いや現実にそれが起こっていることは、ニーチェが繰り返し指摘している通りである。ならば「制度化」という構想を捨ててしまっても良いのではないか。のちに述べるように、それはニーチェが実際に歩む道だが、『教養施設の将来』の時点ではニーチェはその方途をとらない。

牧師の息子であり、名門ギムナジウムを経て大学に進み、若くして大学教授にまで昇り詰めたニーチェ自身、典型的な教養市民であったが、その自らの由来を彼は驚くほどよくわかっていた。それゆえ、新たな「ベルリン大学」が創設されるならば、そしてその純度が維持されるならば、真の意味での教養階級が生まれることになる、と考えていたのだ。政治的・軍事的に達成された「ドイツ帝国」ではなく、真の文化共同体としての「われわれ」を創設すること。真の「ドイツ精神」を制度化すること。ニーチェはシュトラスブルク（ストラスブール）に新しい大学の創設を本気で考えていたようであるが[13]、そうした施設の制度化は夢想に留まり、連続講演は未完に終わることになる。新たな社会階層を創り出すことは夢と消えるのだ。

三、「教育者としてのショーペンハウアー[14]」

『教養施設の将来』から二年後、第三『反時代的』の「教育者としてのショーペンハウアー」で再び大学の問題を取り上げたときには、ニーチェはもはや教養施設の復活を語ろうとはしない。ここでは「大学哲学」への容赦ない批判が大勢を占め、大学の学者は絶対に哲学者にはなれない、それゆえ哲学は大学から離れるべきだという主張が繰り返されるに至る。どうしてだろうか。それはさしあたりショーペンハウアーの大学論[15]の影響と見ることができる。

ショーペンハウアーが悪口雑言の限りを尽くしてヘーゲルを批判しているのは有名だが、そのなかにはプロイセンの「御用哲学」と化した哲学一般に対する批判が含まれている。彼に言わせれば、カントが『学部の争い』で要望した、上級学部およびそれを監督する国家に対する哲学部の自由が失われてしまっているのだ。大学が国家や社会の道具と化し、「哲学」の名を騙る「商売人」が真の哲学を駆逐している、と。ショーペンハウアーは単にヘーゲル派への妬みから講壇哲学批判を繰り返していたと思われがちだが、主張内容の正当性／正統性を見逃してはならない。

ここにあるのは、正統的な大学論を突き詰めると、現実の「大学」からの自由を主張せざるを得なくなるという矛盾である。制度として存立して俸給で生活する教授たちの場である限り、実利主義以外ではあり得ないのではないか、と。「私は真理を求めたのであって、教授職を求めたのではなかった」[★16]。『教養施設の将来』では制度化に固執していたニーチェも、ここでショーペンハウアーに追随する。

> これをもって、その下で哲学的天才がわれわれの時代において有害な反作用の数々にもかかわらず、少なくとも発生し得るいくつかの条件が名指された。〔……〕要するに自由、とにもかくにも自由である（SE8: 411）。

これは当たり前ながら好きなことができる自由ではない。実利主義からの自由、言い換えると、哲学以外のあらゆる利害関心からの自由である。だが、何への自由なのだろうか。ニーチェはショーペンハウアーと共にこう答える。真理への、と。すなわち、「真理ニ人生ヲ捧グ（vitam impendere vero）」[★17]（SE7: 411）のが「哲学」なのだ、と。

注意すべきは、『教養施設の将来』では「教養」と「文化」の関係で語られていたものが、「哲学」と「真理」の関係で語られているという点である。ここにはニーチェ哲学の初期から中期への転換、なかんずく二元論の放棄という問題が絡んでいるが、われわれの文脈で重要なのは、「文化」という国民国家的な含意のある探求目標が、「真理」というより普遍的なものへと変化するということである。それと同時に、「教養施設」という「ドイツ精神」の棲家から、ニーチェは出て行くのだ。[★18] 第三『反時代的』はまさにその転換期にある。

だが「教養」によって語られていたことが、「哲学」へと引き継がれていることも見逃してはならない。理論と実践の一致、自己を日々高めること、そして、「われわれ」の形成。けれども個々の内実は少なからず変容していくことになるのだ。

四、求道と啓蒙

（1）求道としての哲学

ニーチェにとって哲学とはただただ「真理」を求めることである。これだけなら当たり前のことのように聞こえるが、その「真理」の内実が問題である。というのも、ニーチェの言う「真理」には、生に意味をもたらすものという含意があるのだ。言い換えると、「真理」とは世界の「実相」であると同時に、それに則って生きるべき「規範」でもあるということである。★19

これは単純な「自然主義的誤謬」などではない。というのも、「真理」が世界の実相であっても、ほとんどの人はその実相を知らないし、その実相に即した生き方をしていないからである。ここに、ニーチェが終生愛した「いかにして人は自分がそれであるところの者になるか（Wie man wird, was man ist.）」という格言に意味が生まれる。それは「汝自身であれ！　汝がいま為し、思い、求めているものはすべて汝ではないぞ」（SE1: 338）ということなのだ。理論と実践の一致。ごく単純に言い換えるならば、「本当の自分」を知り、それに則った生き方をしなければならない、と。

だがニーチェは、どこか別の場所にある「本当の自分」を見つけろ、などということを言っているのではない。そもそも個々人はもともと徹頭徹尾ユニークな存在なのだ、そこから逃げてはならない、それを引き受けなければならない、と言っているのである。ニーチェによれば、「各人は、自分がただ一度きりの、たったひとつしかないもの（ein Unikum）として、この世界に存在しているということを根本的に良く知っている」（SE1: 337）が、慣習的に生活を送ることでそれを隠している。なぜなら、それが快適だからであり、彼らが怠惰だからなのだ（Ibid.）。自らを日々高めること。

第三『反時代的』のなかで最も頻繁に登場する語のひとつ、「正直（ehrlich）」あるいは「誠実（wahrhaftig）」がここで重要な意味をもつ。それはいかなる先入見もなしに物事を見極めようという知的な態度を指すが、とりわけ自分がなんらかの先入見を抱いているのではないかと徹底的に反省することを意味する。「人間ショーペンハウアー」が提示している「実例（Beispiel）」（SE3: 351）から、ニーチェは唯一無二の自分に、正直であることを学び取っているのである。ショーペンハウアーは「誰も欺くな、決しておまえ自身を欺くな！」(SE2: 346) を自らの法則としており、その生きざまは「誠実さの英雄主義」(SE4: 374) なのだ、と。この「誠実さ」こそ、ニーチェ哲学を駆動していく自己反省と批判精神の核となるものである。[20]

こうした哲学を、「求道としての哲学」と呼びたい。いかなる実利主義からも自由に、ただひたすらに「真理」を求めること。「偽り」の自己を捨て、自らを「真の」自己に一致させること。それに則って生きること。

(2) 求道と啓蒙の一致

かくしてニーチェにとって哲学とは、第一義的には、「求道」である。だが、それならば山にでも籠もって一人で瞑想でもしていた方が良さそうなものだ。けれども彼はそうはしない。そう、のちに「誰のためでもあって誰のためでもない本」と副題に記された本で主人公に仮託して語られているように、彼は「山」を降りるのだ。

ニーチェは何かを伝えようとしている。何をか。言うまでもなく、「求道」そのものである。言い換えるなら、真理を求めることを求めているのだ。真理を求める者としての「われわれ」を形成せんとしているのである。

だがすぐに付け加えなくてはならないのは、ここで言う「真理」そのものは共同性を保証しない、ということだ。『反時代的』ではまだはっきりとしないが、『人間的、あまりに人間的』(一八七八年) になるとそうした側面が前面に出てくる。同書からニーチェが考察の中心に据える「自由精神」――それは本稿で言う「教養人」や「哲学者」のことである――は、「まったく個人的な世界認識」[★21]をもつことが謳われることになる。つまり、他人と同じ「真理」を求めている限り、単なる模倣でしかなく、自己の唯一性の確証とはなり得ないのだ、と。

けれども、「真理」は共同性を保証しはしないが、それを必要としているのである。言い換えると、「真理」が「真理」として成立するためには共同性が前提とはならないが、「真理」をよりよき「真理」へと鍛え上げるために必要とされるのだ。[★22]こうした議論はニーチェ哲学全体のひとつの中心問題として大きなテーマであるが、[★23]ここでは第三『反時代的』のなかで示唆されている啓蒙的側面に注意を促しておきたい。

> 私が哲学者を評価するのはまさに、彼がひとつの実例を与えることができる程度に応じてである(SE3: 350)。

ニーチェはショーペンハウアーという「実例」から「誠実さ」を学んだのであった。学んだ内容そのものが怠惰な日常的自己を揺さぶる啓蒙的批判的側面をもっているのはもちろんであるが、ここで述べられているのはその学び方である。それはまた教え方でもある。哲学者とは一人の人間としての完成を求める者であるが、まさしくその姿が人々を教え導くのだ。その「実例」に学び、単なるエピゴーネンとなるのではなく、個々人の唯一なる自己を完成させ、別の「実例」を提示するようになれ、と。求道としての哲学は、自らを「実例」として示すことを通じて、啓蒙するのだ。

実例は、書物によってのみではなく、目に見える人生によって与えられなければならないのだ(Ibid.)。

言うまでもなく、この文章は書物に書かれている。「本を捨てろ」と本に書くことの矛盾に、ニーチェが気づいていないはずがない。彼は何をしているのか。ショーペンハウアーの本を読み、それについて本を書いている。本によってショーペンハウアーの「実例」を学び、さらに、そのように学んだ自分自身を「実例」として提示しているのだ。[★24] 求道と啓蒙の一致。これはあの「フンボルト理念」の一契機、「研究と教育の一致」の、バージョンアップだと言って良いだろう。もはや「教養施設」という制度を前提としてはいない。だがそこには間違いなく、「大学」の理念が現出しているのである。

おわりに

以上、初期ニーチェの「哲学」と「大学」をめぐる議論とその変遷を辿ってきた。ニーチェにとって哲学とは、実利主義から自由な「求道」であり、それは制度としての大学を捨ててでも死守すべきものであった。だがその一方で、「実例」から学び「実例」を提示するといった共同性が必要とされていた。そこには大学の理念が生きているのである。それゆえ、逆に言えば、そのような共同性が存在する場所、そこが「大学」なのであって、制度の内か外かはもはやそれほど重要ではないと言ってよいのではないだろうか。

ところで、カントやデリダに依拠して、「批判」の場を死守することこそが大学の意義と見なす議論が現在の哲学的大学論の主流であると思われるが、本稿はそれに与していない。そうした議論にももちろん賛同するものの、ここではむしろ、そうした大学論は一面的であることを示したかった。ニーチェから批判や啓蒙の側面をもっと大きく取り出すことも可能であるが、それはあえてしなかった。なお、「求道」なるものは経済的余裕がある者の自己満足なのではないか、という批判があり得るだろう。ショーペンハウアーは遺産で、ニーチェは教授職（のちにはその年金）で暮らしていたではないか、「金があっても幸せではない」というのは金持ちだからこそ言えることだ、といった問題である。こうした批判はもちろん正当なものではあるが、それですべてが片づくわけではない。ニーチェが問題にしているのは生きることの意味への問いである。意味さえ与えられれば喜んで苦しみを、場合によっては死すら受け入れるのが、人間ではないだろうか。[★25] そうしたメカニズムがなければ、そもそも「イデオロギー」も「イデオロギー批判」もあり得ないはずである。「求道」ということで問題にされていることは、そうした次元の事柄である。[★26]

最後に、最初に挙げた三つの個人的な問いに暫定的な答えを出しておきたい。哲学とは、求道と啓蒙である。それゆえ哲学研究こそが哲学そのものであるはずだ。ニーチェ哲学研究とは、ニーチェを「実例」として哲学することとである。だが実のところ、あの三つの問いがすでに「ニーチェ的」なのであろう。理論と実践の一致という強迫観念。必ずしも「ニーチェ的」にニーチェ哲学を研究する必要はない（実際、ほとんどのニーチェ研究者はそうだろう）。ニーチェ的意味での哲学や大学の理念に、ニーチェ研究者が従わなければならないと考えること自体、きわめてニーチェ的な発想なのである。それが「正しい」のかどうかはまた別の問題である。

★1　ハーバーマスが「実存主義的分業（existentialistische Arbeitsteilung）」という名のもとにこの点を論じているのをのちに読んで、私が悩んだ問いが個人的なものにすぎないわけではないことを知った。Jürgen Habermas, „Die Philosophie als Platzhalter und Interpret“, in: ders. *Moralbewußtsein und kommunikatives Handeln*, Frankfurt am Main, 1983, S. 9-28.（三島憲一・中野敏男・木前利秋訳「哲学者になにができるか」『道徳意識とコミュニケーション行為』、岩波書店、一九九一年、一―三四頁）

★2　拙論「大学というパラドクス――《教養施設》に関する若きニーチェの思索をめぐって」（京都大学文学研究科宗教学専修編『宗教学研究室紀要』第一号、二〇〇四年、一三―三五頁）。

★3　本節と次節の詳しい議論は、部分的に、前掲拙論「大学というパラドクス」、参照。

★4　教養市民層に関しては、野田宣雄『ドイツ教養市民層の歴史』（講談社学術文庫、一九九七年）参照。また、「教養市民層」という語ではなく「読書人階層（mandarin）」という語によって同じエリート身分を論じたものとして、フリッツ・K・リンガー『読書人の没落――世紀末から第三帝国までのドイツ知識人』（西村稔訳、名古屋大学出版会、一九九一年）参照。

★5　ニーチェのテクストは次のものを使用した。*Sämtliche Werke: Kritische Studienausgabe*, hrsg. von G. Colli und M. Montinari. München, Berlin/New York, 1980.（以下、KSA と略記）著作略号は以下の通り。BA: *Ueber die Zukunft unserer Bildungsanstalten*; DS: *David Strauss der Bekenner und der Schriftsteller*; SE: *Schopenhauer als Erzieher*. これらの著作からの引用は本文中に（略号＋節番号）で示し、必要に応じて KSA の頁数も付す。それ以外の著作につ

いてはそのつど注で示す。遺稿については慣例に従い、ノート番号・断片番号・書かれた時期により示す。訳文はすべて拙訳。なお、原文の強調は省略し、引用文中の強調はすべて引用者によるものである。

★6　古典文献学成立の立役者でベルリン大学創設にも関わったフリードリヒ・A・ヴォルフのこと（曽田長人『人文主義と国民形成——19世紀ドイツの古典教養』知泉書館、二〇〇五年参照）。ヴォルフとニーチェの関係については、三島憲一「初期ニーチェの学問批判」『ニーチェとその影』（講談社学術文庫、一九九七年、一一—七二頁）参照。

★7　Cf. Jörg Schneider, „Nietzsches Basler Vorträge »Ueber die Zukunft unserer Bildungsanstalten« im Lichte seiner Lektüre pädagogischer Schriften“, in: *Nietzsche-Studien*, Bd. 21, Berlin/New York, 1992, S. 308-325. また、リンガー前掲書、一八頁以下も参照。

★8　本書所収の斉藤論文参照。また、ニーチェとの関係については、大川勇「ニーチェの教養理念——『われわれの教育機関の将来について』にみられるフンボルトへの回帰」（『社会システム研究』第九号、二〇〇六年、一—一一頁）参照。

★9　14[15] Frühjahr 1871-Anfang 1872.

★10　8[92] Winter 1870-71-Herbst 1872.

★11　8[99] Winter 1870-71-Herbst 1872.

★12　14[11] Frühjahr 1871-Anfang 1872.

★13　Cf. 8[89][91][93] Winter 1870-71-Herbst 1872, 19[259][269][274][298] Sommer 1872-Anfang 1873.

★14　本節と次節の詳しい議論は、部分的に、拙論「若きニーチェの「啓蒙」思想——第三『反時代的考察』の射程」（『ショーペンハウアー研究』別巻第１号、一〇一—一一八頁）参照。

★15　Cf. Arthur Schopenhauer, „Ueber die Universitäts-Philosophie“ in: *Parerga und Paralipomena. Erster Band*, Sämtliche Werke, hrsg. von A. Hübscher, Wiesbaden, ³1972, Bd. 5, S. 147-210.（有田潤訳「大学の哲学について」『ショーペンハウアー全集』第一〇巻、白水社、一九七三年、二〇一—二七九頁）

★16　Ibid., S. 151f.（同訳書二〇七頁）

★17　この格言はショーペンハウアーの『パレルガ・ウント・パラリポメナ』のエピグラフでもある。Cf. ibid., S. V.（同訳書八頁）

★18　大学が「文化」というものを通じて国民国家と強い結びつきをもっていたことについては、ビル・レディングズ『廃墟のなかの大学』（青木健・斎藤信平訳、法政大学出版局、二〇〇〇年）、八四頁以下参照。また、ニーチェが「教養」という新人文主義的理念から脱皮していく過程については、曽田長人前掲書、三四五頁以下参照。もっとも、曽田氏は第三『反時代的』は扱っておらず、本稿とは違う視点から論じている。

★19　ショーペンハウアーにおける「真理」がすでにこうした意味を担っていたことについては、須藤訓任「Nam Caesar nullus nobis haec otia fecit.——ショーペンハウアーとその父」（『メタフュシカ』第三八号、二〇〇七年、二五―四六頁）参照。

★20　これに対し、次のような批判があるかもしれない。「ただひたすらに真理を求めること、つまり無条件的な〈真理への意志〉は、それ自身、生を否定し真の世界を求める利害関心に動かされている、というのが後期ニーチェの中心的な主張ではないか」。こうした批判については後期思想の解釈にあたるのでここでは詳論できないが、「真理への意志」批判は自己批判であるということはおさえておかなければならない。先に見たように、ニーチェによって追求されていた自由は、あらゆる利害関心からの自由であった。それゆえ、一見真理の主張に見えるものに対して、そこに隠された利害関心を偏執狂的に嗅ぎつけそれを暴露するという手法をニーチェが駆使するようになることは、自由の追求と同じレールの上にある。人間的事象のあらゆるものの根底に潜む関心——ニーチェの言葉では誰かの「意志」——を暴くこと。「ただひたすらに真理を」という哲学への要求までもがそうした暴露の対象となることは、まさにその哲学の極限的な自己貫徹にほかならないのである。

★21　*Menschliches, Allzumenschliches*, 230.

★22　つまり、対応説的真理は存在せず、真理に優劣が生まれるのである。ニーチェのいわゆる「パースペクティヴィズム」に関連する問題であるが、これに関して次の論考は非常に示唆に富む。岡村俊史「パースペクティヴィズムは自己論駁的か？——ニーチェにおける『真理』と『解釈』」『ショーペンハウアー研究』別巻第一号、二〇〇五年、二四―

四二頁。

★23　「多元論的卓越主義」とでも言うべきこのテーマについての筆者の暫定的見解は、拙論「ニーチェ・アイデンティティ・ミニマリズム――『対話』のプラクティスに向けて」、片柳榮一編著『ディアロゴス――手探りの中の対話』（晃洋書房、二〇〇七年）、二三九―二五八頁参照。

★24　Cf. James Conant, “Nietzsche’s Perfectionism: A Reading of Schopenhauer as Educator”, in: *Nietzsche’s Postmoralism: Essays on Nietzsche’s Prelude to Philosophy’s Future*, edited by R. Schacht, Cambridge UP, 2001, pp. 181-257.

★25　Cf. *Zur Genealogie der Moral*, Dritte Abhandlung 28, KSA, Bd. 5, S. 411.

★26　哲学研究が就職のための業績作りに振り回されるのに対抗して、私の大学院時代の後輩は「飢え死に上等」が自分のモットーだと言っていたが、冗談とはいえ、核心を突いているのではないだろうか。

第5章　比較と責任——マックス・ウェーバーの学問論

野口雅弘

一、問題設定

遅れ、ゆがみ、特殊性、あるいは非合理性と批判的に対決することが時代的な課題であるような状況でマックス・ウェーバー（Max Weber, 1864-1920）の学問論を読むのと、普遍性、必然性、あるいは「合理性」が暴力的に突きつけられている状況で、そうした状況と対決するためにウェーバーの著作と取り組むのでは、まったく同じテクストであるにもかかわらず、見えてくるものがまるで変わってくる。他の思想家にもいえることかもしれないが、このことはウェーバーの場合に、とりわけ顕著である。[★1]

歴史的に、ウェーバーの学問論、大学論は前者の文脈で解釈されてきた。ウェーバーが、第一次世界大戦による混乱のなかで、講演『職業としての学問』をおこなったとき、学問の職分をきびしく限定しようとするその内容は、当時の多くのオーディエンスにとってあまりに抑制的すぎるものに聞こえ、そしてそれはしばしば、革命的な雰囲気の若者たちの「不毛な興奮」に冷水を浴びせる、「合理的な」議論というような紹介のされ方をされてきた。[★2]

この講演のすごみが人々に気づかれるのは、ナチズムの成立とヒットラーの政権掌握以後のことであった。こうした歴史的地点から反省的に回顧されるとき、この講演は、非合理的な流れに抗しながら「合理性」を擁護しようとする英雄的な戦いの記録として発見され、評価されることになる。ドイツ教養市民層の没落からナチズムの勃興へという文脈で、「理性を守ろうとした例外的存在としてのウェーバー」が輝きだすのである。[★3] そして、こうした解釈傾向は、戦前の体制の遅れ、特殊性、非合理を問題化しようとする、日本のいわゆる「戦後啓蒙」の議論において、典型的な形で展開される。

このような「合理的」なウェーバーという解釈には、もちろん一定の妥当性と説得力がある。しかしながら、グローバル化とネオリベラル化の趨勢のなかで、こうした解釈枠組みを継承することは、現在の流れを無批判に肯定し、それに棹差すことになってしまいかねない。『職業としての学問』はこれまで多くの、幅広い読者に検討されてきた著作であるが、今日、こうした状況のなかで再検討が求められている。本稿は、こうした歴史性と文脈の変化を意識しながら、ウェーバーの学問論を再考しようとするものである。

二、大学の「アメリカ化」

「真実はといえば、一九一〇年から二〇年までの精神的対決を超えて一歩も前進していないのである。今日、大学のおかれた状況を熟考する者は、すべて原則的な問題について議論する場合、この期間を起点にしなければならない」。[★4] エルンスト・ローベルト・クルツィウスはこのように述べ、ベルリン大学創設一〇〇年にあたる一九一〇年からウェーバーが死去する一九二〇年の期間の重要性に注意を促している。これは、「フンボルトの理念」のもと大学先進国であったドイツがその優越的な地位をアメリカの大学に取って代わられた時期であった。

フンボルトが「教養（Bildung）」について論じたとき、そこには自然科学的、あるいは実用的な知は含まれておらず、少なくともそれらには二次的な意味しか付与されていなかった。しかし、ウェーバーの時代には、産業の発達と自然科学的研究の進展ゆえに、こうした知のバランスは大きく変化していた。もちろん、いわゆる新カント派は自然科学に対して文化科学の自律性を確保し、後者を擁護しようと試みてはいたし、ウェーバー自身もそうした議論の影響のもとにあった。しかし、自然科学的な研究の急速な展開が産業と結びつき、そこに巨額の資本投下がなされ、それにともなって大学が変容するという趨勢は明らかであった。あるいはむしろ「フンボルトの理念」は、こうした歴史的状況を背景として「創られた」とみるべきかもしれない（パレチェク仮説[★5]）。いずれにしてもウェーバーが学問と大学について論じるのは、こうした時代状況においてであり、そして彼はこうした変容を大学の「アメリカ化」として議論している。

最近の大学の発展は、学問の広い領域にわたって、アメリカ的なものの方向に向かっている。いまやドイツでも、このことをはっきりと観察することができる。医学、あるいは自然科学系の大きな研究所は、「国家資本主義的」な事業である。これらは、膨大な経営手段なくしては成り立ちえない。[6]

ウェーバーは一九〇四年に一三週間にわたりアメリカを旅している。この経験は彼のプロテスタンティズム研究にも大きな痕跡をのこすことになるが、このとき彼が注目するのは、アメリカのプロテスタンティズムの教派(ゼクテ)とそれに由来するアソシエーションの政治文化が、官僚制化にともなう「隷従の檻」に対する歯止めとして機能しているということであった。[7]こうしたきわめてトクヴィル的な視点は、ウェーバーの大学論にも貫かれている。彼はペンシルヴェニアのプリンマー・カレッジなどを実際に訪問し、田舎にあり、「教派(ゼクテ)に由来」し、「学生仲間や成人の集団において自己を主張することを学ぶ人格の形成」の場であるカレッジに深い感銘を受けている。[8]しかし、こうした「古典的で、旧式のアメリカの大学」はいまや変容しつつあった。『職業としての学問』では、こうした傾向をめぐるせめぎあいが、ドイツの大学とアメリカの大学の比較という形で考察されるのである。

ウェーバーはまず、大学の組織形態に注目する。ドイツにおいては対等な教授たちからなる、合議制的な「学部(Fakultät)」が中心であったのに対して、アメリカ的な大学では、強力なリーダーシップとピラミッド型の組織をもつ「研究所(Institut)」(その大経営としての最初の例は、ギーセン大学におけるリービッヒ実験室であった)がますます重要になる。[9]

またこれに対応する形でウェーバーは、ドイツの大学の「私講師(Privatdozent)」とアメリカの大学の「助手(assistant)」を比較する。私講師は無給で、自ら蔵書をもたなければならず、したがって金銭的に恵まれていないと学問に従事できない。しかしこうした条件とひきかえに、上司や所属機関のプロジェクトに拘束されることなく、むしろ年長の教授たちの研究を凌駕することを当然のこととして求めながら、自由に研究することができる。若き私講師ショーペンハウアーが当時の大御所であったヘーゲルと同じ時間に講義をぶつけ、その哲学を真っ向から批判しながら、独自の哲学を展開したように、また長きにわたり私講師の地位にとどまっていたゲオルク・ジンメルがどの学期でも、そしてどの講義でも、つねに受講生をひきつけるような刺激的な議論を展開し、それが彼の多産的な著作につながっていったように、講義は最先端で、かつオリジナルな研究成果が披瀝され、聴講者の評価にさらされる場であった。これに対して助手は、大学から給料をもらい、また図書館を使うことが許される。したがって裕福ではないという理由で、学問の場から排除されることは少ない。しかしこうした条件とひきかえに、かなりの教務を担わなければならず、その教育内容もオリジナリティを発揮する余地の少ない基礎的な科目のことが多い。しかも研究の内容に関しても、上司や所属機関のプロジェクトになんらかの形で拘束されることになり、そうした後ろ盾のない独自路線を貫くことは多くの場合かなり困難であり、控えめにいってもそれなりのリスクを覚悟しなければならない。

こうした私講師と助手の比較は、今日のように「高学歴ワーキングプア」が社会問題化している状況では、改めてとてもリアルに読めるかもしれない。なんらかのプロジェクトのスタッフとして雇用されることが、自由（「自分で問いを立て、それに賭ける」）の喪失になりかねなくても、生存（「何とか研究を続ける」）という死活問題はそれを強いてくる。あるいはそうしたジレンマの存在にすら気づかずに、プロジェクトのなかで一定の役割を果たして生き残るという「リアリスティック」な振舞い（あるいは「適応」）が当然視される。このように問題を定式化するならば、ウェーバーが問題にした状況はいまの私たちの問題とそれほど遠くないと言える。ただここでは、ウェーバー自身がこうした事態にあって、それをどのように考えたのかに絞って考察したい。

ウェーバーの著作を「近代化」、あるいはなんらかの進化論的な傾向において理解しようとするならば、このような大学の「アメリカ化」は必然的な趨勢ということになる。またウェーバーに「近代批判」というモチーフを見出そうとするならば、こうした事態は学問の官僚制化であり、「自由喪失」と捉えられることになろう。★10 しかしウェーバー自身は、『職業としての学問』において、どちらかへの態度表明をしているわけではない。「アメリカ化」という趨勢を確認したうえで、私講師と助手を類型論的に対比しているだけである。そしてこの問題を論じた別の箇所では、「真剣に問われるべきは、なにはさておき、学問の進歩という観点から優先されるべきは、アメリカのシステムか、ドイツのシステムかという問いである。これについて今日はあえていかなる判断も下さない」と述べている。★11 このような言い方はたんなる態度保留と見えなくもなく、実際ウェーバーの議論は「相対主義」として多くの批判を受けてきた。しかしながら、こうした表現に潜む彼の思考は、その学問観と密接に結びついており、それを「相対主義」と一括してしまうと、見えなくなってしまう。この差異をみきわめるために、次節では学問の「責任」に関するウェーバーの議論を検討したい。

三、学問にできることとその「責任」

周知のように、ウェーバーは『職業としての学問』において、「学問にできること」として、以下の三点を挙げている。まず「技術に関する知識」、次に「思考の方法、そのための用具と訓練」、そして最後に「明晰さ」と、それにともなう「責任」である。[★12]

このように述べることで、ウェーバーは大学の講堂に「生き方」を求めてやってきている当時の若者たちを批判する。そしてここでも「アメリカの大学」との対比がなされる。

> アメリカの若者は教師というものを次のように考えている。ちょうど野菜売りの女が僕の母にキャベツを売るように、このひとは僕に彼の知識や方法を僕の父のお金と引き換えに売っているのだ。〔……〕だからアメリカの若者は、彼らの「世界観（Weltanschauungen）」だとか、彼らの生き方（Lebensführung）の基準となる原則だとかを売ってもらうことができるなどとは思いつきもしない。[★13]

このような学問理解に対して、当時の若者たちがおおいに不満をもったのも不思議ではない。彼らが求めていたのは、旧来の「教養」でも、手段的な知の集積としての実証主義でもなく、それらを超えた学問のあり方だったからである。たとえばジークフリート・クラカウアーは、『職業としての学問』の書評のなかで、以下のようにそうした不満を表現している。

学問自身によっては、あるいは哲学的な思弁の手助けによっては、若者の目を覚ました良心によって呼び起こされた「学問の危機（Wissenschaftskrisis）」は解決できない。こうした危機を克服するために、若者たちが求めているのはむしろ、このような精神的な状況の総体からの真の脱出なのである。★14

しかし、学問の限界に対して自覚的な「合理的」なウェーバーと、学問と「世界観」を混同しそれから性急に規範を引き出そうとする「非合理」な青年たちという構図で考えることは、ウェーバー解釈としては、きわめて問題である。ウェーバーはニーチェの文化批判の影響をつよく受けた、いわゆる「一八九〇年世代」に属し、こうした傾向は「精神のない専門人、心情のない享楽人」などの表現に如実に現われている。したがって、ウェーバーは学問に「生き方」は教えられないと言い、ドイツの大学をアメリカの大学との比較によって相対化しつつも、決してアメリカの大学における技術的な知のあり方を肯定し、その立場に自己同定していない。★15 彼は、次のように述べている。

このような形で述べると［「アメリカの学生は大学に知識や方法を買いにきているのであって、『世界観』など求めない」］、わたしたちはこうした考えに賛同することはないであろう。しかし、このようにわざといくぶん極端にまで高められたとらえ方にも、一片の真理がふくまれているかどうかということは、一考に値する。[16]

この引用から読み取れるように、ウェーバーが理念型的な比較によってやろうとしていることは、ドイツの大学とアメリカの大学を対置してそのいずれかに優劣をつけるというよりは、そのあいだの対立局面をできるだけ鮮明に浮き上がらせ、ジレンマを突きつけることである。ウェーバーが学問の「責任」について語るとき、彼が志すのは、ジレンマに対して鈍感ではいられなくする学問のあり方であり、そうであるから彼は「異なる種類の価値を不分明に混同して、理想間の抗争（Konflikte zwischen den Idealen）に目をつぶり、『すべての人になにかを提供（jedem etwas bieten）』したいと欲するのではなく、現実を評価し、価値判断を導き出す基準がいかなるものであるかを、つねに読者と自分自身とに、鋭く意識させるように努める義務」を強調する。[17]

ウェーバーの学問論を実証主義と同一視する議論は、あるいはウェーバーの学問論を「合理性」という括りで解釈しようとする議論は、そして同じくウェーバーを「近代批判」の思想家として読もうとする議論は、彼の著作におけるこうしたジレンマの契機とその意義を看過してしまう。[18] ウェーバーのおこなう比較研究はあらゆる実践的な立場を超越した地点からなされるという意味で「価値自由」的ではない。「価値自由」的比較とは、彼の場合、それまでの自らの価値的な立場に閉じこもるのではなく、むしろ武装解除して他の価値的な立場と対峙することを強いる「突合せ」であり、したがってそれによって自己修正、場合によっては自己の崩壊、あるいは「魂の向きかえ」が求められることになる。たしかに、ウェーバーの思想はきわめて個人主義的であり、彼はくりかえし個人の決断を強調する。この度合いは、同じようにアメリカにおけるアソシエーションとそのエートス（「心の習慣」）に注目したトクヴィルと比べれば際立っている。しかし他の立場との対質とそれによる反省を放棄し、自己決定を盾にして閉じこもることは、ウェーバー的ではない。

この違いをもっとも鋭く見分けていたのは、おそらくレオ・シュトラウスである。シュトラウスは、『自然権と歴史』の第二章「事実と価値の区別と自然権」によって、もっとも厳しいウェーバー批判者とされている。しかし、「啓示と語の十全な意味における哲学ないし科学のあいだの対立」を考え抜こうとする点で、[★19]シュトラウスとウェーバーは共通しており、そうであるからシュトラウスは、「知性の犠牲」という契機にこだわり、またこだわらざるをえなかったウェーバーと、[★20]（当時のアメリカの行動科学的な）社会科学者を区別する。彼はこの点に関して別の論文において、ウェーバーの名こそ挙げてはいないが、次のように述べている。

彼〔社会科学者〕がデモクラシーといってもそれはひとつの価値でしかなく、それとは正反対の価値に対して明らかに優越するわけではないと言うとき、彼が言わんとしているのは、彼が退けた選択肢によって影響を受けているということでもなければ、それ自身のうちに同等の魅力をもった選択肢のあいだで彼の心や精神が引き裂かれているということでもない。彼のいう「倫理的中立性」なるものは、なんらニヒリズムであるとか、ニヒリズムに至る通路であるというものではなく、無思想性（thoughtlessness）や野卑に対するアリバイでしかないのである。つまり、彼は、デモクラシーと真理が別個の価値であると言うことによって、実際には、これらがなぜ善であるかについての理由については考えなくてもよいこと、そしてまた彼も、他の誰もと同じく、その社会に取り入れられ、尊敬されている諸価値に服することができると言っているのである。社会科学の実証主義は、ニヒリズムというよりむしろ、順応主義と俗物主義を育むものでしかない。★21

「事実」と「価値」の分離の要請が、「価値」に対する無関心と体制への「順応」を意味するのか、「同等の魅力をもった選択肢のあいだで彼の心や精神が引き裂かれているということ」と結びついているのかの違いは決して小さなことではない。前者の実証主義は既存の「価値」を追認していき、その価値前提を忘却させるように機能する。アーレントが『イェルサレムのアイヒマン』で用いた「無思想性」という言葉を用いながら、★22シュトラウスはこのことを確認する。もちろんウェーバーとシュトラウスの学問観のあいだにはかなりの距離がある。しかし、ウェーバーの類型論的な文化比較も、シュトラウスの「自然的」正義と（近代合理主義とは異なる）「古典的合理主義」の復権の要求も、現状の権力関係やこの瞬間の流れ、趨勢の「正当性」を揺さぶり、ときほぐし、別様でもありうる可能性をさぐり、そうして切り詰められた「無思想性」の平面から思考のための空間を立ち上げようとする点では共通している。ウェーバーがドイツの大学とアメリカの大学を比較しつつも、いずれにも肩入れせずにいるのには、そうした緊張関係によってのみ立ち現われ、またそうした緊張関係を成り立たすことができる空間を確保するためである。彼は明示的には語ることはなかったが、ウェーバーの「大学の理念」には、そうした空間の擁護がその不可欠な要素として含まれることになるであろう。

四、むすびにかえて

『職業としての学問』を論ずるにあたり、ウェーバーは二つの流れをできるだけクリアに浮かび上がらせ、比較し、そして真正面から対決させる。第一次世界大戦の衝撃と知の実用主義化の傾向を背景として湧き上がった「救済願望」を政治に投影しようとする若者たちに抗するときは、「アメリカの大学」を引き合いに出しながら、「大学は世界観を教えるところではない」と述べる。しかし、技術的、手段的な学問の専制に対して学問の「責任」を対置するとき、そこには「アメリカ化」に抗しながら、「神々の闘争」のなかで「学問に何ができるのか」を問おうとするウェーバーがいる。当時のドイツの若者を批判するときには、「アメリカ」がウェーバーの背を押し、逆に「アメリカ」に対峙するときには、「何のための学問か」を求めるドイツの若者が彼を支える。ウェーバーの価値から距離をとった比較研究は、没価値的な相対主義、あるいはそうした精神による実証主義ではなく、むしろ彼自身のジレンマの感覚と不可分に結びつき、それは思考（thought）の前提をなす。

もちろん、ウェーバーが比較宗教社会学で用いる諸々の類型論には、「オリエンタリズム」（サイード）との嫌疑がかけられてきたし、それは当然なされるべき批判である。彼の類型はいわゆる「理念型」であり、実体化とは対極的であるということを確認してすら、その政治的な利用のされ方、あるいはその潜在的な可能性を考えると、こうした批判は重く受け止められる必要がある。そしてここで検討してきた、大学の「アメリカ化」のような、国を単位にしたくくり方にも、当然こうした問題性が見いだされる。しかし、ベルリンの壁崩壊以後、グローバル化とネオリベラル的な政策の推進という流れのなかで、「政治の縮減」、あるいは脱政治化が進み、この傾向性のなかで、対立や抗争性の契機はますます見えにくくなっている。こうした状況にあっては、危険性の力点はおのずとかわってくる。諸々の類型の偏差を無化するようなかたちで「普遍」が語られているさなかにあっては、危険性を承知しつつもあえて対抗的な類型を立ち上げ、なだらかな「必然性」の平面の肌理をそりあげることに相当な意味が出てくる。

『職業としての学問』が語られたのは、ロシア革命の成功とヴィルヘルム帝政の崩壊を受けて、「政治の横溢」によって特徴づけられる状況であり、これは今日の脱政治化状況とはまさに対蹠的である。こうした文脈の変化を無視して、ウェーバーの「合理性」を強調するならば、現在の流れを「合理的」として追認し、また正当化することになりかねない。比較的わかりやすいユートピアが消失したあと、直線的な流れを問い直し、しかもそれでいて個別主義に閉じこもらないためには、複数の普遍――という表現が許されるとすれば――が相互に参照しながら、相互に問題をあぶり出すような「比較」が求められるように思われる。いま、マックス・ウェーバーの著作は「合理性」や「西洋近代合理主義」の社会理論としてではなく[★23]、理念型を用いた対抗的な比較研究、ジレンマを掘り起こす比較の政治学としてアクチュアルである。

略号

RS I: *Gesammelte Aufsätze zur Religionssoziologie I*, Tübingen: J. C. B. Mohr, 1988.

「教派」：中村貞二訳「プロテスタンティズムの教派と資本主義の精神」『世界の大思想II—7　ウェーバー宗教・社会論集』河出書房、一九六八年。

SS: *Gesammelte Aufsätze zur Soziologie und Sozialpolitik*, Tübingen: J. C. B. Mohr, 1988.

『社会主義』：浜島朗訳『社会主義』講談社学術文庫、一九八〇年。

Verhandlungen: *Verhandlungen des IV. Deutschen Hochschullehrertages zu Dresden am 12. Und 13. Okt. 1911*, Leipzig, 1912.

「第四回大学教員会議」：上山安敏・三吉敏博・西村稔編訳『ウェーバーの大学論』木鐸社、一九七九年。

WL: *Gesammelte Aufsätze zur Wissenschaftslehre*, 3. Aufl., Tübingen: J. C. B. Mohr, 1968.

『客観性』：富永祐治、立野保男訳、折原浩補訳『社会科学と社会政策にかかわる認識の「客観性」』岩波文庫、一九九八年。

『職業としての学問』：尾高邦雄訳『職業としての学問』岩波文庫、一九八〇年。

WuG: *Wirtschaft und Gesellschaft. Grundriss der verstehenden Soziologie*, 5. rev. Aufl., Tübingen: J. C. B. Mohr, 1972.

『支配の社会学』：世良晃志郎訳『支配の社会学』I・II、創文社、一九六二年。

※邦訳は適宜、訳しなおしている。

★1　とりわけマックス・ウェーバーに関して受容研究が盛んなのには、こうした事情がある。Vgl. Wolfgang Schwentker, *Max Weber in Japan*, Tübingen: Mohr Siebeck, 1998; Karl Ludwig Ay, Knut Borchardt (Hg.), *Das Faszinosum Max Weber*, Konstanz: Universitätsverlag Konstanz., 2006.

★2　講演『職業としての学問』とその成立史については、Wolfgang Schluchter, Handeln und Entsagen. Max Weber über Wissenschaft und Politik als Beruf, in: ders., *Unversöhnte Moderne*, Frankfurt am Main: Suhrkamp, 1996, S. 9-70

を参照。ウェーバーの大学論については、一九六〇年代末からの大学の問い直しという文脈のなかで、エドワード・シルズが関連論文を英訳している。*Max Weber on Universities: The Power of the State and the Dignity of the Academic Calling in Imperial Germany*, translated and edited by Edward Shils, Chicago: University of Chicago Press, 1974. また上山安敏・三吉敏博・西村稔編訳『ウェーバーの大学論』木鐸社、一九七九年は、関連論文の和訳とそれに対する解説からなっている。ウェーバー全集においても、レプシウスの編集のもと、『高等教育機関と学問政治（*Hochschulwesen und Wissenschaftspolitik. Schriften und Reden 1908-1920*）』とのタイトルのもと一巻にまとめられることになっているが、現在のところまだ刊行されていない。

★3　Vgl. Fritz K. Ringer, *The Decline of the German Mandarins: The German Academic Community, 1890-1933*, Hanover: University Press of New England, 1990. 西村稔訳『読書人の没落——世紀末から第三帝国までのドイツ知識人』名古屋大学出版会、一九九一年。

★4　E・R・クルツィウス「大学の危機」、南大路振一訳『危機に立つドイツ精神』みすず書房、一九八七年、五六頁。

★5　潮木守一『フンボルト理念の終焉？——現代大学の新次元』東信堂、二〇〇八年を参照。

★6　WL, S. 584.『職業としての学問』、一三頁。

★7　RS I, S. 215.「教派」、九三頁。および WuG, S. 723-724.『支配の社会学』II、六五〇頁を参照。

★8　Verhandlungen, S. 67.「第四回大学教員会議」、八一〜八二頁。

★9　WuG, S. 567.『支配の社会学』I、一〇五頁。

★10　ただ、近代化・官僚制化・アメリカ化を等号で結ぶ議論はウェーバーのものではない。彼は官僚制化を単線的には議論しておらず、そこには文化比較の視座が入っている。たとえば彼は、一九一八年の講演「社会主義」で、次のように論じている。「要するに、ヨーロッパのアメリカ化が語られてきたが、少なくともそれと同じテンポで、この戦争〔第一次世界大戦〕は、アメリカのヨーロッパ化をもたらすであろう。大規模国家デモクラシーであるところではどこでも、近代デモクラシーは官僚制化されたデモクラシーとなり、そうならざるをえない。なぜなら、近代デモクラシーは、高貴な貴族やその他の名誉官僚を有給の官僚によって置換するからである」（SS, S. 497.『社会主義』、三六頁）。ここでは、官僚制化はむしろ「ヨーロッパ化」であり、自発的結社の伝統と「エートス」をもつアメリカはむしろ（ドイツの）官僚制と対置されている。この構図は、ドイツの社会民主党とアメリカの政党を対比するときなどにも用いられている。

★11　Verhandlungen, S. 77.「第四回大学教員会議」、九四頁。

★12　WL, S. 607.『職業としての学問』、六一頁。

★13　WL, S. 606.『職業としての学問』、五八～五九頁。

★14　Siegfried Kracauer, Die Wissenschaftskrisis. Zu den grundsätzlichen Schriften Max Webers und Ernst Troeltschs, in: *Schriften 5-1: Aufsätze 1915-1926*, Frankfurt am Main: Suhrkamp, 1990, S. 221.

★15　Vgl., Klaus Lichtblau, *Kulturkrise und Soziologie um die Jahrhundertwende. Zur Genealogie der Kultursoziologie in Deutschland*, Frankfurt am Main: Suhrkamp, 1996; Georg Kamphausen, Charisma und Heroismus. Die Generation von 1890 und der Begriff des Politischen, in: *Charisma. Theorie, Religion, Politik*, hrsg. von Winfried Gebhardt, Arnold Zingerle, und Michael N. Ebertz, Berlin: W. de Gruyter, 1993, S. 221-246. Ders., *Die Erfindung Amerikas in der Kulturkritik der Generation von 1890*, Weilerswist: Velbrück, 2002.

★16　WL, S. 606.『職業としての学問』、五九頁。このような理念型的な議論の仕方の先駆として、トクヴィルの名を挙げることができよう。「さらに忘れてならないのは、読者の理解を得ようとする著者としては、自分の考えをそのあらゆる理論的帰結にまで突き詰め、しばしば虚偽や非現実と紙一重のところまで近づかざるをえないということである。というのも、行動においてはときに論理の法則から逸脱する必要があるとしても、議論においてはそうはいかず、人間は行動の一貫性を保てないのが普通であるが、ほとんどそれと同じように、言葉の矛盾を犯すことにも困難を覚えるものだからである」（トクヴィル『アメリカのデモクラシー』第一巻〔上〕、松本礼二訳、岩波文庫、二〇〇五年、三〇頁）。

★17　WL, S. 156.『客観性』、四六頁。

★18　比較とジレンマの契機を内包したウェーバーの学問理解は、彼の比較文化社会学とそこにおける「西洋」理解と通底している。こうした点に注目した研究として、Masahiro Noguchi, *Kampf und Kultur: Max Webers Theorie der Politik aus der Sicht seiner Kultursoziologie*, Berlin: Duncker & Humblot, 2005.『闘争と文化――マックス・ウェーバーの文化社会学と政治理論』みすず書房、二〇〇六年がある。

★19　Leo Strauss, *Natural Right and History*, Chicago & London: The University of Chicago Press, 1953, p. 75. 塚崎智、石塚嘉彦訳『自然権と歴史』昭和堂、一九八八年、八六頁。

★20　WL, S. 611.『職業としての学問』、七〇頁。

★21　Leo Strauss, *What is Political Philosophy?*, Chicago & London: The University of Chicago Press, 1988, p. 20. 石崎嘉彦訳『政治哲学とは何か』昭和堂、一九九二年、二一～二二頁。

★22　ハンナ・アーレント『イェルサレムのアイヒマン――悪の陳腐さについての報告』大久保和郎訳、みすず書房、一九九四年、二二一頁。

★23　「西洋近代合理主義」という枠組みを前提にすると、ウェーバーの大学論は平板化されてしまう。これまでのウェーバー研究のなかで、この分野が比較的薄かった一因は、ここにある。しかし実際のところウェーバーの著作には、アメリカとヨーロッパの親近性と対抗性に関する豊富な記述がある。ポスト冷戦状況におけるアメリカの問題化と相対化という文脈において、こうした緊張関係は注目されるに値する。Vgl. Claus Offe, *Selbstbetrachtungen aus der Ferne. Tocqueville, Weber und Adorno in den Vereinigten Staaten*, Frankfurt am Main: Suhrkamp, 2004. 野口雅弘訳『アメリカの省察――トクヴィル・ウェーバー・アドルノ』法政大学出版局、二〇〇九年。

第6章　ハイデガーの大学論

北川東子

一、学問論のふたつの道

「今日、〈学問〉論（学問についての省察）には二つの道がある。しかも、二つしかない」と、ハイデガーは『哲学への寄与』のなかで述べている。★1 ひとつは「非現実的なありかたでの学問」を構想する道であり、もうひとつは学問を「現行の現実的な体制において」考える道である。この第二の方向にあっては、学問論は「科学の近代的な性格」を分析し、近代科学の営みを根底から支える文化の方向性を見定めることを目標とする。ハイデガーがこの方向で考えた学問論は有名であり、すでにさまざまに紹介されてきた。つまり、『世界像の時代』や『技術への問い』をはじめとした後期の著作で繰り返し論じられる近代科学論であり、「歯止めのきかない技術化の時代」と歩調を合わせて展開していく科学にたいする哲学の立場からの批判である。ハイデガーは、近代科学と技術的世界観と主観性の形而上学との三つ巴を暴き出す。そのことで、現代の哲学的な科学論においてスーパー・スターのひとりとなったのである。

さて、もうひとつの第一の道、「非現実的なありかたでの学問」を考える道は、「知の展開と建設へ向けた、ある特定化された可能性」を探る道と定義される。この道は、その定義からして、学問と大学との改革をめざす理論となるはずである。それは、どのような道だろうか。ハイデガーの考える改革論は、必ずしも社会の新しい動きに合わせて新しい学問形態を模索し、それに向けて大学組織を再編するような穏当な理論ではない。めざすべきは、「存在の真理のより根源的な基礎づけ」に根づいた改革である。「現行のものの解説や、現行のものにたいする直接的な対処」とは無縁な改革であり、通常の意味での改革ではない。「この方向での学問論は、いっさいの危険をかえりみずに、到来するものへ手を伸ばすと同時に、確固とした決意のもとに、過去あったものへと還り行くこともする」。将来を念頭においての現実の改革ではなく、過去と未来とを往来し、歴史を横断する改革－イメージされているのは、徹底的な全面革命である。非常体制下における改革である。

「学問についての省察（学問論）」と名づけられた『哲学への寄与』第七五節は、戦略的プログラムのような響きをもつが、まさにその響きに呼応するかのように、ハイデガーはこの学問改革論については、一九三三年の総長就任演説『ドイツ大学の自己主張』を参照するようにと指示している。ナチズムへの加担を後世にまで記録し、ハイデガー哲学の価値を危うくまでしたテキストである。『哲学への寄与』が構想されたのは、たしかにまだナチズム体制下の一九三六年頃であった。しかしその頃には、ハイデガーはフライブルク大学総長を辞して久しかった。ナチズムにたいする熱狂的な同調は消えたあとであった。したがって、「学問論」は、ナチズムという特殊な歴史的状況だけが書かせた文章ではない。ハイデガーには確信があったのである。みずからの学問改革論にたいする確信であり、総長演説『ドイツ大学の自己主張』にたいする確信である。そしてその確信は、第二次大戦後になっても、ナチズム体制が崩壊したのちにも消えることはなかった。

二、ナチズムと「極端の魔術」

ナチズム体制下において、当時の科学者や大学人がどのような行動をとったかという問題は、いまなお、科学技術や大学のありかたについて考えるさいに絶えず引合いに出される問題である。そのもっとも顕著な例がナチスの優生学であり、クローン技術や遺伝子操作の倫理性が問題になるときには必ずといってよいほど話題になっている。[★2]おぞましい過去に言及することで倫理的警告を発するという調子が強いのだが、しかし時には、人間のぎりぎりの限界に対する感覚、つまり「極端」にたいする感覚が、ナチズムの過去と結びついて議論の基調を決定することがある。ある「極端」が予感されるとき、たとえばクローン技術のような人間の造りだした技術が、予測可能な領域を超えて暴走するかのように思われるとき、ナチズムの過去が記憶の闇からよみがえってくる。したがって、ペーター・スローターダイクの『人間園の規則』[★3]やヘルムート・クラウサーのエッセー「なぜだめなのか。神になろうとしないような人類は不気味であり、退屈である。」[★4]のように、ニーチェ的な「超人思想」の装いをまとって、ナチスの優生学的な考え方のおさらいが行なわれることがある。ナチズムの過去が、まるでネガ写真のように、極限状況という裏側から現代社会を映し出す。

「教育改革」や「大学改革」という理念もまた、ナチズムという極端な過去に照らしてみることで、その本質的な側面を明確にできるかもしれない。ナチズムにおいては、よく知られているように、「ドイツ的な学問」と「ドイツ大学」という理念のもと、「マルクス主義的・ユダヤ的な学問」を根絶して学問においても民族浄化するという試みが実行された。★5大学という場からユダヤ系の研究者を徹底的に追放し、ナチス党員による大学組織の支配が行なわれた。「ナチズム体制下における大学」は、大学改革の臨界点を示す歴史的モデルと言ってよい。大学人がこれほどまでにも政治的・社会的力と同一化し、これほど大規模で徹底的な大学組織の改革が行なわれた例は他にないであろう。しかも、この大学改革は、ナチズム的な意味での社会改革の一部と理解されていた。

ただし、「国民とそのすべての階層にかかわる教育」の改革も含めた大規模な教育改革であったにもかかわらず、ナチスに明確なヴィジョンがあったわけではなかった。知識人にたいしてのヒトラーのあからさまな嫌悪感（「腰抜けども」）と、「男性闘士の性格育成」という軍事教練的目標があっただけである。したがって、学問のあるべき姿とはなにか、それにふさわしい大学とはどのような組織かという問題をめぐっては、つまり改革の理念をめぐっては、当時の有力な大学人がさまざまな思惑の下でさまざまな動きをみせた。ハイデガーもその一人であった。一九三三年、ハイデガーは「導く者（総統）を精神的に指導する」という、かねてからの哲学的野心をもってフライブルク大学総長に就任したのである。

したがってハイデガーのフライブルク大学総長就任演説『ドイツ大学の自己主張』は、彼の大学改革の理念を語る重要なテキストであるし、単に政治プロパガンダのひとつとしてだけ読まれてはならないであろう。たしかに『ドイツ大学の自己主張』は、ハイデガー哲学がいかにファシズムとの親縁性をもっていたかを示すテキストであり、ハイデガーの民族主義的な排他性と虚栄にみちた軍国主義的ヒロイズムを証言している。しかし、従来の教養市民層を念頭に置いた大学論、たとえば研究・教育の自由と大学の自治とを基本思想とするヤスパースの『大学の理念』（一九四六年）と並べて読んでみると、この晦渋なテキストが不気味な現代性をもっているのを感じる。ナチズム色を意識して「闘争」や「奉仕」と訳されるべきだが、同時に、ナチズム色を払拭して「競争」や「サービス」とも訳せることばが語るのは、基本的には時代と国民の要請に適ったかたちでの大学改革の必要性である。旧来の知識体系が無効となりつつある過程にあって、まったく未知の新しい状況（「存在の曖昧さ」）へと向けて、大学人と大学組織とを全面的に再編成しようという構想である。

しかし、もしハイデガーがみずからの大学改革構想を明らかにするために、『ドイツ大学の自己主張』を講演したのであれば、この演説が行なわれた一九三三年の時点では、その構想は一般には理解不可能であった。ベルント・マルチンによれば、『ドイツ大学の自己主張』は、その内容よりも政治性の方が先行したのであり、「ナチスのプロパガンダにとっては、ドイツのもっとも有名な哲学者が、ナチズム的な意味で受け取ることができる表現を用いて公的に発言したという事実だけが大事だった」のである。[★6] 他方で、ハイデガー自身もまた、この大学改革の構想を実現することはなかった。彼は、この演説直後に、みずからの偏狭な権威主義と卑劣かつ幼稚な学内政治とによって失脚した。そのことで、自分が構想する大学改革がいかに現実との接点を欠いていたかをまざまざと白日のもとにさらしたのである。

したがって、『ドイツ大学の自己主張』はやっかいなテキストである。歴史的・政治的な文脈で読むとすれば、ハイデガーのファシズム的思想傾向とナチズム的政治活動について証言しているもっとも重要な文書である。短期間ではあったが、ハイデガーはナチ党員となり、ナチズムに強く同調した。ヒトラーを賞賛し「フューラー・指導者・総統」の理念にとりつかれ（「総統自身、そして総統だけが、今日の、また将来のドイツの現実であり、その法である」）、ナチズムを信奉し「この運動の内的真実と偉大さ」という表現を用いた。総長として、大学人をナチズム的に再教育するために「学問陣営」を開催した。さらには、卑劣な駆引きによって、同僚を陥れようともしている。彼は、フライブルク大学内にあって疑いようもなくナチス的な意味で「ドイツ大学」の総長として行動した。つまり、「ドイツ民族の大学」の総長として行動した。『ドイツ大学の自己主張』は、こうした政治活動および一連の学内措置を動機づけるテキストであり、ハイデガー自身が人生の「棘」と表現した出来事「総長職の失敗」の幕開けを告げるテキストである。しかし、他方で、ハイデガー自身は『ドイツ大学の自己主張』を政治的な誤りから生まれたテキストであるとは考えていない。ましてや、ナチズムの文脈に位置づけられるテキストと理解してはいない。

『事実と思想』という小冊子は、ハイデガーの死後一九八三年に出版されたものだが、ここには、総長就任演説と、ハイデガーが戦後すぐに総長就任の背景とこの演説の思想内容をみずから解説したテキストとが収められている。[★7] どのような余儀ない事情で総長に就任せざるをえなかったか、ナチの党幹部や学界からいかにいじめを受けているか、くだくだしい繰り言が述べられるなかで、ハイデガーは思想的な立場については一歩も譲ることはしない。「形而上学の克服」や「ニヒリズム」といった哲学的な粉飾をほどこしたことばで、強弁とも聞こえることばによって、自らの正当性を主張しつづけたのである。

いわゆる「ハイデガーの沈黙」と言われ、現代哲学と政治との関係を語るさいの基本的な枠組みとなった事態である。しかし、ハイデガーは何かについて沈黙しようとしたのだろうか。もし沈黙しようとしたのなら、彼はなぜ『ドイツ大学の自己主張』を放棄しようとしなかったのか。第二次大戦後になってもなお、ナチズムの政治的意図との関連があからさまなテキストに固執したのであろうか。そして、今日、『ドイツ大学の自己主張』は、ハイデガーが主張するように、学問論として、そして大学改革論として読むことができるのだろうか。

少なくとも、このテキストをそういうかたちで読んだ人はいる。ヤスパースは、この演説の哲学的内容と、そこで構想される独創的な改革思想に強い感銘を受けた。ヤスパースは、哲学的素養や時代感覚と問題意識の共有という点で、おそらくもっとも優れたハイデガー哲学の読み手であったと言える。『存在と時間』を読んで以来、第二次大戦中も中断することなくハイデガーのテキストを読み続けている。その彼が、一九五三年頃に書いた次のような覚書が残されている。

「ハイデガー　極端の魔術。解体と破壊のラディカリズム……現在のいっさいの出来事に関しては誰よりもよくわかるという態度……絶望した人間たち、虚しく生きている人間たち、現在と未来が破壊的でしかないと考える人間たち、そうした人間たちすべての目には正しいと思われる。」★8

もし『ドイツ大学の自己主張』をハイデガーの大学改革論として読もうとすれば、おそらくヤスパースの覚書は重要な示唆を与えてくれるであろう。また同時に、重要な警告ともなるであろう。その場合、ヤスパースが魅了されると同時に危険を感じた「極端の魔術」とは何だったのだろうか。

三、野望と混在

「総長職の引継ぎとは、この高き学府の精神的導き《フュールンク》へと義務づけられることであります。ドイツ大学の本質に真にかつ共に根ざすことによってのみ、教育者と学ぶ者とによる従士団が目覚めるのであり、強化されるのであります」と、ハイデガーは『ドイツ大学の自己主張』をはじめる。「ドイツ大学」というあるべき姿にもとづいてのみ、大学組織は意味がある。では、「ドイツ大学」の本質とはなにか。それが明確になるのは、「まずなによりも、そして常に、導く者が導かれた者であるとき」である。つまり、「ドイツ民族の運命」という歴史的・精神的な委託によって哲学的に導かれたときなのだ。大学の本質が明らかになるのは、「大学の現状についての知識」や「大学のこれまでの歴史」によってではない。「一方で、われわれが学問をもっとも内的な必然性にさらし、他方で、最大の危難にあるドイツの運命に耐える」ことによってである。学問の必然性を明らかにし、「ドイツの運命」という試練に耐えてこそ、大学は自己主張できる。

『ドイツ大学の自己主張』には、ハイデガーの多くのテキストがそうであるように、独特な難解さがある。語呂合わせ的議論がもつ難解さもそうだが、もうひとつ別の難解さがある。奇妙な混在に起因する難解さだ。本来ならば、異なる知的伝統に連なるはずのふたつの概念系が混在していて、まるでふたつの声が互いに語り合うことなくしてただ混じりあうように、ことばの渦をつくりだす。導く者（フューラー）と導かれた者（ゲフュールテ）とが同一視され、ギリシア古代とドイツ現代とが手を結び合い、起源的な始まりと到来すべき始まりとが重なり合う。民族と個人とが一体化し、伝統と革新とが同じように求められる。意志と自由が誇らかに告げられるとともに、国家と民族への奉仕と拘束が宿命とされる。そのため、ハイデガーの具体的な主張がなんであるか、彼の考えるドイツ大学の本質とはなんであり、学問の必然性とはなんであるのか、実はきわめて読み取りにくいテキストなのだ。さらに、時代がどのように捉えられているのかも判然としない。「ドイツの運命」ということばが繰り返し用いられる。しかし、それは具体的にどのような社会的・政治的状況を意味するのか。時代に迎合しているのか、反時代的あるいは超時代的に語っているのかわからない。政治と思想とが奇妙に妥協したテキストである。

その意味で、このテキストは現代的である。つまり、保守反動にせよ自由革新にせよ、個人にせよ民族や国家にせよ、意志にせよ宿命にせよ、現代人の世界観を構成するさまざまな概念を複雑にからみ合わせ、それらを撚り合わせていくことで、現代に特有な文脈欠如の状態をつくりだす。そして、この文脈欠如の状態においてこそ、政治的・歴史的文脈（ナチズム）と思想的・個人的文脈（ハイデガー哲学）とが結びつくのだ。

したがって、『ドイツ大学の自己主張』全体を貫いているのは、特定の主張でも特定の主義でもない。むしろ、軍事的なメタファーであり男根ナルシズム的で権威主義的な口調であって、フーゴ・オットが見事に分析してみせたように、ヒステリックで切迫した雰囲気である。「ドイツ民族の運命」

や「闘争共同体」や「義務づけ」といったことばが何度も何度も繰り返し用いられるなかで、明白なメッセージとして伝えられるのは、唯一、「ドイツ大学」の全面改革の必要性であり、この改革の重要性、その形而上学的・世界観的・哲学的意味である。大きな変革の時を迎えて（「存在全体の不確実さのただなかで」）、なにがなんでも変わらなければならないという焦燥感である。そうした焦燥感が生まれることで、学問は民族の「精神的出来事」となり、大学改革は、単なる組織内部的な改革以上のなにか、民族的な（国民的な）出来事となるのである。（「学問は、われわれの精神的－民族的現存在の根本的出来事とならなくてはならない」）★9

実際、『ドイツ大学の自己主張』が意図していたのは、ハイデガーみずからが『事実と思想』で解説しているように、「自己自身を革新する大学」を国家的なプログラムとすること、つまり、社会改革のモデルとすることであった。ハイデガーは、「当時権力を掌握した〔ナチズムという：筆者〕運動に国民の内的な結集と革新の可能性を見た」のであり、大学改革は「国民の内的な結集にあたって、基準－提示的な（模範的な）働きをする」べきであると考えたのであった。「改革」というキーワードにおいて、「大学」は単なる研究・教育機関ではなく、「ドイツ民族の運命の導き手（フューラー）と守り番（牧人）」を教育し育成する場所となり、そのことで、国民的・民族的アイデンティティを確立するという役割を獲得する。

ところで、あたかもナチズムとの関係によって浮上したように思われるにせよ、オットー・ペゲラーが指摘するように、★10 ハイデガーにとって大学改革の問題は、決してフライブルク総長就任とともに始まった問題ではなかった。すでに一九一九年に、「大学の本質について」と題した講義を行ない、大学改革の必要性を唱えている。（「われわれは今日ではまだ、学問における真の改革にいたるまで成熟していない。成熟は一世代全体の問題である。大学の革新とは、真の学問的な意識と生活のありかたの再生を意味する。」）さらに、一九二九年にも大学問題について講演を行ない、個別学科に分かれた専門研究を批判し、学科間の障壁を打ち破るような「共通の問う作業」の必要性を唱えている。ゲオルク・リーマンは、そうした初期からの大学論の流れを詳細に再構成しているが、[★11]ハイデガーは若い頃から学問の革新を構想しており、「大学改革」の理念にとりつかれていた。したがって、ハイデガーの大学改革で構想されていたのは、ナチスの教育政策に合わせた一時的な組織改革ではない。「精神改革」であり、大学改革という場から広範なかたちで時代を改革することであった。改革は、「一種の政治療法」（リーマン）であった。したがって、『ドイツ大学の自己主張』もその意味で読まれなくてはならない。

四、解体の予感――極端の魔術

軍隊用語に似た多くのことば、辟易させられることばの数々をくぐり抜けて、大学改革という一点に集中して、このテキストを読んでみる。『ドイツ大学の自己主張』は、ドイツという民族的・国民的なありかたを踏まえたかたちで、大学の意味を考えようとする。一方で従来の研究・教育制度がまだ確固として残されており、他方であまりに短絡的に大学を政治化しようという動きがあるところで、大学は「ドイツ大学」として自己主張可能かという問いである。大学が存続しうるかどうか、それが独立した機関として自己正当化しうるかどうかは、「ドイツ大学」という理念において大学が改革されうるかどうかにかかっている。「一般には、大学の主宰的な本質性格は『自治（自己管理）』にあると思われている。この自治は保持されるべきであります。〔中略〕自治は自己省察の基盤に立ってのみありえます。だが、自己省察が行なわれるのは、まさにドイツ大学の自己主張の力によってだけでありますし[★12]。しかも、「ドイツ大学」の本質をなすドイツ的なありかたとは、「われわれの精神的-民族的ありかた」のことであり、「ドイツの運命」というかたちで、つまり事実的にではなく哲学的に解明されるべきありかたを意味する。哲学こそが大学改革を主導すべき立場にある。

中世ヨーロッパに端を発し、「研究と教育の統一」というフンボルトの理念の下で営々と築かれてきたドイツ近代の大学制度を再編成するための理論としては、あまりに抽象的で空疎である。そして、ドイツにおける数学や自然科学におけるめざましい研究成果を考えれば、あまりに時代錯誤であり、現実離れしているとしか言いようがない。当時フライブルク大学には国際的な名声をもった科学者たちもいた。しかし、そうした空疎な抽象性のなかで、ヤスパースが「極端の魔術」と名づけたように、ハイデガーは鮮やかな極論を展開することで「改革」へのやみくもな衝動を駆り立てていく。学問そのものの根拠を徹底的に問いただし、新たな始まりへ向けて「問う作業」を断固として要求し、大学の解体を予感したところで「ドイツ大学の自己主張」を試みるのである。

「ドイツ大学」は、大学の来たるべき姿として「意志され」なくてはならない。したがって、旧来の大学制度が否定される。とりわけ大学を「研究と教育」の場として理解し、知的好奇心を理念とする教養主義にたいする攻撃が行なわれる。マルチンが指摘するように、ハイデガーには大学のありかたを「精神貴族的な要件」（ウェーバー『職業としての学問』）と理解してきた教養市民層にたいする抑えがたい反感がある。（実際ハイデガーは、後年になって教養主義の終焉を宣言している。「教養の時代は終焉します。無教養な者たちが支配の座についたからではない。時代においては、問うに値するものが再びいっさいの事物と命運の本質への扉を開くのであり、その兆しが明らかとなったからなのです。」（『学問と省察』一九五三年）★13）学問は「単なる知識の進歩を促進するだけのリスクを欠いた研究というぬくぬくとした居心地よさ」に陥ってはならない。研究や教養に終始してはならないのだ。「教官諸君」はリスクを負うべきである、「恒常的な世界不安定という危険ただなかの哨所」へと進んでいくべきである。

そして、ハイデガーの大学は「ドイツ大学」として自己主張する。この大学は、「民族共同体」との結束で自己規定する「ドイツ学生諸君」を主体とした組織である。ハイデガーは、「大学」の民族性と土着性、地域性と大衆性とを強調する。大学をその本質へもたらすのは「ドイツ学生諸君の決意性」であり、「国民的な存在」としての「ドイツ学生諸君」である。「ドイツ学生諸君」は、「国民のすべての階層と成員が示す努力と切望と能力とを支えると同時に行動しつつそれに加わる」義務がある。「教官と学生の一体」があるとすれば、それは、「闘争共同体」としての一体性であり、「両者の意志は、互いに闘争へと向けられなくてはならない」。「ドイツ大学」とは、研究と知識の場である以前に、「戦い（競争）」の場所である。

ハイデガーのことばは、あたかも国防と国益のために大学を再編成しようというように聞こえるのだが、実はそうではない。ナチスは、教養エリート養成機関としての大学を廃止して、従来の大学を医学や工学の専門教育機関に取って替えようとしていた。ハイデガーは、「ドイツ大学」を主張する一方で、そのような「政治的大学」は否定している。「すべての学問は哲学である」と誇らかに宣言する哲学者ハイデガーにとっては、大学はなによりも哲学的な使命を帯びている。「精神的法の定立」という使命である。したがって、「大学」には、まず哲学が必要である。「学部が学部であるのは」、「専門分野が専門分野であるのは」、やみがたい力に駆り立てられて「精神的法の定立」を行なう機関となることによってであり、「国民にとってのただひとつの精神的世界」を樹立することを目的にしたときである。大学人の使命は、国民の精神的教化であり、国民の精神性への寄与である。だが、「精神」とは文化人や知識人たちの「空虚な明敏さ」などではない。「精神的世界」は、「文化という上部構造」のたぐいの生ぬるいものではない。「精神とは、存在の本質へと根源的に唱和した知的決意性」、つまり哲学である。

　では、大学にとって不可欠な「学問」（科学）は、「ドイツ大学の自己主張」という立場からはどのように位置づけられるのだろうか。ハイデガーは、『ドイツ大学の自己主張』前後に、さまざまなかたちで学問・科学を恐るべき巨大システムとして分析している。多様な分野として高度に専門化し、国際的な競争によってコントロールされる科学。軍事殺戮技術を生み出し、人間の「人間以下の部分」（「動物的な部分」）を「徹頭徹尾計算と計画に従わせよう」とし、そのことで人間を「もっとも重要な資源」と化してしまう科学（『形而上学の克服』）[★14]。その学問（科学）は、「改革」と「自己主張」に取り憑かれた哲学者が、一刀両断のもとに片づけることができるようなものなのか。それをするには、科学はあまりに巨大で強大ではないだろうか。

ハイデガーは、あらゆる大学改革論が直面するこの難問に、彼独特の「極端の魔術」で答えようとする。われわれは学問を放棄するかもしれない、大学という場所から学問を追放するかもしれないというシナリオを突きつけるのだ。

「われわれは、学問の本質を捉えようとする者であります。しかるならば、次のような分け目の問いの眼前へと進み出ることをしなければならない。われわれのために、学問は今後もなお存在すべきであろうか。あるいは、われわれは学問を迅速な終結へと至らしめるべきであろうか。およそ学問というものが存在すべきであるということは、無条件に必然的というのでは決してないのであります。それにもかかわらず学問が存在すべきであるというのであれば、しかもわれわれのために、われわれによってそうであるというのであれば、いったい学問はどのような条件において真に存続しうるのでありましょうか。[15]」

ハイデガーは、学問の追放というシナリオを突きつけることで学問の本質を問い、「民族」と「闘争」の場所としての大学という構想からして、「ドイツ大学の自己主張」を要請する。その極端な意味において、「われわれはドイツ大学の本質を意志するのか、それとも意志しないのか」と問うのである。「ドイツの」という国民的な、「大学」という特殊な場所が、学問内在的な必然性からではなくして、「自己」（われわれ）にとっての学問の必然性からして、「自己主張」できるのか、と問いかける。

『ドイツ大学の自己主張』は、きわめて極端でネガティヴなかたちではあるが、大学論の行き着く先を予感させる。もし大学が「素手で」自己主張しなければならないとしたら、どのような正当化が可能かという問題を提示する。いったい、どうなのだろうか。現在のように、一方で研究・教育制度の伝統と既得権に依拠し、他方で先端研究と情報システムに依存するのではなくて、大学は本当に素手でみずからの正当性を主張できるのだろうか。

五、大学場所論――大学とはなによりも「場所」である

「ナチズムと教育」というテーマに長年取り組み、最近では「大学改革」問題について活発な発言をしている元スタンフォード大学教授のハンス・ヴァイラーが、「大学改革のメルヘン」というタイトルで、かなり急進的な大学改革論をドイツの週刊新聞『ツァイト』に書いている。[★16]彼は、これまでの「大学改革」が、いかに既得権保持と予算獲得のために延々と語りつづけられてきた保身のための物語にすぎないかを指摘する。自分たちの持ち場を奪われるのではないかと恐れる大学教授たちは「改革をめざす大学教授たちのメルヘン」を語り、政治家たちは「現代の社会では『改革』が政治的にいいイメージがあるために」「改革好きの政治のメルヘン」を語る。ヴァイラーは、あることないこと取り混ぜて改革のメルヘンをまことしやかに物語って聞かせる大学人や政治家を槍玉に挙げながら、大幅な予算削減や、大学の民営化と国際化など、ここ一〇年ほどのドイツにおける一連の活発な大学改革の動きを皮肉たっぷりに分析している。そうしたなかで、ヴァイラーは、「大学」という制度の

ありかたについて、次のような面白い指摘を行なっている。

「大学の国際性」という考えもまた、学長連や学部長などが公の晴れがましい席でよく物語って聞かせるメルヘンだ。「学問は国際的である。だから、当然のことながら、大学も国際的で、世界に開かれており、国境を越えたものだ。一言でいうと、グローバルなものだ」というメルヘンである。しかし、「実際には大学というものは、位置づけや価値づけの国内的なシステムに、さらに雇用制度や給与制度などの国内システムのなかにがっちりと組み込まれている。そしてそれは、ドイツだけでそうなのではない」。少なくとも現況では、大学はまぎれもなくナショナルな制度である。大学のナショナルな性格を無視して、「国際性」という空虚なフィクションを語るのはやめた方がよい。知的ネットワークにおいて真の国際化を担うのは別のことだ。情報技術の発達による情報システムのグローバル化と、研究者や学生たちの国境を越えた移動である。ヴァイラーの指摘は、大学の日常を知る者の実感に対応している。現行の大学制度は、ＩＴ革命の時代にあってはむしろ非効率的な地域的なシステムである。そうなると、大学を語るキーワードとしては、国際性やグローバル化ではなく、地域性とナショナリティの方がふさわしいかもしれない。

人の国際間移動が活発となり、先端技術研究や情報ネットワークがますます国際化するというプロセスにあって、大学は国内的な次元に取り残されつつある――ヴァイラーの診断が正しいとすれば、いまこそは、「大学の場所」が、そして大学の「場所」としての意味が問われているのかもしれない。場所――つまり、地政学的な制約に囚われており、歴史・文化的な文脈のただなかに位置し、物理的にさまざまな人間や事物が交錯するところ。

ヴァイラーの論説の最後に、「従来の大学モデルの将来性のメルヘン」というのが登場する。科学研究や情報システムは、グローバルになればなるほど大学という場所を離れていくであろう。それにもかかわらず、大学がこのままずっと存続しつづけると思い込む人たちのメルヘンである。大学改革論は、「従来の大学モデルの将来性のメルヘン」を語る。つまり、従来型の大学に将来性を見て、だからこそ改革の必要があるという基本線に立っている。「このメルヘンを物語る者たちは、大学が、われわれが受け継いだ形態以外の形態をとりうるとは想像もできないのだ」。しかし、「従来の大学モデルの将来性」というのは、大学改革論のなかでも最大の虚構であって、「大学」という場所が将来も存続可能というのはひとつの思い込みにすぎない。情報技術の発達が「物理的な場所としての大学」を不要にしてしまう日が近いうちに訪れるかもしれない。現に、そうした日について具体的なヴィジョンが描かれているのだ。したがって、これまでの伝統にあぐらをかいて、「古典的モデル」からだけ大学のありかたを考えてはいけない。真に改革の構想を語ることができる大学論は、大学という場所の解体という事態を見据えなければならないのだ。そうなったとき、大学改革論は、メルヘンを語ることをやめて、真の改革の方向性を模索することになろう。そして、大学という場所の意味を問うことをするであろう。つまり、「知識の生産と流通にそれなりに従事しているさまざまな装置」、急速に発達する情報システムとの関連で、大学という「場所」が、「活性酵素」としての役割を果たすことができるかどうかが問われるであろう。

ヴァイラーのこの指摘は、大学論のありかたについての鋭い指摘であると思う。現代の知は、さまざまな情報メディアを通して、ますます固定性と場所性から解放されていく。そうしたプロセスのなかで、情報＝科学＝大学＝グローバル化という等式を持ち出すのはあまり意味がない。むしろ、大学はなによりまずは固定的な「場所」として自己認識すべきであって、みずからの「場所」の地政学的な制約と歴史・文化的な文脈との関係で自己規定すべきだ。「場所としての大学」は、グローバルな（地球遍在的な）情報システムとは違う。局在的（一国的な）場所なのである。そうなると、グローバル化と地域化というダイナミズムのなかで、大学はいったいどのような役割を果たすことができるのだろうか。たとえば日本の大学であれば、侵略の過去や経済的なアンバランスを含めて「アジアに位置する大学」であり、西洋近代との錯綜した関係のなかで近代化を果たしてきた「日本という国の大学」であり、そしてまた若者ファッションや「おたく」などの突出したポスト・モダン的社会現象を起こす日本社会の大学として……といったかたちで。そうしたかたちで、もろもろの歴史的・文化的な負荷を背負った場所の意味を考え、大学の「場所性」を捉え直すという作業が必要なのかもしれない。

六、間違ったキーではあるが、しかし鍵が開くことがある

倒錯してはいても、ハイデガーの大学論もまた、形式的には「大学場所論」を展開している。彼は、「ドイツ大学」という地域的・国内的なありかたから大学の本質を問う。ハイデガーは、先述したように、若い頃から「大学改革」の理念に取り憑かれていた。二〇世紀初頭のドイツ大学の哲学が退屈

な哲学史とナイーヴな学問論に終始していた事実を考えれば、それも不思議ではない。めざましく進歩する自然科学と比べれば、時代錯誤的に古典的な学科「哲学」が、自己主張しなければ消滅するであろう予感も間違いではない。そのハイデガーの焦燥がナチズムの狂気と出会うことで、『ドイツ大学の自己主張』を生み出したのだ。

「追放」の恐怖が、「大学」という場所への偏執を生み出す。「追放される」ことへの恐怖が「追放すること」の欲望へと転移し、「導くこと」の義務が「導かれること」の快楽へと昇華してしまうとき、ドイツという地域性は国家と民族という幻想の共同体へと姿を変えてしまう。いずれにせよ、戦いは「大学」という「場所」をめぐって行なわれていたのだ。「大学改革」は、「ドイツ」的な哲学的感性がナチズムに呼応することによって、幻惑的な超越性を帯びると同時に、血なまぐさい野蛮性を帯びることになる。超越と野蛮との一体化。

人は狂気になるのだろうか、それとも狂気と出会うのであろうか。狂気のさなかにあって、人はなおも自分でありつづけるのだろうか。この問いに答えるかのように、ハイデガーは言う。「非人（間）性と超人（間）性とは同じものである。両者は一体化している。ちょうど、理性的な動物 **animal rationale** という形而上学的な考え方において、動物性という（人間）『以下』と、理性という（人間）『以上』とが分かちがたく結びついており、対応しているように」[★17]。狂気とは、もっとも動物的な衝動がもっとも高度な理性と一体化してしまうことである。ハイデガーは、みずからの過去も含めて、あたかもいっさいの狂気を免罪するかのようなことばを語るのだが、しかしこれに続けて次のようにも言っている。「非人（間）性と超人（間）性とは、ここでは形而上学的に考えられるべきであって、道徳的な価値判断として考えられてはならない」。もちろん、このようなことばに対しては「人間性」の領域はどこにあるかと問わなければならない。人間性「以下」と人間性「以上」とは、「人間性」を境界づけるだけであって、人間性そのものを説明はしない。

ハイデガーは、これらのことばを、総長職を辞職したのちに書いた。ナチズムの狂気とともに歩み、そこから離脱したのちに、ふたたび自分自身へと投げ返された時期にあたる。あるいは本当に、ハイデガーの言うように、狂気のさなかにあっては「区別すること」そのものが不可能なのかもしれない。峻別して、区分けして、とどまることが不可能となるのかもしれない。ただ、「以下」と「以上」とがなにか途方もない力によって一体化してしまう。両者が「対応」し、呼応し、分かちがたくなって、「同一」という感覚だけが支配するのかもしれない。そうも思えるのだが、しかし、そう思うことはあらゆる暴力をただそのまま容認し、被害についても責任についても黙すことを意味するのではなかろうか。

ここで、ふたたび『ドイツ大学の自己主張』についてのヤスパースの評言を紹介してみよう。「古いテキストが、彼の手にかかると生きて喋るようになる。たしかに、まるで開けるのに間違ったキーを使っているようなものなのだが、しかし偶然に鍵が開くこともある。それは、まるで、裏口から神殿に通されるようなものだ。空間について真像をうることはないのだが、しかし中にいることは確かなのだ」★18。「間違ったキーだが、しかし偶然に鍵が開くこともある」――ハイデガーは、古いテキストに限らず、あらゆる人間的な事柄についてそうしているように思われる。

七、近代科学批判と大学

総長職が過去の出来事となってしまったあとにも、ハイデガーは精力的に科学批判（学問論の第二の道）を歩みつづけた。そして、学問・科学を近代に築かれた巨大な知的ネットワークとして位置づけ、近代性と科学との共生関係を分析しつづけた。

「すべての学問がますます人工的で技術的なありかたを深めていくなかでは、自然科学と人文科学との間にある対象や手続きのうえでの違いはますます後退していくであろう。自然科学は機械工学と企業の構成部分となり、人文科学はきわめて広範な新聞学問となり、いまの『体験』が絶え間なく歴史的に解釈され、その解釈が誰にでもできるだけ迅速にできるだけわかりやすいように公開されるような学問になるであろう。★19」

自然科学は必然的に企業や産業構造との結びつきを強めていくであろうし、人文科学は情報提供に終始し、アクチュアルな事件の解釈という課題に没頭するようになっていくだろう。自然科学も人文科学もひっくるめて、現実の社会のありかたに対応した技術的知識の一部となり、技術的知識のネットワークのなかでのみ機能するようになる。

そうしたなかで大学はどのような組織となるであろうか。「大学」が「研究と教育の所在地」として自己規定するかぎり、「一九世紀的な存在」にとどまるであろう。そのような大学は、結局は「純粋な企業組織」に、つまり市場原理と機能性を原理とする組織へと再編成されざるをえない。「大学」が本質にめざめ、大学として決断する機会はないであろう。「研究と教育の場（そうしたありかたをする大学は一九世紀的な存在なのだが）としての大学は、ますます『現実に近づいた』純粋な企業組織となるであろう。そうした企業組織においては、なにも決断されることはない。大学が『文化という装飾』の最後の名残りをとどめることができるのは、まだとりあえずは、『文化政策的な』宣伝の手段として考えられているからにすぎない。[★20]」

『ドイツ大学の自己主張』において、ハイデガーは、「すべての学問は哲学である」と高らかに宣言し、個別学科の障壁を打ち破るような「問う作業」をこそ学問改革の担い手と定めた。その意味で、学問の「ギリシア的始まり」が、大学改革による新たな始まりと重なり合うのであった。しかし、ハイデガーは『ドイツ大学の自己主張』以降、急速に学問にたいする信頼を失っていく。学問はもはや始原へと還り行く力はもたない。「学問（科学）は近代的でしかありえない」。学問（科学）は本質からして近代的であり、支配と操作の手段として機能するものでしかない。「いっさいの対象の支配と操作という枠組みにあって、利用と飼育に奉仕するために正確さを設置すること」にすぎない。

したがって、学問には、もはや「ドイツ大学」という局所的な場所との結びつきはないのだ。学問（科学）は、その本質からして「ますます同型的となり、ますます国際的となる」。学問（科学）の国際化にともなって、大学も「国民的な（民族的な）組織」としての意味を失っていく。ドイツの大学であるか、アメリカの大学であるかは意味をなさないのであり、「科学の『我が国民的な（民族）的な組織』は、『アメリカ的な』それと同じ軌道を描いている」。組織のありようを決定するのは、「どちらがより高速で幅広い手段と人材」を使えるかという問題だけだ。そして、どちらが早く「科学」を完成へと終結させるかという問題だけなのだ。★21

八、放棄と課題

ハイデガーは、もはや「ドイツ」という現実の国で、「大学」という現実の場所で、現実の「改革」を主導しようとはしない。哲学によって学問を指導し、大学を指導することによって社会を指導する試みを放棄する。「哲学は、学問・科学に反対でも賛成でもない」。ひたすら新しい有効な結果を追いかける「学問・科学それ自体の病的欲望に任せるだけである」。現実の場所としての「ドイツ大学」は放棄され、「すべての学問は哲学である」という哲学的命題、ギリシア的な始まりにおいて学問を改革するという構想が放棄される。回顧してみれば、ひとりの哲学者がナチズムの現実のただなかに位置するドイツの大学で「自己主張」することは、歴史と政治の怒涛のなかでは泡沫のようなものにすぎなかった。本質は理解されないままに終わったのだ。(「この総長職を通常の大学行政の次元であれこれと判定することは、それなりに正しいし正当かもしれない。しかし、本質的な側面を捉えることは決してないのである」。★22)

総長職以後は、『ドイツ大学の自己主張』は、現実の大学改革論としてではなく、「学問論」の第二の道として位置づけられる。この主張は、「非現実的なありかたにおいての学問」を模索する方向において行なわれるべきである。つまり、まだないものの到来を可能にするために思いを込めること——それをハイデガーは「省察」と呼ぶのだが——「省察」という作業としてのみ行なわれるべきである。

戦後すべてがふたたび明晰な行程を歩み始めたかのように思われる時期になって、ハイデガーは、『学問（科学）と省察』という講演を行なっている。★23 ハイデガーは、「現実についての理論」としての科学の地位にもはや異議をはさむことも、科学研究の国際化を嘆くこともしない。まして、哲学によって学問の現状を改革することなど言及しない。「専門分化」は「近代科学の本質からくる必然的で積極的な結果」であって、科学が巨大で正確な情報装置としてもつ権力は否定しようのない事実なのだ。

ハイデガーは、残されたのは「省察」だけであると言う。「省察」とは「その意味に立ち入ってみること」であり、「問うに値することにたいしての放下」である。近代科学という壮大な知的技術的装置に立ち向かうには、「省察」はあまりに貧しい。「かつての教養と比べて」も、「暫定的であり、悠長な、貧しい」作業である。しかし、「省察において、わたしたちはある場所へと至りつつあるのであり、この場所からして、自分のその都度の行為や無為が囲い込む空間が開かれてくるのです」。場所とは、「わたしたちの滞在の場所」であり、「わたしたちに割り当てられた場所」である。しかし、この場所がどこにあり、「どのように、そして何によって、わたしたちの歴史的な滞在が住み着き始め、住み着き続けていくのか、このことについて省察が直接に決定することはできないのです」。それぞれの研究者とそれぞれの教育者が、そして「学問を通り抜けていく人間のひとりひとりが」、それぞれの道で、それぞれの段階で「省察」を行なっていくしかないのである。

ハイデガーの言う「省察」は、おそらく今日もなお大学人に課せられた作業であり、学問についての省察（学問論）を通して、大学は「場所」としてさまざまに自己規定し、自己実現していかなくてはならないであろう。しかし、今日の大学人と、『ドイツ大学の自己主張』におけるハイデガーとを分ける決定的な違いがある。一九三三年の時点で、現実のものと思えた『ドイツ大学の自己主張』は、二〇〇九年の時点では、そのすべてが虚構として、そしてまさにそれゆえに課題として残されている。それは、ナショナリティ（ドイツ）、場所（大学）そして人間（自己）という虚構であり、そしてまた、ナショナリティ、場所そして人間をどのように定義し、どのように導いていくかの課題である。

（本稿は『別冊環②大学革命』〔藤原書店、二〇〇一年〕に掲載された拙稿に加筆修正を施したものである。）

★1　Heidegger, M: Beiträge zur Philosophie, GA. Bd. 65, Ffm., 1994, S. 144.

★2　ナチス優生学の過去を踏まえたかたちでの遺伝子技術暴走にたいする警告について外観的な情報を与えてくれるのは、Bild der Wissenschaft online の二〇〇〇年一二月一八日号である。

★3　ペーター・スローターダイク『「人間園」の規則――ハイデガーの「ヒューマニズム書簡」に対する返書』（仲正昌樹訳、二〇〇〇年、御茶の水書房）

★4　Krausser, H.: Warum nicht? Eine Menschheit, die nicht das Ziel hat, Gott zu werden, ist unheimlich und langweilig. In: Die Zeit, 01/2001.

★5　以下、ナチスの教育改革とハイデガーとの関係については主としてベルント・マルチンの研究を参考とした。Martin, B.: Martin Heidegger und das Dritte Reich, Wissenschaftliche Buchgesellschaft Darmstadt, 1989.

★6　Vgl. a. a. O., S. 24.

★7　Heidegger, M.: Die Selbstbehauptung der deutschen Universität. Das Rektrat 1933/34 Tatsachen und Gedanken, Vittorio Klostermann Ffm., 1983.

★8　Jaspers, K. (hrsg. von H. Saner), Notizen zu Martin Heidegger, R. Piper & Co. Verlag, München, 1978, S. 98.

★9　Heidegger: Tatsachen und Gedanken, S. 13.

★10　Pöggeler, O.: Heidegger in seiner Zeit, Wilhelm Fink Verlag, München, 1999, S. 208.

★11　Leaman, G.: Heidegger im Kontext. Gesamtüberblick zum NS-Engagement der Universitätsphilosophen, Argument-Verlag, 1993.

★12　Tatsachen und Gedanken, S. 10.

★13　Heidegger, M.: Wissenschaft und Besinnung in: Vorträge und Aufsätze, GA Bd. 7, 2000, S. 64.

★14　Heidegger, M.: überwindung der Metaphysik in: Vorträge und Aufsätze, S. 93.

★15　Tatsachen und Gedanken, S. 10-11.

★16　Weiler, H. N.: Das Märchen von der Hochschulreform, in: Die Zeit, 17/2000.

★17　Heidegger, M.: überwindung der Metaphysik, S. 90.

★18　Jaspers, K.: Notizen zu Martin Heidegger, S. 49.

★19　Beiträge zur Philosophie, S. 155.

★20　A. a. O.

★21　A. a. O. S. 140.

★22　Tatsachen und Gedanken, S. 39.

★23　Heidegger, M.: Wissenschaft und Besinnung, in: Vorträge und Aufsätze.

なお『ドイツ大学の自己主張』は、矢代梓訳がある。（『30年代の危機と哲学』平凡社ライブラリー、一九九九年に所収）ただし、ハイデガーのことばはこのテキストも含めて筆者の訳による。その他の著作や講演については、いちいち明記しないが、既存の邦訳を参考にさせていただいた。ただし、ハイデガーのテキストの翻訳にあっては、訳語が解釈のありかたを決定するので、ここではすべて筆者の訳による。また、「ハイデガーとナチズム」問題については、まだ記憶に残る論争であったが、本文に挙げたものの他に、以下のような参考書が重要である。

ヴィクトル・ファリアス『ハイデガーとナチズム』（原著一九八七年、邦訳は山本尤訳、名古屋大学出版局、一九九〇年）

フーゴ・オット『マルティン・ハイデガー——伝記への途上で』（原著一九八八年、邦訳は北川東子・藤澤賢一郎・忽那敬三訳、未來社、一九九五年）

さらに、ハイデガーとナチズムとの関係についてきわめて明確に分析した参考書として高田珠樹『ハイデガー。存在の歴史』（講談社・現代思想の冒険者たち08、一九九六年）がある。この本は、ハイデガー哲学全体についての最良の入門書のひとつである。

第７章　「ユダヤ人国家」の普遍性を追求したヘブライ大学の哲学者たち

早尾貴紀

一

ヨーロッパ近代における国民国家の運動と反ユダヤ主義とに触発された、ユダヤ民族主義としてのシオニズムは、一九世紀末から二〇世紀初頭にかけて「ユダヤ人国家」建設運動へとより具体化され、一九四八年にイスラエル国家として一つの実現をみた。

そうしたなかで、イスラエル建国前のパレスチナの聖都エルサレムに、一九一八年に定礎され一五年に開校したヘブライ大学は、これから新しく生まれようとしていたユダヤ人国家の理念を支える大きな役割を果たした。まだ国家の存在していない土地で、来たるべきユダヤ人国家のために、欧米のシオニストたちの強い意思と、欧米諸国の支持のもとで建国された大学であった。そこに集ったユダヤ人学者たちは、来たるべき国家の「かたち」について、さまざまな議論を重ね、提言をしていった。

とはいえ、彼らは一丸となってユダヤ人ナショナリズムのイデオローグとなったわけではなかった。ヨーロッパに吹き荒れていた偏狭なナショナリズムの犠牲となったユダヤ人たちは、一方でたしかにヨーロッパの外部に自らが国民となることのできるユダヤ人国家を切望したが、他方で純粋なユダヤ人国家を目指すことはかつて自分たちが受けたのと同じ排外主義を今度は自ら振りかざすことになるのではないかと自省した。

シオニストたちが建国の地と狙い定めたパレスチナには、アラブ人先住民がおり、しかも建国前の段階ではアラブ人たちが圧倒的に多数派であり、新移民を中心としたユダヤ人が少数派であることは厳然たる事実であった。だが、国際的圧力と武力とでユダヤ人国家実現を目指す「政治シオニスト」たちは、「土地なき民に民なき土地を」というスローガンのもと、先住アラブ人の存在を、認識においては黙殺し、現実においては虐殺・追放の対象とした。

それに対し、ヘブライ大学を拠点とした「文化シオニスト」たちは、エルサレムを、ひいてはパレスチナの地を、ユダヤ人にとって精神的・文化的な意味で重要であるとみなしても、そこに排他的で独占的な純ユダヤ人国家をもつことをかならずしも肯定しなかった。すなわち、ユダヤ人にとって宗教的・文化的な結びつきがあるとしてその土地との特別な関係を認めたとしても、やはり同じく特別な結びつきを古くからもっているキリスト教徒とムスリムのアラブ人たちを排除することは、必要でもなければ正当化もしえないとしたのだ。こうした文化シオニストらは、先住アラブ人との共存を主張した。

この共存運動を支えたのが、開校直後からヘブライ大学にいたユダヤ人学者らの一部であった。その中心人物が、ゲルショム・ショーレムやマルティン・ブーバーといった哲学者と、そしてユダ・マグネス初代学長であった。また、ハンナ・アーレントはパレスチナではなくアメリカ合衆国へ移民したが、アラブ人との共存を熱烈に訴え、とりわけマグネスと親交を深め共闘した。総じて、こうした一国家内での共存を目指す運動を「バイナショナリズム」と呼ぶ。ショーレムは一九二〇年代から三〇年代にかけてのブリット・シャローム（平和連合）で、ブーバーは三〇年代から四八年までそれを受け継いだイフード（統一）党で、バイナショナリズム運動を組織的に展開した。

アーレントは、ヘブライ大学にはいなかったが、四〇年代にバイナショナリズムの立場で多くの論説を執筆し、そのうちの一つでヘブライ大学の重要性について触れている。★1 アーレントは、「ユダヤ人の郷土（National Home）」創設の運動が、一方では排他的で偏狭な愛国主義をもつ他の典型的な国民国家とは異なり、他方ではヨーロッパが富の搾取対象とした植民地とも異なる、特異な＝唯一の（unique）企てであることを強調したが、★2 そのことを証明するのが、キブツと呼ばれるユダヤ人入植者共同体とともに、ヘブライ大学の設立であるとした。「キブツとヘブライ大学、この二つの制度が、非ナショナリスティックで反ショーヴィニスティックな思潮への対抗とシオニズムへの対抗を、支援し鼓舞してきたのだ」。★3 そして、「この大学は、特殊なユダヤ人の土地においてユダヤ教の普遍性を代表するものとされていた。たんにパレスチナにある大学としてではなく、ユダヤ民族の大学として考えられてきたのだ」★4、とアーレントは述べる。

このようにヘブライ大学は、ユダヤ人国家創設を純粋な単一民族国家という理念──現実的にはありえないにせよ──のもとに進めることに反対し、アラブ人とともにユダヤ人も国民として構成員となる国家を目指すバイナショナリストにとっての拠点であり、またその象徴でもあった。

そもそもヘブライ大学設立に至る以前の、一九世紀末からのユダヤ人大学論の発展過程において、重要な唱道者の役割を果たしたのは、ブーバーらに多大な影響を与えた、文化シオニストの祖ともされるユダヤ教思想家アハド・ハアームであった。アハド・ハアームは、ユダヤ民族の文化アイデンティティ構築を実現するための最重要課題として、パレスチナの地における高度な教育・言語・文学のための中心機関（つまり大学）の設置を訴えたのであった。★5

そうした意味でヘブライ大学は、その出発点からして、建国運動ひいてはユダヤ・ナショナリズムを担った哲学者たちの文化主義にとって基盤となってきたと言える。

二

ここで、国家と大学と哲学と文化との歴史的な関係について確認しておく。卓抜な大学論であるビル・レディングズの『廃墟のなかの大学』前半部の、国民国家・国民文化に対して大学が果たす役割に関する整理が有用だ。とりわけ欧米出自の文化シオニストらの拠点となったヘブライ大学がユダヤ人国家創設においてもった意味は、ヨーロッパ近代において大学と国民国家の興隆が辿った軌跡の縮図的反復という側面があるからだ。

レディングズの整理によれば、国民国家の主体を創出する主要な国家機関であったヨーロッパの大学では、まず「理性」がその組織原理であり、大学と国家の発展にしたがって「理性」から「文化」

へと原理が移行したという。それは大学に求められた課題が、知識と権力の統合、つまり理性と国家の統合から、次に文化理念を通した国民的自己認識の生産となっていったということでもある。[★6]

この理性から文化への流れに沿って議論を見ていく。近代に関わる多くのテーマと同様に、大学の物語もまたカントをもって始まるとされる。ここで重要とされるのは、「カントが理性を基盤として近代の大学を設立したこと」と、「その理性が近代的な意味において、大学に普遍性を与えたこと」である。[★7]自由な、つまり自律的な理性の学問は、それ自体は具体的な内容をもたない形式的・普遍的学問分野たる「哲学」として、反対に具体的な研究対象をもつ神学・法学・医学よりも下位に置かれつつも、しかし哲学はこれら上位の学問が自らの基盤を批判的に問い直すために不可欠のものとなり、それによって上位学問はたんなる経験科学から理論科学になることができる、という相補的な関係にある。つまり、カント的な「学部の対立」においては、理性それ自体は、哲学部において自己探求されつつも、その批判力によって大学全体に自律性を与えるという、基盤としての役割を与えられている。[★8]

だが、理性の自律性を大学というかたちで「制度化」するということは、理性を他律的なものとしてしまうというアポリアを最初から抱え込んでいた。そしてそのアポリアゆえに、大学は国家との関係において、新たな概念に出口を求めた。大学が国家に保護されまた国家に奉仕する以上は、その自律は相対的でしかない。ここに、大学の理念が「理性」から「文化」に取って代わられる契機が存する。

大学が、これから出現しようとするドイツ国民国家の「接着剤」として機能したドイツにあっては、この理性から文化へというシフトはとりわけはっきりしていた。「民族的統一体としてのドイツ人国家を正当化する」[★9]という課題を達成するにあたって、「国民文化」という紐帯でもって民族アイデンティティをまとめあげ国民意識にまで高める必要があったからである。フィヒテ、シラー、シュライエルマッハー、フンボルトら、カント以降のドイツ観念論者らがこの課題に取り組むこととなる（よりリベラルな立場を取ったフンボルトらに比べると、フィヒテが最も強く国家と大学の一体性と民族的統一を提起していた）。

その課題は、理性による進歩と伝統による回帰とのあいだの調停という、弁証法とも呼ばれるようなかたちで達成される。つまり異なる二つのベクトルの一方のみに突き進むことのできないアポリアのなかで、「伝統の解釈」によって、過去に回帰するのではなく、伝統を合理的な民族的自意識にまで高めるのだ。その伝統の解釈こそが「文化」という名で呼ばれた。「国民に対し、それに従って生きるための国民国家という理念を与え、国民国家に対しその理念に従って生きることのできる国民を供給する」[★10]のが「文化の大学」の役割であるということになる。

三

こうしたヨーロッパ近代における大学の発展に照らしつつ、創設初期のヘブライ大学が、とくに哲学部がどのような役割をもたせられたのかを見ていく。

ヘブライ大学の歴史を概括的に回顧した書物によると、哲学部は最初期に設置された学部の一つであり、イギリス出身で最初の哲学部長だったレオン・ロスと、チェコスロヴァキア出身で大学図書館の館長も兼任したザムエル・フーゴー・ベルクマンの二人によって主に支えられていた。[★11] 二人はともに、ヘブライ大学を「ユダヤ教再生のための道具」と考えていたが、しかしそれはヨーロッパ哲学のヘブライ語への翻訳を通してであった。ロスは、プラトンやアリストテレスの古代哲学からデカルト、ライプニッツ、ロック、ヒュームを経て、バートランド・ラッセルらの現代哲学に至るまでを、ベルクマンは、主としてカント以降のユダヤ系ドイツ人の哲学とくにフランツ・ローゼンツヴァイクやヘルマン・コーエンを、それぞれ翻訳紹介した。[★12]

この哲学部の意義について分析を加えたのが、ネヴェ・ゴルドンとガブリエル・モッキンによる「普遍主義と個別主義のあいだ――ヘブライ大学における哲学部の起源とシオニストの計画」だ。著者らは、哲学部長ロスの学内文書を分析し、彼が「ユダヤ哲学」という用語を避けていること（「ユダヤ物理学やユダヤ数学がないように、ユダヤ哲学など存在しない、ただユダヤ教の哲学的解釈があるだけだ」）、あるいは「ユダヤ学研究所が別にあるのだから、哲学部では古代ギリシャや近代ヨーロッパなど非ユダヤ人の古典的哲学から入るべきだ」としていることなどから、ロスがとりわけその初期において、大学が神学校に変質してしまうことや分離主義的な個別主義に傾くことを懸念していた点を指摘している。[★13] だが、ロスはたんに普遍主義としてのヨーロッパ哲学に肩入れしていたわけではない。彼の関心は、民族／国立（ナショナル）大学の哲学部として、民族／国民（ネイション）形成のプロジェクトをいかに進めるかにあった。そのために大学として必要なことは、学生らにヨーロッパの近代国民国家形成を支えた哲学者らの著作に触れさせることであるとロスは判断した。この判断は、国民的自己意識を作りだす近代大学に関するレディングズの記述と照らしても、必然的なものと言える。こうしてロスは、ヨーロッパ哲学の古典をヘブライ語に翻訳することこそが哲学部の主要な任務であるとみなした。★14

だがここで注意を要するのは、当時のヘブライ語の地位だ。現代ヘブライ語はベン＝イェフダーによって発明されたばかりで、言語体系としてはまだ十分に確立されたものではなかった。また決して多くはない移民の絶対数のなかで、現代ヘブライ語を習得している者は、圧倒的に少なかった。

また、ヨーロッパのユダヤ人コミュニティにおける特有の言語であったイディッシュ語は、パレスチナにおいてもヘブライ語と公用語の地位を、すなわち来たるべき「国語」をめぐって、大学内外で一九二〇年代後半から三〇年代を通して激しく争っていたが、ヨーロッパにおける国家横断的言語であったイディッシュ語は「非国語」として否定され、新生ヘブライ語が「新しい国民」のための「国語」として選ばれたのだった。

このことを考慮するとき、ヨーロッパ古典をヘブライ語に翻訳することのもう一つの意図が見えてくる。「聖なる言語」とされる古代の聖書ヘブライ語から、脱宗教化した近代言語を、つまりは「国語」を作りだすことである。日常用語としては使用されていなかった聖書ヘブライ語は、文法的にも語彙的にも近代言語として通用するものではない。ヨーロッパ哲学の用語も容易に翻訳されるはずもなく、試行錯誤のなかで哲学書の翻訳が進められていったという。★15

そうした翻訳作業は、民族＝国民意識の形成と国語の形成という二重の意味で国民国家形成の基盤であった。つまり、「国語」としての現代ヘブライ語創出そのものがシオニズムの核心をなす。ロスはそれに専心していたわけだ。

大学がユダヤ教に特化した個別主義に陥ることを警戒していたロスではあったが、他方でユダヤ人の世俗ナショナリズムとしてのシオニズムには没頭していたと言っていい。実際ロスは、一九四五年の記念講演「ヘブライ大学および現代世界におけるその地位」において、ヘブライ語公用語化の反対論者への反批判を意識しながら、ヘブライ語を断固として擁護したが、たんなるユダヤ人の共通言語としてではなく（それならイディッシュ語でもよかったはずだ）、パレスチナの地における、とりわけ「新しいエルサレム」におけるユダヤ人のコミュニティ（来たるべき国家）を、精神的かつ文化的に支える言語として礼讃したのである。★16

他方、図書館長で哲学科教授だったベルクマンは、ロスよりも宗教的に敬虔であり、近代ヨーロッパの合理主義や啓蒙主義に対し批判的な立場を取るものの、リベラルな人文主義という意味での普遍主義にも傾倒していた。そのような立場から、ユダヤ教が国家宗教へと転じ個別主義的になっていくことには強く反対し、少なくとも政治制度においては宗教と国家を分離すべきであるという主張をもっていた。★17 ベルクマンが批判するには、政治シオニストが移民を均質化するのにユダヤ教を道具として利用しているが、それではユダヤ教が堕落してしまう。だが同時にベルクマンは、ユダヤ教を放棄することは、精神性を欠落させることでナショナリズムを排外主義へと変容させてしまうとして、警鐘を鳴らしていた。★18

ヘブライ大学開校二五周年に際して（すなわちイスラエル建国直後の一九五〇年に）、実際ベルクマンはこう語っていた。

ヘブライ大学は一見すると矛盾するような二つの原理に基づいて創設された。一つは研究と学問の完全な自由であり、もう一つはユダヤ教哲学の自覚的な探究である。表面上は、この二つの願望は衝突する。だが、まさにこの二極の弁証法的な緊張関係こそが、この研究機関に力強くかつ本質的な活動をもたらすのだ。[★19]

こうして初期のヘブライ大学哲学部を担った二人は、普遍主義と個別主義のあいだに立たされていた。世界から隔絶した特殊なユダヤ教国家に閉ざすのでもなく、しかしヨーロッパ化することで普遍性を追求するのでもなく、あくまでユダヤ性と普遍性の架橋を、あるいは文化的な内実をともなった普遍性を目指していた。もちろんこの立場は、ショーレムやブーバーなどの文化シオニズムに共鳴するものであり、政治シオニズムには反対するものの、シオニズムそのものとは両義的な関係にあった。だが、両義的なのは彼らの立場それ自体ではなく、そもそも彼らが参照をしていたドイツ観念論が、形式的理性と実質的民族とのあいだで、つまり普遍と特殊のあいだで両義性を示してはいなかっただろうか。

四

ほかならぬこのヘブライ大学で催された講演で、ドイツ・ユダヤ人の抱えていた普遍性と特殊性の問題について論じたのは、フランス・ユダヤ人のジャック・デリダであった。ローゼンツヴァイクとヘルマン・コーエンの二人に焦点を当てたこの講演の冒頭からデリダは、「エルサレムにある、イスラエルの一制度としての大学」という場においてこのテーマで話をするという選択に、ある必然性があるということを述べている。[20] コーエンとローゼンツヴァイクは、二人ともカントから大きな影響を受け、ある意味で新カント派に位置しており、またいわゆるシオニストではなかった。そしてヘブライ大学創設期の哲学部を担ったロスもベルクマンもともに、コーエンとローゼンツヴァイクを好んで読んでいた。

デリダは、このコーエンの議論が「範例」たりうるのか、つまり一つの特殊な民族が「普遍的メッセージ」をもちうるのかという問いを立てている。[21] これは、特殊なユダヤ教思想が、いかにしてカント主義と結びつけられるのか、という問いでもある。デリダはその歴史的紐帯を、コーエンがギリシャ哲学からキリスト教に通じるとされるロゴスに求め、そしてコーエン自らがその役割を引き受けようとしていたことを指摘する。[22]

ここでまず一般的な問題として考えられるのが、唯一にして単独な神としての厳格な一神教を唱えるユダヤ教（ユダヤの神が、「私はある。私は、〈私はある〉という者だ」とモーセに答えたという、そこから始まる「存在」の思考）と、無限の事象の背後に単一性や真なる「存在」を発見しようとするギリシャ哲学とのあいだの、思考の形式の共通性である。『ユダヤ教の源泉から発する理性の宗教』というコーエンの書名が端的に示すように、「民族宗教」と呼ばれるユダヤ教を原点＝原典としつつも、そこから普遍的理性に到達することが企図されているのだ。[★23]

デリダであればそこにロゴス中心主義の一つの類型を見るのであろうが、カール・レーヴィット（やはりドイツとユダヤのあいだを生きた哲学者）はむしろここに、ユダヤ教とカント主義の紐帯として指摘されたギリシャ的なロゴスが、コーエンにおいて自覚的にはむしろキリスト教的な神観念とともに拒絶されていることを指摘する。[★24] 一つには、事象の背後の「単一性（Einheit）」と、神の「単独性（Einzigkeit）」の差異が問題となる。汎神論にも転化しかねない抽象的な単一性ではなく、絶対的な超越者としての単独性こそがユダヤ教の特徴であるはずだからだ。もう一つ、キリスト教的な受肉や精霊の思想もまた問題となる。ロゴスの場合と同様に、神と人間が思弁的に媒介されることによって、神の単独性が失われるからである。

したがって、コーエンにおいては、「一神教としてのユダヤ教」こそが源泉として決定的に重要であった。逆説的ながら、その「神の単独性」の前で初めて、非ユダヤ人である「よそ者」を隣人として人間と認めるという思想、つまり人類という普遍的な概念に至りつく人間の概念が発見されるからである。この「人間／人類」の概念は、「ついには自然法と国際法の基本的な概念」へと発展する起点となり、「こうして、コーエンのユダヤ教は、倫理の優位という点では自らがカントと、そしてカントを通じてドイツ古典主義と一致することを知った」[★25]のだ。つまりレーヴィットによれば、コーエンはカント的な近代倫理学の前提である人間の自律性へと通じる回路をユダヤ教のなかに見いだしたことになる。

次に、そのカントからフィヒテへと至る思想史的展開をコーエンがどのように見ていたのかを考える。再びデリダのエルサレム講演を読もう。ドイツ観念論へと行き着いたコーエンは、やはりフィヒテに一つの頂点を見いだす。コーエンが強調しているのは次の点であるとデリダは言う。

フィヒテこそは、社会的な〈我〉が民族的な〈我〉であることを発見した。「民族的な我」のうちに「我の超経験的基礎」を探求し発見したことによって、フィヒテは「事実上」、ドイツ哲学の頂点を構成した。〔……〕まず注意すべきことは、ローゼンツヴァイクにとってと同様、カントという頂点を超出することを可能にするのは、ここでもまた〈民族的なもの〉の思考だということである。しかし、今度は、それが目指す頂上は、〈民族的なもの〉を〈ドイツ的なもの〉の本質と、あるいはユダヤ・ドイツ的な対の本質と同一視する頂点である。[★26]

ここで参照されているフィヒテのテクストは『ドイツ国民に告ぐ』だ。これについてコーエンは、フィヒテが理論的にはカントからの後退であるが、同時にそれが一つの進歩でもあるとも言う。つまり、カントは純粋に理論的には乗り越え不可能であることを認めつつ、その抽象性・形式性を批判し、ある内実を与えた点において進歩を認めるのだ。

「我思う」の〈我〉は、コギトは、カントの思想に反して形式的ではない。この〈我〉は、他者への関係においてそれ自らに現われるのであり、そしてこのソシウス（社会関係）は、抽象的であるどころか、根源的にその民族的規定性において、ある精神、ある歴史、ある言語へのその帰属においてそれ自身に顕現する。〔……〕フィヒテによって発見された〈考える自我〉は民族的である。それは普遍的な形式をもっているが、この普遍性は民族性としてのみその真理へと到来する。★27

これがコーエンによるカントとフィヒテの評価の核心であるとデリダは言う。たんなる特殊な個々の民族への回帰ではなく、カント的普遍主義を経たうえでの、「普遍性を備えた民族主義」。コーエンは、それをたんなる一例ではなく、「範例」として捉えていることになる。

こうして見ると、ドイツ・ユダヤ人の哲学者であるコーエンを愛読していた人文主義者のユダヤ人らが、ヘブライ大学の哲学部創設にあたって、カントやフィヒテといったドイツ観念論を積極的に導入したということは、「範例的民族の肯定」という点から説明できる反面、それでもなお、ドイツ民族の至上性を訴えたフィヒテと、ドイツをこそ自らの同一化の対象とした「愛国者」コーエンを読み込むに際して、ドイツ民族を「ユダヤ民族」と置き換えることはどのような妥当性をもつのだろうかという疑問は残る。

デリダが強調したコーエンのフィヒテ読解については、そのコーエンの問題となるテクスト『ドイツ性とユダヤ性』が、第一次世界大戦中に発表されたという時代背景に留意する必要がある。一つにはやはり、政治シオニズムへの対抗関係において、パレスチナの地に移民することを否定し、そうではなく生まれ育ったドイツをこそ「祖国」と主張する政治的意図があった。もう一つ、ナチズム台頭の以前であったからこそそれが可能であったという面も否定できない。そうした微妙な時代背景で書かれたテクストだからこそ、文化シオニストらがヘブライ大学で、ドイツ・ユダヤ思想を自らに引きつけて読む契機を生み出した。

五

だが、フィヒテから導き出されるハイデガーという名前が登場するに及んで、ドイツ・ユダヤ問題は、ドイツ民族からユダヤ民族へ、ドイツ的大学からヘブライ大学へという読み替えを、困難な事態へと追い込んでしまう。ハイデガーにあっては、ドイツ人とギリシャ的伝統とは、特権的な類縁関係に置かれるからである。

カントやフィヒテのテクストがそうであるように、コーエン自身のテクスト『ドイツ性とユダヤ性』もまた、「多くの点で大学制度に関わる」ものであり、そこからおのずとハイデガーの総長講演「ドイツ的大学の自己主張」が想起される。コーエンにおいても、大学はドイツ的精神の自己定立によって、民族的統一を保証するものであるという位置づけがなされているのだ。こうしてデリダは、不用意な類比を戒め、多くの相違に目配りをしつつも、コーエンとハイデガーの大学論に共通する素地を見いだす。[★28]

一九三三年に、ドイツ・フライブルク大学の総長に就任したハイデガーが行なった著名な講演「ドイツ的大学の自己主張」では、「ドイツ的大学の本質に向かう意志とは、学問の意志を、自らの国家において自らを知る、このような民族たるドイツ民族に課せられた歴史的精神的負託への意志とすることである」[★29]として、フィヒテばりに、大学が民族国家としてのドイツを担う義務について展開する。あるいはまた、ドイツ性とユダヤ性の、コーエンとハイデガーの屈折した解きがたい関係は、次のような点にも現われている。コーエンの思想を直接的に受け継いでいる弟子とされるのはエルンスト・カッシーラーであるが、カッシーラーとハイデガーは、新カント派コーエンの思想をめぐって、一九二九年に直接対決をしている。「ダヴォス討論」[★30]として知られるこの論争で、もちろんコーエンの思想を評価しているのはカッシーラーの側であるにもかかわらず、コーエンのもう一人の弟子であるローゼンツヴァイクは、「取り替えられた前線」として、実のところコーエンの思想の画期的な意味を理解し受け継いでいるのはカッシーラーではなくハイデガーの側であると言う。[★31] ナチス対ユダヤ人、ハイデガー対コーエンという対立軸がずれてしまっている。カントからドイツ観念論、新カント派、そしてハイデガーあるいは文化シオニストに至る系譜と、そのなかのドイツ・ユダヤ人哲学者らの思想関係および人間関係は錯綜しており、それらをハイデガーの側とユダヤ人の側などというように腑分けすることはそもそも不可能だ。だがむしろ、この分割不可能性にこそ、ヘブライ大学の両義性が孕まれていたと言えるだろう。

こうしてヘブライ大学に至るはずの思想史的検討は、ある一定の必然性をもって、ハイデガーの名前と、ハイデガーによる「ドイツ的大学の自己主張」との接点を見いだした。しかし、必然的であると同時に、これほど皮肉なこともあるまい。ナチズムから逃れるためにヨーロッパ・ユダヤ人はパレスチナに逃れ、ナチズム的排外主義を否定するために文化シオニストらはヘブライ大学を創設し、リベラルな新国家を目指したはずだったにもかかわらず、ナチズムへの迎合ないし積極的な荷担のメルクマールともされる一九三三年のハイデガーのこのフライブルク大学総長就任演説が、カントーノィヒテという媒介を通して、ヘブライ大学へと、そして文化シオニストらの主張したヘブライ大学の「普遍性」へと結びついてしまうのだから。

六

最後に、再びヘブライ大学の文化シオニストらの試行錯誤の現場に戻ろう。

ユダヤ人とアラブ人の対等な共存の一国家を目指すバイナショナリズム運動は、大学創設の一九二五年から初代学長を務めたユダ・マグネスによって支えられた部分がきわめて大きい。イデオロギー的側面を支えた哲学者らが理想主義に走る一方で容易に挫折や離反もしていったなかで、マグネスは、四八年のイスラエル建国の年に死去するまで一貫して立場を崩さず、幅のある思想的立場の哲学者らを運動へとまとめていった。

ゲルショム・ショーレムの優れた評伝でも知られるデイヴィッド・ビアールは、マグネスがショーレムを介してヴァルター・ベンヤミンをドイツからヘブライ大学にかなり熱心に招聘しようとしていたことを分析し、マグネスが、伝統的ユダヤ教には基づかない「世俗的なユダヤ哲学」を新しいヘブライ大学と新しいユダヤ人社会の基本に据えようとしていたことを指摘する。[★32] すなわち宗教国家にはしないが、たんなる形式的国家にもしない。だが同時に、マグネスの立場においては、「ユダヤ民族国家」というわけにもいかなかった。

マグネスにとって大学（university）を基礎づける普遍性（universality）とは、偏狭なナショナリズムを超克することであった。ビアールは、ベンヤミン招聘問題に続けて、政治シオニズムの主導者ハイム・ワイツマン（のちにイスラエル初代大統領）との対立を分析するなかで、マグネスがヘブライ大学を普遍主義への踏み台と位置づけ、そのために大学こそがユダヤ人とアラブ人の共存の場となるべきだと主張したという点を強調した。[★33] その先にあるアラブ人との共存によって普遍主義は実現されるというわけだ。宗教国家と形式国家の両極の否定だけでなく、民族国家をも否定したのだ。この点でマグネス学長は、ユダヤ哲学自体を普遍主義へと結びつけようとした哲学部のロスやベルクマンらとは一線を画していた。

しかし、世俗的ユダヤ哲学に基礎を置くことと、民族国家を否定することとは、いかに両立しうるのか。それは、他者との共存、アラブ人との共存という普遍性に資することによって初めて、ユダヤ・ナショナリズム（文化シオニズム）は正統性／正当性をもちうるという、逆説的とも言えるマグネスの確信によってであった。フィヒテ―ハイデガー的なアポリアの乗り越え可能性はここにしかないとでも言うかのように。

一九二〇年代からマグネスは、「普遍主義と民族主義」や「ユダヤ教と普遍主義」といった論考で、偏狭な民族主義を批判しつつも、ユダヤ教を捨てた根無し草のコスモポリタンになるのではなく、深くユダヤ教に根ざすことを通した普遍主義の獲得を訴えた。★34 だがマグネスは、ユダヤ人あるいはユダヤ文化が他者（アラブ人）の存在なしに単独で普遍性に到達するとは考えなかった。政治シオニストとして対立する理念をもつワイツマンに対する手紙で、こう明言した。

ユダヤ人の文化的中心を発展させていく政策は、ユダヤ人を大量移民させてマジョリティの地位を得てユダヤ国家を創設することに基づくのではなく、また、アラブ人から政治的権利を剝奪することに基づくのでもなく、反対に、パレスチナの地に、二つの民族と三つの宗教が一つの国家をなし、誰も特権をもつことなくすべての構成員が平等な諸権利をもつことを、つまり、ナショナリズムをインターナショナリズムの基礎とするような国家をこそ望むのだ。★35

もちろんこのかなり特異なユダヤ教解釈とナショナリズム解釈は、広い支持を得られないユートピア的なものであった。だが、そうした理想＝理念を思考において保持することこそ、哲学の役割ではなかったか――実現することなく失敗することが運命づけられているとしても。

（本稿は、拙著『ユダヤとイスラエルのあいだ――民族／国民のアポリア』〔青土社、二〇〇八年〕の第4章「ハンナ・アーレントと国家創設のプロジェクト」の一部と論旨が重なる。本稿では、ヘブライ大学そのものにより焦点を当てたが、思想史的文脈のより詳細な検討は同書全体を参照いただきたい。）

★1　Hannah Arendt, “Peace or Armistice in the Near East?”, in *The Jew as Pariah*. この文章は一九五〇年に発表されたが執筆されたのは四八年。

★2　*ibid.*, p. 205.

★3　*ibid.*, p. 212.

★4　*ibid.*, p. 213.

★5　“Ahad Ha’am Foresaw the Need”, in *The Hebrew University of Jerusalem 1925-1950: Semi-Jubilee Volume*, pp. 15-16 および Lotta Levensohn, *Vision and Fulfillment: The First Twenty-Five Years of the Hebrew University 1925-1950*, The Greystone Press, 1950, pp. 23-28.

★6　Bill Readings, *The University in Ruins*, Harvard University Press, 1996, pp. 14-15.（ビル・レディングズ『廃墟のなかの大学』青木健、斎藤信平訳、法政大学出版局、二〇〇〇年、二〇〜二一頁）

★7　*ibid.*, p. 56.（同書、七六頁）

★8　*ibid.*, pp. 56-57.（同書、七七〜七八頁）

★9　*ibid.*, p. 60.（同書、八二頁）

★10　*ibid.*, p. 65.（同書、八八頁）

★11　Norman Bentwich, *The Hebrew University of Jerusalem 1918-60*, Weidenfeld and Nicolson, 1961, p. 70.

★12　*ibid.*

★13　Neve Gordon and Gabriel Motzkin, “Between Universalism and Particularism: The Origins of the Philosophy Department at Hebrew University and the Zionist Project”, *Jewish Social Studies* vol. 9, no. 2, 2003, pp. 101, 107.

★14　ibid., p. 108.
★15　ibid., p. 110.
★16　Leon Roth, *The Hebrew University and Its Place in the Modern World*, The Jewish Historical Society of England, 1945, pp. 6-8.
★17　Gordon and Motzkin, op. cit., p. 113.
★18　ibid., p. 114.
★19　Hugo S. Bergmann, "Great Task", in *The Hebrew University of Jerusalem 1925-1950*, p. 175.
★20　Jacques Derrida, "Interpretations at War: Kant, le Juif, l'Allemand", *Phénoménologie et Politique*, Ousia, 1989, p. 209.（ジャック・デリダ「Interpretations at War――カント、ユダヤ人、ドイツ人」（鵜飼哲訳「現代思想」一九九三年五月号〜八月号）、翻訳箇所の参照は、五〜八月号の別／頁で示す。五／四六頁）
★21　*ibid.*, p. 212.（同前、五／五五頁）
★22　*ibid.*, pp. 226-228.（同前、六／一六六〜一六七頁）
★23　この点について、「ユダヤ教の源泉」を重視するか、「理性の宗教」を重視するかで、コーエンの二人の弟子、ローゼンツヴァイクとカッシーラーが立場を異にしたことを詳細に論じた、村岡晋一「ヘルマン・コーエン（一八四二〜一九一八年）――あるカント主義者のユダヤ主義」（「現代思想」一九九四年三月号「総特集＝カント」、青土社、一九九四年）参照。
★24　Herman Cohen, *Religion der Vernunft aus den Quellen des Jüdentums*, 2 Auflage, Neudruck, 1966, S. 36f. および、Karl Löwith, "Philosophie der Vernunft und Religion der Offenbarung in H. Cohens Religionsphilosophie", *Aufsätze und Vorträge, 1930-1970*, Kohlhammer philosophica, 1971.（カール・レーヴィット「ヘルマン・コーヘンの宗教哲学における理性の哲学と啓示の宗教」、村岡晋一訳（『ヘーゲルからハイデガーへ――現象学的存在論』、村岡ほか訳、作品社、二〇〇一年））参照。
★25　Löwith, *ibid.*, S. 150.（レーヴィット、前掲書、一八八頁）

★26 Derrida, *op. cit.*, p. 268.（デリダ、前掲論文、七／二九六頁）

★27 *ibid.*, p. 271.（同前、七／二九八頁）

★28 *ibid.*, pp. 273-274.（同前、七／二九九頁）

★29 Martin Heidegger, *Der Selbstbehauptung der deutschen Universität*, Vittorio Klostermann, 1983, S. 10.（マルティン・ハイデッガー「ドイツ的大学の自己主張」菅谷規矩雄、矢代梓訳（E・フッサール、M・ハイデッガー、M・ホルクハイマー『30年代の危機と哲学』清水多吉、菅谷規矩雄ほか訳、イザラ書房、一九七六年）、八九頁）。なお、『存在と時間』においては避けるべき用語とされていたはずの「精神」が、「ドイツ的大学の自己主張」で多用されていることについて分析を行なった、Jacques Derrida, *De l'esprit*, Galilée, 1987.（ジャック・デリダ『精神について――ハイデガーと問い』港道隆訳、人文書院、一九九〇年）参照。

★30 エルンスト・カッシーラー、マルティン・ハイデガー、トーニ・カッシーラー『ダヴォス討論（カッシーラー対ハイデガー）・カッシーラー夫人の回想抄』（岩尾龍太郎、岩尾真知子訳、《リキエスタ》の会、二〇〇一年）参照。

★31 フランツ・ローゼンツヴァイク「取り替えられた前線」村岡晋一訳（『現代思想』一九九四年三月号「総特集＝カント」、青土社）、一八四頁。その意義についての検討は、村岡晋一、前掲「ヘルマン・コーエン（一八四二～一九一八年）」参照。

★32 David Biale, "The Idea of a Jewish University", in W. M. Brinner and M. Richin (ed.), *Like All the Nations?: The Life and Legacy of Judah L. Magnes*, State University of New York Press, 1987, pp. 132-133.

★33 *ibid.*, pp. 134-135.

★34 Judah L. Magnes, "Universalism and Nationalism"(1924), "Judaism and Universalism"(1927), Arthur A. Goren (ed.), *Dissenter in Zion: From the Writings of Judah L. Magnes*, Harvard University Press, 1982, pp. 226-7, pp. 262-4.

★35 Judah L. Magnes, "To Chaim Weizmann"(1929), *ibid.*, p. 276.

第8章　ジャック・デリダにおける哲学と大学

西山雄二

教育の問いは私の仕事の全体を貫いています。学校、大学、メディアを問わず、私の政治・制度的な取組みのすべてを貫くものです。

ジャック・デリダ『パピエ・マシン』

ジャック・デリダはフランスでは伝統的な大学制度の門外漢にとどまり続けながらも、哲学、教育、大学の関係を実践と理論の両面で真摯に問い続けた思想家であった。[★1]

デリダは一九六〇年から、パリ大学ソルボンヌ校でジョルジュ・カンギレムらが属する「一般哲学・論理学」講座の助手を務め、授業も担当した。その後、彼はジャン・イポリットとルイ・アルチュセールの招聘によって母校・高等師範学校の講師となる。デリダは主にアグレガシオン準備学級「哲学史」の担当を務め、社会科学高等研究院（ＥＨＥＳＳ）に転属する八四年まで――「二〇年の職業訓練時代」（デリダ）――この講師の身分にとどまり続ける。アグレガシオンは、国家の規定にしたがって哲学史の伝統を再生産する役割を果たす国家試験であるが、デリダは受験用に哲学史の講義をおこない、数多くの学生の試験勉強を支援したのだった。

六七年に『声と現象』などの代表作を発表すると、デリダの活動はヨーロッパ内外に大きく展開していき、ベルリン大学やジョンズ・ホプキンズ大学、イェール大学など、数十の大学では定期的あるいは不定期に講義を担当するようになる。また、デリダは八〇年にフランスの国家博士号を取得したあと、コロンビア大学やケンブリッジ大学など、数多くの大学から名誉博士号を授与されている。彼は国家博士号の口頭試問に合格したあと、ポール・リクールのポストを引き継いでパリ大学ソルボンヌ校の教授職に就けることになっていたものの、横槍が入って最終的に却下されてしまう。また、後学の徒にとっても、「デリダ派」を名乗ることが研究職への道を不利にする状況ができていく。結局、デリダは八四年に社会科学高等研究院に転属し、晩年まで教鞭をとるのだが、この哲学の泰斗はフランスのいわゆる大学教授のポストに就くことはなかったのである。★2

一、哲学と教育をめぐる闘い——GREPH（哲学教育研究グループ）

一九七四年三月、フランス政府による中等教育改革の報告書が発表され、科学的学問を優先し哲学教育を大幅に減少させる案が明らかになると、デリダは教師や学生ら三〇名とともに哲学教育研究グループ（Groupe de recherches sur l'enseignement philosophique: GREPH）の創設のための草案を起草する。翌七五年になると、文部大臣ルネ・アビが改革を公言し、高校における哲学の授業時間を削減し、実用的な科学技術的学問を強化するという方針が公然となる。ＧＲＥＰＨは哲学教育の制度に関する理論的考察を積み重ねつつ、政府権力の哲学教育への反動的な介入に対して全面的に反対する。★3

ＧＲＥＰＨの理論的な検討作業の目的は、哲学と教育一般の本質的な関係を見定めることである。「哲学を教授するとはどういうことなのか」、「なぜ教育は哲学にとって不可欠なのか」といった原理的な問いから出発して、数々の具体的な主題が検討される。たとえば、プラトンの問答法、デカルトの省察、スピノザの倫理、ヘーゲルの百科全書《エンチクロペディー》的学といった言説諸形式に内在する教育的作用の分析、大学や研究機関など既存の教育制度の考察、そして、試験、論文、口頭発表、講義、ゼミといったあらゆる形の教育実践の分析がおこなわれる。哲学教育の歴史的な条件と機能が考察され、現在の教育システムにおける哲学教育の特殊性が再検討されるのである。こうした理論的な共同作業と平行して、政府関係者との交渉など、哲学教育をめぐる社会的闘争も進められる。ＧＲＥＰＨは参加者の多様性と意見対立をその最小限の存立条件とすることで、討議がアカデミックな空談に終始したり、過激な大学反対の駄弁に帰着したりしないように理論と実践の両面で配慮していた。

さて、アビ改革に反対するデリダの主張のなかで、とりわけ興味深い点を記しておこう。

まず第一に、「哲学の敵」の規定をめぐる問いである。たしかにアビ改革は中等教育を資本主義に奉仕する形で再編する試みであり、それは明らかに、経済的かつ政治的な思惑に裏打ちされた改革である。しかし、デリダはアビ改革の産学協同を敵視し、その経済的な合目的性をたんに忌避することでことを済まそうとはしない。彼が強調するに、この改革は、「なんらかの哲学を教え込むこと、あるタイプの哲学や哲学的な力の総体を支配的な立場で保持することを可能にする装置」★4である以上、哲学的な射程をも備えている。デリダはたとえば、当時六〇万部も刷られたアビの官僚主義的なパンフレット『教育制度の現代化のために』「もまた哲学テクストであり、ありのままに検討しなければならない」（DP241）と確言する。つまり、政治的かつ経済的な圧力を哲学の敵とみなし、哲学ならざるものによる哲学（哲学科目や哲学教育という閉域）の破壊とするのではなく、同じ地平を有する別の哲学、別の教育理念と交渉することが闘いの前提となるのである。

それゆえ第二に、重要となるのは哲学の変形を構想することである。デリダは哲学の固有性を前提にして、哲学を擁護する姿勢を廃し、あくまでも哲学の脱構築的な力に訴える。哲学が存続するとすれば、それは哲学の伝統的な形式や特徴を受動的に固守することによってではなく、哲学の従来の地平を変形することによってである。「二つの戦線、二つの舞台、二つの射程でつねに闘いながら、厳正で効果的な脱構築は、現在の哲学制度の（実践的）批判を展開し、同時に、いわゆる『哲学』教育の大胆で積極的――むしろ肯定的――な変形、しかも、その外延的かつ内括的な変形にとりかからねばならないだろう」（DP121）。哲学の代替不可能な役割をめぐって、デリダはこう述べている。つまり、哲学なるものそれ自体を変形の試練にかけ、交渉の過程に参入させることが重要なのである。こうした主張に反発して、政府の改革案ではなくGREPHの信じがたい試みこそが批判されるべきだとして、デリダらの活動から離れていった者もいたという。

政府に対してGREPHは大胆にも、既存の哲学教育時間を保持するのではなく、むしろ、哲学教育の枠をさらに拡大することを提案する。高校の最終学年のみならず、中学・高校の全学年で哲学教育を実施するべきだと訴える。生徒の学習の成熟度を踏まえると哲学教育は最終学年でしか実施できないという理屈に対して、デリダは、そうした進歩性の概念こそが伝統的な教育法の一部をなしているが、哲学は自然主義的な進歩性とは相容れないと答える。また、哲学は一個の全体的な体系に存するので、その包括的な教育のためには一年を費やさなければならないという習熟期間に関する考えに対しては、哲学のためには「一ヶ月、一週間、一時間、長い文章を読む時間、あるいは、まばたきの瞬間ではいけないのだろうか」と切り返す。実際、アンケート調査からは、多くの学生が哲学の早期の学習を望んでいることが明らかになっていた。

デリダは多様な人々と幅広く議論を展開することで、従来の哲学教育を変形しつつ拡張することをめざしていた。実際、ＧＲＥＰＨには中等・高等教育に属する教師（哲学科目以外の教師も含む）だけでなく、父兄や学生も含めて一〇〇名以上が参加した。その活動はパリからフランスの地方に広がり、ヨーロッパや南北アメリカの諸国にもこれに呼応するグループが現われるようになる。

ＧＲＥＰＨの懸命な活動にもかかわらず、政府は哲学教員数の削減をおこなうなど、哲学教育に圧力を加え続ける。新たに抗議の声を上げるために、デリダはリクール、ウラジミール・ジャンケレヴィッチ、フランソワ・シャトレらと共に準備委員会を組織し、七九年六月十六—十七日、パリ大学ソルボンヌ校で公開討論会「哲学三部会」を開催する。討論会は一二〇〇名ほどの参加者を集めて成功し、政府の哲学教育改悪を後退させる力となる。★5

デリダは開会講演で、哲学は特定の学問分野でもなければ、玄人好みの人生論でもないと告げる。「哲学への関心——かりにそのようなものがあるとして——とは、それ自身で、それ自身において、いかなる限界も有さない肯定のことです。かりにそのようなものがあるとして、こうした肯定は無条件的なものです。この場で考えなければならないのは、おそらく、このことです」(DP257)。哲学の公共的な必要性を議論するために、哲学の可能性を一般市民の見解にさらさなければならない。会場ではGREPHの会員たちはもちろん、哲学教員のみならず、大学人や教育関係者、学生、一般市民が自由に談論風発したが、その雰囲気は六八年五月を髣髴とさせたと伝えられている。自由な公開討論の場をもつことで、哲学と教育をめぐる議論は哲学者同士の狭量な協調組合主義に帰結することなく、公的な拡がりをもつことができたのである。

二、デリダの大学論——哲学の百科全書的《エンチクロペディー》モデルと大学の理念

デリダが一九九〇年に出版した、六五〇頁を超える大部の論集『哲学への権利について』には、七四年のGREPHの結成宣言から九〇年の「哲学および知識論委員会報告書」まで哲学教育制度に関わる活動に即して書かれた文章と、哲学と教育、大学をめぐる理論的な文章が収録されている。この時期、デリダはいくつかの大学論を執筆しており、カント、ヘーゲル、シェリング、フンボルト、フィヒテ、シュライアーマッハー、クーザン、ニーチェ、ハイデガーなどによる大学に関する諸言説が議論の俎上に載せられる。この大著の裏表紙には、「哲学への権利について」という「題名は戦闘的な書物(すべての人々の哲学への権利を理論と実践において承認しなければならない)を、ずっと以前から哲学への権利と結びついてきたものをめぐる考察と歴史の書物を告知する」と記されており、

「戦闘的（militant）」という形容詞が印象的に響く。たしかに、デリダは七〇年代に奇妙なテクスト群を生産し続け、実験的なエクリチュールに沈潜していたかのようにみえる。しかし、彼は同時に、哲学教育の理念や制度をめぐって考察を積み重ね、教育と哲学をめぐる社会的な闘争の渦中にあったのである。

デリダは六〇年代末頃から脱構築の論理を深化させる過程で、従来の大学制度から距離をおくようになる。とりわけ、彼が批判の矛先を向けるのは、大学の存在理念を哲学の統一性が保証するという哲学の存在－百科全書的《エンチクロペディー》なモデルである。

近代ヨーロッパにおいて、大学の理念はドイツの新人文主義の潮流のなかで洗練されていった。カントは学問の自由を大学の自由として定式化した最初の哲学者だが、彼は下級学部たる哲学部の自由と独立こそが、上級学部（神学、法学、医学）の批判的精神を保証し、それゆえ大学全体の理念を維持すると考えていた。また、フンボルトはベルリン大学設立の責任者として、古典の習得をめざす教養教育を掲げつつ、ドイツ観念論哲学の教育を核とした大型の教養人育成を大学の目途とした。シュライアーマッハーやフィヒテも主張するように、大学において学問の有機的統一性や完全性が実現され、純粋な学問的精神としての哲学がその要を成すとされたのである。フンボルトはたしかに、「大学の孤独と自由」を掲げて研究や教育の独立性を確保しようとしたが、しかし、社会とは隔絶した「象牙の塔」を築こうとしたわけではない。彼は大学を、教授や法律家、行政官などの国家エリートを育成しつつ、国民文化を形成する中心拠点とみなしてもいた。つまり、大学は俗世から離れつつも俗世に奉仕する。大学はその内部では諸学の宇宙を自立した仕方で形成し、その外部との関係においては、国民国家の全体像を構築するのである。このように十九世紀のドイツに出現したBildung（教養、陶冶）のための総合大学は近代的な大学のモデルとして、世界の大学に画期的な展望をもたらすのである。

デリダは、こうした哲学の百科全書《エンチクロペディー》的特質が諸学の宇宙《ウニヴェルシタス》としての大学を基礎づける事態に脱構築の論理を対置させる。哲学が諸学問の理念的統一として作用する限り、そのロゴス中心主義的な性格はますます強固なものとなる。さらには、そうした哲学の形而上学的な原理は国家の権力に奉仕する傾向がある。大学の一学部である哲学が大学の統一的理念を担うという逆説を、デリダはヘーゲルの絶対精神の百科全書《エンチクロペディー》的な体系になぞらえながら、次のように言う。「Universitasとは国家のこうした存在的かつ自己－百科全書《エンチクロペディー》的円環である。「市民社会」において、国家権力を自在に行使する勢力がいかなるものであれ、いかなる大学も、（「右派」にしろ「左派」にしろ）それが大学である以上、このモデルに依存している。あらゆる大学にはヘーゲルの時代がある」（DP225-6）。

周知のように、十九世紀を通じた学問の専門分化の結果、哲学は大学における特権的な地位をもはや占めてはいない。大学は必ずしも学問の統一性に基礎づけられなくなり、全人的教養の養成ではなく、専門的学識の研究教育に重点をおく大学も登場するようになる。こうした大学における哲学の立場の変化を踏まえながら、デリダはさらに、「哲学の死」が懸念されることは、往々にして、哲学の覇権に対する信仰の裏返しにすぎないのではないか、と指摘する。哲学の覇権主義的特質に固執し、百科全書《エンチクロペディー》的な知を要求する傾向が残される限り、議論は「哲学の覇権か、哲学の死か」という硬直した二分法で進められてしまう。つまり、デリダは、大学の理念がロゴス中心主義的、百科全書《エンチクロペディー》的

な体系と本質的な関係を結び、哲学の永続的な全能性への信仰を産み出すことを、脱構築の論理に即して批判するのである。★6

デリダは大学と哲学の関係を問いながら、哲学の覇権を信じるのでもなく、哲学の不滅を称揚するのでもなく、哲学の限界を問い続け、哲学を領域横断的な多様性へと開くことが重要だとする。それは、これまで周縁化されていた研究領域にも哲学的な問いが発せられるべく、哲学を可塑的に拡張していくことによって哲学を変形しつつ活性化させることである。しかし、こうした脱構築の論理は、従来の大学とは異なるいかなる研究教育制度として実現されるのだろうか。というのも、脱構築はプログラムでも計画でも企画でもなく、出来事の到来として経験されるしかないからである。「厳密な脱構築に一貫して従う、さらには、脱構築の後で残存する、そんな哲学教育（そのもの）や哲学制度（そのもの）のプログラムを構想することは〔……〕不可能ではないにしろ）困難である」（DP119）。脱構築を制度化するという「不可能ではないにしろ困難な」務めにデリダは実際に携わることになる。

三、隣接性の創造——国際哲学コレージュ★7

国際哲学コレージュ（Collège international de Philosophie: CIPH）は、フランス政府の依頼を受けて、デリダがシャトレらとともに、一九八三年十月にパリのデカルト通りに創設した研究教育機関である。産業・研究、文部、文化の三大臣の後押しを受け、経済的な支援を受けてはいるものの、基本的にはアソシエーション法に依拠して創立された半官半民の組織である。コレージュは哲学のみならず、科学や芸術、文学、精神分析、政治などの諸領域の非階層的で非中心的な学術交流によって新しいタイプの哲学を可能にするという、当時としては画期的な組織だった。

国際哲学コレージュは議長と国内外の五〇名のプログラム・ディレクター（フランス国内四〇名、国外一〇名）の合議制によって運営される。ディレクターは六年ごとに選出し直され（三年ごとに半数を改組）、議長も三年ごとに交代する。昇級や出世といった観念が幅を利かせないように固定的な人事制度が極力排され、コレージュは教師が通過するべき場所とされる。そもそも、コレージュでの仕事はすべて無報酬であるため、ディレクターらはほかに大学の研究職などを兼任している。

国際哲学コレージュの研究教育プログラムはすべて入場無料である。ただ、コレージュは大学の資格をもたないため、免状を取得することはできない。聴講者は学生や研究者、教師のみならず、仕事帰りの一般市民までさまざまな年齢層が集う。プログラムは講演会、シンポジウム、セミネール、研究会、書評会から構成されている。「講演会」は概括的で一般的な主題を扱う一回限りのもので、国外の著名な思想家が招待されることもある。「シンポジウム」は数日間開催される大規模なもので、年間に約十回程度開催される。各研究者が担当する二時間の「セミネール」はコレージュのカリキュラムの中核を成し、年間約四〇―五〇のセミネールが開催されている。「研究会」は一日かけて開催される数名の研究者の発表会で、特定の主題の理解と考察を深めることができる。そして、「書評会」は土曜の午前中（三時間）に頻繁に開催され、ある新刊書をめぐってその著者と五―七名の評者が討議するという有益な会である。

興味深いことに、コレージュは固有の施設を所有しておらず、その研究教育活動は固有の場所と必ずしも結びついてはいない。コレージュの大部分のプログラムは国民教育省が管理する建物の教室を間借りして実施され、同じ敷地内に常設されているのは事務局だけである。しかしほかにも、パリ第七大学の大教室や海外の大学など、いたるところでコレージュの授業や学術的催事はおこなわれる。大学の教員のなかには、自分が所属する大学のセミネールとコレージュのそれを同じ枠組みで実施する者もいて、その場合には、自分のゼミ生と一般聴衆が同じ授業を受けることになる。こうした仕組みは新参の出席者にはかなり奇妙に感じられる。

「〔教育研究制度の〕建築物に反対するとは言わぬまでも、少なくともその制約から離れて、国際哲学コレージュはその場を探し求める」[★8]――つまり、コレージュは特定の建物や施設のなかで運営されたり、これに帰属することから解放されようとするのだ。原則的に言えば、コレージュは参加者たちが哲学的思考を希求し、互いに交流するあらゆる場で生起するとされるのである。「不動の理論的‐制度的装置としての哲学の内にも、しかじかの知の内にも安住しない国際哲学コレージュのために、私たちが望んでいるものは、『誰かを行動に駆り立てる』可動的なスタイルである。スタイルとリズムが多様化することで、コレージュにおいては、危険を孕んだ実験的イニシアティヴに、ある場所から別の場所への挑発的な侵入に最大限の便宜が図られることになるだろう」[★9]。

なぜコレージュは固有の場という条件をかくも退け、研究教育に対してそのつど、場が与えられることを志向するのだろうか。それは、コレージュの主目的が異なる学問領域のさまざまな研究者間の創造的な対話の条件を整えることだからである。コレージュでは、既存の学問領域を相互に連関させることである種の学際性（interdisciplinarité）を一貫したカリキュラムとして構築するというよりも、研究分野間の隣接性（limitrophie）それ自体を無条件的に創造する試みが重視される。百科全書的な知の総体性を前提とすることなく、むしろ既成の学問領域の境界線を変容させることが大学とは異なるコレージュの役割とされるのだ。つまり、周縁的な領域にも哲学的な問いを発することで、哲学を領域横断的な多様性へと開くことがめざされるのである。「交差や交錯というモティーフはコレージュにとっての一種の憲章となるだろう」[★10]。こうした隣接性の問いは外在的および内在的な仕方で立てられる。哲学と他の学問領域との関係性、哲学という学問領域それ自体の変形という二重の意味で、哲学の外的および内的隣接性の新たな探求がなされるのである。一見すると、こうした哲学の多様化の試みはたんに国際化や学際化の潮流に迎合したものに映るかもしれない。だが、コレージュはむしろ、あえて時代錯誤的な呼称でもって、この試みを「哲学への回帰」や「哲学の再覚醒」[★11]として位置づける。つまり、時代の趨勢に妥協した結果、哲学の延命のためにその専門領域を拡散させるのではなく、そもそも、哲学は諸学問へと耳を傾けることで、それらの隣接性を変容させる力を潜在的に有するとされるのである。

ところで、フランスにおいて研究教育予算が逼迫し、高等教育の質の低下が顕著となるなかで、国際哲学コレージュのような大学以外の周辺的な制度になぜ政府が資金を投入しなければならないのか、という批判の声は哲学教師のなかからも絶えることはない。そうした批判に応接しつつ、コレージュは創設以来二〇年以上を経たわけだが、デリダは創立二〇周年記念のさいにカントの「啓蒙とは何か」を引用しつつコレージュの存在意義を確認した[★12]。カントは啓蒙の過程を未成年から成年への習熟によって比喩的に記述しているが、しかし、この理性の未成年状態は無垢や無責任と混同されてはならない。成熟なき未成年状態においても自らに罪責を感じ、責任を負う能力はある。多数派ではなく少数派にとどまるコレージュは未成年で未習熟の責任を負うことを基本理念としつつ、伝統的な研究教育組織と生産的な争いを展開するとされる。[★13]

四、大学の無条件性

一九九八年、デリダはスタンフォード大学で講演『条件なき大学』[★14]をおこない、グローバル化時代の政治・経済的状況を踏まえつつ、大学、とりわけ人文学の将来をめぐって彼自身の教師論、職業論、労働論を披露した。この原稿は二〇〇一年には上海の復旦大学でも読み上げられ、また、一九九九年にアテネのパンテオン大学で名誉博士号を授与したさいの記念講演「無条件性か主権性か――ヨーロッパの境界上の大学」[★15]でも大学の無条件性の問いが提起されている。『条件なき大学』は大学をめぐるデリダ自身の信仰告白であり、信の問いから出発するという点で独特な大学論である。しかも、講演の最後では信仰告白という形式自体も問いに付され、この講演のジャンル性そのものに疑問が提起されるにいたる。

デリダは「教師 professeur」や「職業 profession」の語源に立ち返り、動詞「professer（自らが信じていることを他者の前で公言すること）」という視点から大学、とりわけ人文学について論じる。

「professeur（教師）」や「profession（職業）」は知識やノウハウの習得をめざす「仕事（métier）」や、肉体的な苦痛を含意する活動としての「労働（travail）」とは区別される。教師に要求されるのは、「職業や教師の権威、想定されるその専門能力、職業や教師がもたらす確証よりも〔……〕、保持されるべき関与（アンガージュマン）、責任の宣言」[★16]であり、それは「信仰告白（profession de foi）」にも似た活動となる。デリダはこうして、知の伝達や習得、技法ではなく、知をめぐる告白や証言に似た振舞いから大学教師の職業を考察しようとするのである。

　デリダはさらに、大学、とりわけ人文学においては〈すべてを公的に言う権利〉が認められなければならないと言う。なぜなら、大学、とりわけ人文学においては真理のみならず、虚構《フィクション》をも含めて、人間の精神的活動の総体が無条件的に探究されるからである。なるほど、真理の際限なき追求という大学の規定は自明のものであり、たとえば、ヤスパースの『大学の理念』では「大学はあらゆる意味における真理が無条件的に研究される場所である」[★17]と記されている。だが、デリダのいう〈すべてを言う権利〉は真理と虚構との等根源的な作用を前提とし、真理探究を保証する枠組みである大学制度そのものの脱構築を孕んでいる点でよりラディカルなものである。デリダが〈すべてを言う権利〉を人文学の条件とするのは、まず、人文学という分野がもっとも虚構性の強い対象を扱うからであろう。もちろん、自然科学や社会科学における真理探究においても、論理的言説のみならず、虚構《フィクション》を通じて未知の領域を予測し仮説を導き出すことは必要である。デリダが〈すべてを言う権利〉を人文学（les Humanités）の使命としているのは人文学を特権視しているためでは必ずしもなく、むしろ広義の意味で、人間の本性（humanité）を新たに規定し直す可能性をこの権利に認めているからであろう。〈すべてを言う権利〉はもちろん事実として実現するはずがないのだが、しかし、この権利はつねに要求されるべき無条件性として大学に認められなければならないのである。

カントは『諸学部の争い』において、国家権力と深く関係する上級学部（神学、法学、医学）に対して、下級学部たる哲学部に「理性が公的に語る権利」を許容するべきだと主張した。上級学部は政治権力に影響を受けるものの、他方で、哲学部に無条件的な理性の権利を認められることで真理を探究する大学の自律性や固有性が保守されるのである。これに対して、デリダの言う〈すべてを言う権利〉は大学に固有な学問的自由とは異なる。学問的自由が大学の主権的独立を基礎づけ強化するのだとすれば、〈すべてを言う権利〉はむしろ、大学の固有性をも問いに付すことのできる権利である。「こうした類の大学は学問的自由と呼ばれるもののほかに、問題を提起したり、命題を提示したりするための無条件の自由を、さらに言えば、研究、知、真理についての思考が必要とする〈すべてを公的に言う権利〉を要請しますし、それらが原則的に承認されるようにしなければなりません[18]」。

たしかに、デリダは大学を〈すべてを言う権利〉のための貴重な場だと考えているが、しかし、それは唯一の場ではない。しかし同時に、この無条件的な権利は、大学のなかで認められつつ、大学の内部と外部の関係を変形させる脱構築的な力をも発揮することになる。「条件なき大学は、当の無条件性が告げられうるいたるところで生じ＝場をもち、自らの場を探し求めるのです[19]」。デリダは七〇年代の哲学教育をめぐる運動、八〇年代の「国際哲学コレージュ」の創設といったもろもろの実践を通じて、破壊と創造の限界上で教育制度の変形を考えてきた。大学の諸制度は真理を生産するための条件を成すが、〈すべてを言う権利〉はこうした諸制度に対する根本的な変形をも含んでいる。『脱構築とは制度という概念が依然として問題であり続けるような制度的実践である」（DP88）。この権利は大学における真理論と大学の制度論の結節点に働きかけるのだ。〈すべてを言う権利〉はその無条件性ゆえに、大学の主権をただ保存し続ける特権ではなく、大学を創造的な変形へと導く力なのである。哲学、教育、大学をめぐるジャック・デリダの理論と実践の軌跡は、脱構築のもっとも現実的な理論と実践を示していると言えるだろう。

★1　デリダと教育の詳細に関しては、『条件なき大学』（西山雄二訳、月曜社、二〇〇八年）収録の訳者解説で詳述したのでそちらを参照されたい。本稿の記述には同訳者解説と重複する箇所があることをお断りしておく。

★2　二〇〇八年暮れにセミネールの刊行が始まり、教育者デリダという論点が今後ますます明らかになるだろう。一九六〇―六四年のパリ大学ソルボンヌ校、六四―八四年の高等師範学校、一九八四―二〇〇三年の社会科学高等研究院でのセミネール原稿、また、ジョンズ・ホプキンズ大学（一九六八―七四年）やイエール大学（一九七五―八六年）、カリフォルニア大学アーヴァイン校（一九八七―二〇〇三年）などアメリカのセミネールでの発表原稿を含めて、のべ一四〇〇〇頁、四三巻のセミネール集が今後刊行される予定である。教育の現場で口頭で話すために書かれたこれらの原稿はデリダの教育者としての側面を明らかにするとともに、すでに刊行された著作に対する補論の役割を果たす。第一巻目『獣と主権者』（*Séminaire La bête et le souverain Volume I (2001-2002)*, Galilée, 2008）では、主権の概念とその諸形象の政治的かつ存在-神学的な歴史がマキャヴェリ、ホッブズ、ルソー、シュミット、ラカン、ドゥルーズ、ヴァレリー、ツェランなどのテクストに即して、人間の固有性に対する動物の規定性という概括的な問いと交差されつつ探究される。

★3　GREPHの一連の活動は、GREPH, *Qui a peur de la philosophie?* (Flammarion, 1977) にまとめられている。

★4　Jacques Derrida, *Du droit à la philosophie*, Galilée, 1990, p. 240. 以後、この論集からの引用はDPの略号を使用し、頁数を示すことにする。

★5　哲学三部会の記録は *États généraux de la philosophie: 16 et 17 juin 1979* (Flammarion, 1979) としてまとめられている。

★6　デリダは大学の諸制度を単純に否定したわけではない。博士論文の中断に関しても、彼はただ直截に、学術論文の形式を蔑視したり、学術的権威の妥当性を忌避したわけではない。彼は自分なりに、学術・教育諸制度の枠組みと交渉する可能性を模索していたのである。「この分野〔大学制度〕において、私は変移や交渉のこと――たとえそれがますます勢いを増す容赦のないものであっても――を考えているのです。とりわけ、政治的な理由、ほかならぬ伝統主義的な理由から、ある種の伝統は必要だと思っています。また、資格を正当化し授与したり、専門的能力を認可したりするための規律ある手続きは脱構築不可能だと考えています」(DP449)。

★7　国際哲学コレージュに関しては、François Châtelet et al., *Le rapport bleu: Les sources historiques et théoriques du Collège international de philosophie*, PUF, 1998 を参照されたい。

★8　«Protocole», in *Le rapport bleu, op. cit.*, p. 15.

★9　*Ibid.* デリダは一九八〇年代半ば、コーラの読解を通じて哲学と場所の関係を問うた。彼は建築家のピーター・アイゼンマンとの共同作業「コーラル・ワーク」に参加し、建築と都市の関係を問い直しつつ、同時に、建築的修辞と親和性の高い哲学のロゴス中心主義を脱構築しようとした。また、デリダは『コーラ』（一九八七年初出、守中高明訳、未來社、二〇〇四年）や『名を救う』（一九九一年執筆、小林康夫・西山雄二訳、未來社、二〇〇五年）などにおいて脱構築のトポスとしてコーラを解釈している。国際哲学コレージュを創設し、脱構築の論理を研究教育の場として具体化させるという試みと彼のコーラ読解は深く関係するものである。『コーラ』と教育の問いに関しては、拙論「大学の名において私たちは何を信じることを許されているのか」（『現代思想』二〇〇八年九月号）を参照されたい。

★10　*Ibid.*, p. 36.

★11　*Ibid.*, p. 20.

★12　国際哲学コレージュは、二〇〇九年三月現在、国民教育省による一方的な決定によってそのアイデンティティと存続の危機に曝されている。「兼務保証」という制度のおかげで、中等教育の教員（現在一五名）が本来の所属機関で教育活動を維持しつつ、パートタイム的にコレージュの研究プログラムを運営しているのだが、この制度が同年九月から撤廃されることになったのだ。この措置は「教育者は教育に専念するべきであり、哲学研究など不要である」という新自由主義的な政府の見解によるものであろう。フランスでは博士課程のあと、高校教師になって生計を立てつつ、博士論文を仕上げて、大学ポスト就職を狙うというパターンが少なくない。コレージュはその期間に若手がゼミを主催するというたぐい稀な機会を提供してきたのであり、代替案なく「兼務保証」を撤廃すれば、若手・中堅研究者による大学外での活動の機会を奪い、フランス哲学全体の創造性を著しく低下させてしまうだろう。

★13 *Rue Descartes*, nº 45, 2004, pp. 32-33.

★14 Derrida, *L'université sans condition*, Galilée, 2001.『条件なき大学』前掲訳書。

★15 Derrida, *Inconditionalité ou souveraineté : L'Université aux frontières de l'Europe*, Patakis, 2002.

★16 『条件なき大学』前掲、四六頁。

★17 カール・ヤスパース『大学の理念』福井一光訳、理想社、一九九九年、九八頁。

★18 『条件なき大学』前掲、九頁。強調引用者。

★19 同前、七二頁。

※本稿は日本学術振興会科学研究費補助金若手B「哲学、教育、大学をめぐるジャック・デリダの理論と実践」（課題番号20720002）の成果である。

第2部

第9章　欧州高等教育再編と人文科学への影響

大場　淳

知識経済と言われる今日、知の生産と活用は国際競争の勝敗を握る鍵とされる。大学は知識生産や技術革新、人材養成において中心的な役割を果たすことが期待され、各国は大学の生産性向上を目的としたさまざまな高等教育・研究政策を展開してきた。その結果、大学は選択・集中的な研究費配分政策の下で絶えざる競争に晒されつつ卓越性を追求することが求められる一方で、大学教育の大衆化によって国民の知的水準の向上を図るといった矛盾する使命を負わされるようになっている。欧州では、かかる変化に対応しつつ、二十世紀末から全欧的に高等教育の再編が進められてきた。それは大学の教育研究、なかんずく人文科学に大きな影響を与えている。

本稿は、欧州における高等教育再編ならびにそれが人文科学に与える影響を概観するものである。ただし、欧州全体の動向を取り扱うのは困難であるので、後者については特にフランスを取り上げて記述する。

一、欧州における高等教育再編——ボローニャ・プロセスとリスボン戦略

経済統合に加えて政治的統合が進む欧州において、二十世紀末、二〇一〇年を目標として域内における大学[★1]の将来を左右する二つの政策が打ち出された。一九九九年のボローニャ・プロセス（欧州高等教育圏構想）と二〇〇〇年の欧州研究圏構想（以下「両構想」と言う）である。前者は各国の高等教育制度の収斂を図りつつ透明性・流動性を高めることによって、欧州高等教育の国際的競争力を強化することが主たる目的である。欧州高等教育圏は欧州連合（ＥＵ）の枠組みで構想されたものではなく、高等教育担当大臣会合の合意にもとづく政策であり、その加盟国はＥＵのそれとは一部異なっている。後者は欧州委員会（Commission of the European Communities）の政策であって、二〇〇〇年の欧州評議会（Council of Europe）で採択されたリスボン戦略に組み込まれ実施されている。当該戦略は二〇一〇年までに欧州を世界でもっとも競争的で活力ある知識基盤経済とすることを目標とし、大学はその目標を達成するための人材養成・研究開発のもっとも重要な手段とされている。

両構想によって、従来から各国独自の政策が展開されてきた高等教育においても統合が図られ、欧州全体に及ぶ共通の枠組みの下で高等教育改革が進められることとなった[★2]。とは言え、高等教育における欧州全体の取組みは両構想に始まったわけではなく、一九七六年に始められた共同学習事業を引き継ぐエラスムス計画、国内学修認証情報センター（ＮＡＲＩＣ）、欧州単位互換制度（ＥＣＴＳ）

など数多い。しかしながら欧州高等教育圏は、そうした従来からの協力の枠組みを越えて構想されており、その目的とするところは非常に幅広いものとなっている。欧州を代表する高等教育研究者であるタイヒラー（二〇〇六）は、「ボローニャ・プロセスは、高等教育の将来に関する明確な共通展望にもとづいたものではない。鍵となる多くの問題は曖昧であり、相反する点や矛盾したところがある」とし、特に、構造上の収斂、各国の高等教育システムの同質性と多様性の程度、カリキュラムの「収斂」または多様性、付随する措置の役割の四つの問題が未解決であって、ボローニャ宣言から五年を経てもこれらの問題に明確な答えを出すことはできていないと指摘しつつ、ボローニャ・プロセスは「高等教育における国際化政策の基本的なパラダイム・シフトの表現」であって「主として世界の中のヨーロッパという問題」への取組みであると結論づけるのである。

ボローニャ・プロセスとリスボン戦略は違った枠組みで始められ目的を異にするものであるが、次第に後者に前者が吸収されるかたちで両構想が収斂する傾向が認められる[★3]（Froment, 2007; Vinokur, 2008; Wende, 2007）。すなわち、高等教育に焦点を当てた前者がより広範な政策である後者に取り込まれ、高等教育政策は知識基盤経済に向けての政策の一環とされているのである。これらの政策は、近年欧州全般に見られる新自由主義政策と軌を一にする競争重視のパラダイムにもとづいており、両者相俟って大学間の競争や教育の職業専門化をいっそう促すこととなった[★4]。そして、ボローニャ・プロセスの枠組みで整備された質保証制度は、リスボン戦略が目的とする大学の卓越性の追求にも用いられることとなったのである（Amaral, 2007; Froment, 2007; Musselin, Froment et Ottenwaelter, 2007）。

両構想で推進される高等教育再編の主たる力学は、テシェラほか（Teixeira et al., 2004）が指摘するように市場化（marketisation）と表現されよう。市場化は民間活動の規制緩和や行政機関への新公共経営（NPM）適用によって、機関の自律性拡大、事前統制から事後統制への移行、説明責任の確保といったかたちで現われる。これは近年の日本の高等教育改革で見られた大学設置基準大綱化や国立大学法人化等と方向性を同じくするものである。[★5] そして、大学の教育研究は、市場で提供される「商品」や「サービス」といった扱いを受けるようになる。その質を担保することを目的とするものが「質保証（quality assurance）」であるが、その「質」は学術的な見地からではなく利用者側の視点にもっぱらもとづくものである（Garcia, 2006）。質保証制度の確立は市場化された高等教育における政府の重要な役割であり、今日、高等教育政策における最重要課題のひとつとなっているのである。ミュスラン（Musselin, Froment et Ottenwaelter, 2007）が、多様な要素を含む欧州高等教育圏の本質は共通の学位構造構築と並んで質保証であると指摘することは十分に首肯されよう。

二、人文科学への影響

ボローニャ・プロセスとリスボン戦略によってもたらされる欧州高等教育再編は、大学の教育研究、特に後者の対象から大幅に除外される人文科学に多大な影響を与えている。たとえばヘンケル（Henkel, 2007）は、大学が公的資金以外に依存する割合が増えた結果、市場での競争に晒されることによって大学の知的多様性が阻害され、特に技術革新に関連する研究の重点化によって人文科学が脅かされていることを指摘している。本節では、若干の歴史的経緯も含めて、ボローニャ・プロセスを主導したフランスを中心に欧州の人文科学の状況を概観する。

(1) 大学教育における人文科学の発達

フランスにおける高等教育大衆化にさいして、大幅な学生数増を受け止めたのは主に大学の社会科学とともに人文科学系の諸学問領域である (Lisle, 2002)。戦後の人文社会科学の発展は社会再建のための手段として促されたものであって、そうした傾向は西側諸国に共通して見られた (Martin, 2002)。学生数がほぼ頂点に達した一九九四―一九九五年度、フランスの大学生一四〇万人のうち五三・五万人は人文科学系の登録者であって全体の三八%を占め、その割合は前年度の三四%から大幅に上昇していた (Renaut, 1995)。

人文科学の規模拡大はその教育研究の発展に大きく寄与したが、大衆化にともなう影響をもっとも強く受けたのも当該学問領域である。もとより人文科学は社会科学と比較しても修了後の進路が不明確な領域であり、学力や意欲に乏しい者を含めて大量の学生を受け入れたことによって、多数の留年・退学者を出すのみならず、大学は修了者についてもその就職の問題を抱えることとなった。一九九五年に国民教育省に提出された大学改革案のロラン報告 (Laurent et al., 1995) は、人文科学系を中心としてその教育の職業専門化 (professionnalisation) の推進を勧告している。

大学教育における職業専門化は、一九六六年の技術短期大学部 (IUT) 設置に始まり、翌々年の大学紛争を経て、経営のための応用情報処理メトリーズ課程 (MIAGE) や高等専門職課程

（DESS）など一九七〇年代に大幅な拡大を見た（Maillard et Veneau, 2006）。一九八四年の高等教育法（サバリ法）は大学と職業界の連携を規定し、職業に対応する教育の提供を大学に求めた。一九九〇年代にはさらに実践性を重視した大学附設職業教育部（IUP）や職業修士課程が設置され、ボローニャ・プロセスに対応した二〇〇二年のLMD（学士・修士・博士にもとづく教育課程）導入を経て今日にいたっている。職業専門化は社会科学系や理工系の教育に留まらず、人文科学系の教育にも及んだ。たとえば、人文科学系の大学であるレンヌ第二大学では、最初の二年の課程である大学一般教育課程（DEUG）において、文学、社会学、心理学等の領域ではもっぱら専門基礎教育が行なわれていたが、落第者が非常に多いことが長年課題となっていた。調査によってその主たる理由が職業との連関が薄いことにあると判断された結果、副専攻の設置等によって単一学問領域による教育の打破が図られ、さらに就職先に五職業分野（文化、教育、企業経営・行政、保健福祉、その他）を設定して、すべての専攻が全学生の教育に当たることとしつつ教育課程の全面的改革が図られた（Esccufer, 2002）。

LMDの導入を挟んで、大学で学ぶ学生数を見たのが表である。二〇〇〇―二〇〇一年度における人文科学系の学生は四八万人（全体の三四%）であったのに対して、二〇〇六―二〇〇七年度は四五万人（全体の三二%）であった。前述のように一九九四―一九九五年度に三八%を占めていたことに鑑みれば人文科学系は減少傾向を示しており、二〇〇七―二〇〇八年度はさらに三一%に減少している。[★6] アレゼール（ARESER, 1998）やコキュラ（Cocula, 2002）、ディザンブール（Dizambourg, 2007）は、多くの学生にとって人文科学は魅力に欠ける学問領域であって、しばしば他に選択肢がない者の行き先と

（単位：人）

		2000-2001 年度（仏本土のみ）				
合計	割合	第一期	第二期	第三期	合計	割合
178, 365	12. 7%	85, 737	62, 245	31, 128	179, 110	12. 7%
134, 728	9. 6%	38, 108	47, 802	24, 078	109, 988	7. 8%
41, 368	3. 0%	31, 718	19, 747	631	52, 096	3. 7%
104, 149	7. 4%					0. 0%
	0. 0%	64, 579	43, 221	11, 648	119, 448	8. 5%
108, 829	7. 8%	78, 575	49, 551	6, 131	134, 257	9. 6%
232, 500	16. 6%	100, 014	93, 605	33, 740	227, 359	16. 2%
5, 576	0. 4%					0. 0%
165, 377	11. 8%					0. 0%
	0. 0%	63, 446	27, 555	12, 503	103, 504	7. 4%
	0. 0%	14, 340	62, 012	16, 865	93, 217	6. 6%
71, 320	5. 1%	38, 194	28, 890	15, 829	82, 913	5. 9%
36, 641	2. 6%	25, 165	17, 903	1, 069	44, 137	3. 1%
21, 183	1. 5%					0. 0%
154, 082	11. 0%	36, 340	23, 473	54, 299	114, 112	8. 1%
31, 290	2. 2%	10, 419	5, 085	10, 739	26, 243	1. 9%
113, 769	8. 1%	118, 829			118, 829	8. 5%
		705, 464	481, 089	218, 660	1, 405, 213	
1, 399, 177		719, 469	487, 589	219, 881	1, 426, 939	
354, 461	25. 3%				341, 194	24. 3%
451, 054	32. 2%				481, 064	34. 2%
236, 697	16. 9%				279, 634	19. 9%
185, 372	13. 2%				140, 355	10. 0%

出典：フランス国民教育省統計 RERS2007 6. 4 (p. 179) & RERS2001 6. 5 (p. 165)

なっていると指摘するが、当該減少傾向はこのような指摘を裏づけていると思われる。[★7] また、就職に関しても人文科学系の修了者は不利な立場にある。二〇〇六年に正規採用された者は全体の五九％に対して同系では四七％に留まり、また正規採用者のうち四七％は任期付き採用である（全体の平均は三〇％）。そして、就職についての不満を有する者が全体平均を上回っている（一七％対一三％）（Oui et Vaillant, 2008）。

　しかしながら、人文科学の諸領域が一様に退潮傾向を示しているわけではない。たとえば、文学への登録者が減少傾向を示す一方で、美術史、社会学、心理学は学生を増やしている。また、言語においては中等教育

大学における領域別学生数

	2006-2007年度（仏本土＋海外県）		
	学士	修士	博士
1 法学・政治学	105, 774	63, 842	8, 749
2 経済・経営	73, 364	56, 575	4, 789
3 経営管理	33, 883	7, 485	
4 文学・言語学	71, 689	25, 173	7, 287
5 文学・言語学・芸術			
6 語学	88, 063	17, 914	2, 852
7 人文社会学	149, 596	67, 080	15, 824
8 文学・言語学・人文科学複合領域	2, 541	2, 996	39
9 基礎科学および応用	83, 604	66, 180	15, 593
10 科学・物質構造			
11 科学技術（技師のための科学）			
12 自然・生命科学	41, 120	19, 961	10, 239
13 体育・スポーツ科学技術（STAPS）	29, 509	6, 608	524
14 学際的領域	19, 941	1, 113	129
15 医歯学	53, 545	98, 926	1, 611
16 薬学	11, 655	19, 033	602
17 技術短期大学部（IUT）	113, 769		
合計（海外県を除く）			
合計（海外県を含む）	878, 053	452, 886	68, 238
社会科学系合計（1-3）			
人文科学系合計（4-8）			
科学技術系合計（9-12）			
医歯薬系合計（15-16）			

の教員採用が大きな影響を与えるが、それを反映して英語がいっそう拡大する一方で、スペイン語を除く他の欧州言語、欧州外言語の人気は低下している（Cocula, 2002）。志望動機や入学後の進路を視野に入れると、人文科学の状況はさらに複雑である。人気が高まっている心理学では四〇%が進路変更ないし学業を放棄する一方で、低迷気味の文学の大半は第一希望で入学した者であって、不本意入学者は一二%に留まる。ただし、その文学の学生についても、より職業志向の強い情報通信分野の学生の就職率は六四%（二〇〇六年）で全体の平均より一一%下回っている。また、哲学を専攻する学生は少ないものの（二〇〇六―二〇〇七年度約二、

六〇〇人)、基礎的教養科目の一環として受講する者が増えている(Oui et Vaillant, 2008)。

いずれにせよ、高等教育の大衆化等が人文科学に与えた影響は、このように数的に示される情報から全容を知ることは困難である。おそらく質的な変化の方が数字で示される量的変化よりもはるかに大きいであろう。たとえばカーナンは、米国の高等教育における大衆化等にともなうもろもろの構造上の変化は特に人文科学に影響を及ぼしたと述べている(カーナン編、二〇〇一)。また、大学教育では教授(teaching)から学習(learning)へといったパラダイム転換があったと言われるが(Barr and Tagg, 1995)[★8]、その影響をもっとも受けたのは人文科学であろう。フランスの大学では、LMD導入にさいして基礎的な教育研究組織である教育研究単位(UFR)には手を付けられなかったものの[★9]、学士課程教育の大括り化が図られ、明確な達成目標にもとづいた教育を提供することとなった。そして、教育実施の責任主体は各UFRではなく、複数の学問領域の教員、職員、場合によっては学生を含んで構成される教育チーム(équipe de formation)が責任を有する体制に改められた。また、修士(研究)・博士課程においても、研究のみならず職業を念頭に置いた教育の重要性が強調されている[★10]。大学教育が学習中心になるにともなって、人文社会科学の伝統的教育のありかたは覆されつつあるのである。

(2) 競争的環境における人文科学

日本においては、科学技術基本法の制定(一九九五年)および第一期科学技術基本計画(一九九六—二〇〇〇年度)の策定を経て、研究費の大幅な増大が図られた。科学技術基本計画には科学技術と人文科学の調和的発展や科学技術への人文科学の視点の折り込み等が盛り込まれていたが、そもそも科学技術基本法は人文科学（社会科学を含む）を除外しており（第一条）、その主対象は自然科学と技術開発であった。[★11] リスボン戦略の主対象が理工系の科学であることは右に述べたが、フランスにおいても人文科学は研究・科学技術政策からは除外されることが多く、また、含められても自然科学の発想で政策が実施されることがしばしばであった（Renaut, 2005）。一九八二年の仏研究・技術開発基本計画法（法律第八二―六一〇号）の附属報告書[★12]は、研究政策における人文社会科学の地位が非常に低いことに危惧の念を呈しつつ、基礎研究および応用研究の双方にわたって抜本的に推進方策を実施することを求めた。しかしながら、最近になっても予算や人的・物的資源に恵まれない状況は改善されておらず、学生数が多いにもかかわらず人文社会科学、特に人文科学はもっとも予算の乏しい学問領域であるとともに、その博士号取得者の就職や若手研究者の雇用不安定が近年大きな問題となっている（ARESER, 1998; Bauchet, 2004; Coordination RES, 2003）。

リスボン戦略で設定された研究投資にかかる目標（対ＧＤＰ比三％）は達成されていないものの、同戦略はフランスの高等教育・研究に大きな影響を与えた。同国における近年の改革の重点方策は、機関間の連携・統合を促しつつ、選択と集中ならびに競争を推進し、さらに事後評価によって選抜を進めるものである（大場、二〇〇九）。二〇〇一年制定（二〇〇六年全面実施）の予算組織法（ＬＯＬＦ）によって予算執行に関する大学の自律性拡大が図られたが、ＬＯＬＦにもとづく予算書は高等教育の目標を大学の教育研究の卓越性ならびに国際的認知の確保であるとし、各種評価指標を設けてそれに向けた努力を各大学に促すこととなった。二〇〇五年には競争的研究資金によって戦略的に研究を推進する国立研究機構（ＡＮＲ）が設置され、二〇〇七年、形成的評価を中心に大学評価を実施していた大学評価委員会（CNE）は、総括的評価機関としての性格が強い研究・高等教育評価機関（AERES）に統合された。AERES設置は二〇〇六年の研究計画法によるものであるが、同法は大学間および大学外の機関との連携・統合を促す研究・高等教育拠点（PRES）とテーマ別先端研究ネットワーク（RTRA）の制度を設けている。その翌年には大学の自律性を拡大する大学の自由と責任に関する法律（LRU）が制定された（二〇〇九年から順次適用）。さらに二〇〇八年、仏ガス公社（EDF）の株式売却利益の五〇億ユーロを基にした特別予算で集中的に施設整備を行なう「キャンパス計画（Opération Campus）」によって、主としてPRESを対象として一〇計画が採択された。

こうした政策展開の比較的早い段階である二〇〇三年から二〇〇四年にかけて、研究予算の不足や若年研究者の不安定な地位の改善を求めて国立科学研究センター（CNRS）の研究者を中心として「研究を救おう！（Sauvons la recherche: SLR）」運動が起こり、その結果が研究計画法に反映されるとともに研究予算の大幅増額が図られたことは日本でもよく知られたところである（岡山、二〇〇八）。しかしながら、SLRの運動およびそれにともなう検討においては、人文科学も社会科学も考慮されることはほとんどなかった（Bauchet, 2004）。機関の自律性や競争を重視し、さらに連携や企業への成果移転に重点を置く近年の施策は、自然科学の研究者と比較して単独で研究を行なうことが多い人文科学（Bauchet, 2004; Kyvik, 1995）に対して不利に働くなど、さまざまな面で悪い影響を与えている（Dizambourg, 2007）。★13

三、結語

人文科学は、戦後の高等教育拡大期において学生の大半を受け入れることによって大衆化に寄与する一方で、職業専門化といったかたちでその影響をもっとも強く受けた学問領域である。そして、近年の欧州高等教育再編、特にリスボン戦略がボローニャ・プロセスをも取り込んで各国の高等教育政策に浸透していくなかで、資金配分や大学評価において人文科学が非常に不利な状況に置かれつつある状況を見た。かかる困難な状況は、欧州以外でも本稿で言及した米国のみならず、アジア・太平洋諸国でも新自由主義的改革が進められるなかで生じていることが報告されている。★14 また、多くの途上国の研究大学において、理工系の学問に比べて利益にならないとして冷遇されることが少なくない（Altbach et al., 2007）。

しかしながら、人文科学の社会における役割や存在意義は問うまでもなく、その衰退が許されないことは明白である。本稿はその必要性自体を検討するものではないが、今日的状況を踏まえた場合、課題となるのはいかにして当該必要性を人々に認知させるかであろう。市場化には適さない人文科学の維持発展には競争によらない公的資源配分が欠かせないが、行財政において透明性が強く求められる以上、資源配分を受けるためにはなんらかのかたちで説明責任を果たすことは避けられない。これまでの学術・科学技術政策における人文科学振興方策は主として経済的利益や直面する課題への対応を前面に出すものであったが、[15]理工系同様に卓越性や社会への直接的貢献へ向けて競争を促し、卓越性や貢献度にもとづいて評価するといった図式は大きく変わるものではない。人文科学にはかかる図式が馴染まない学問領域が多い以上、結局のところそれに適した評価手法を人文科学研究者自らが発展させる必要があるのではないだろうか。

今日、学術的活動の社会的評価を左右する代表的要因に、論文引用指数等の世界的指標や大学ランキングが含まれることは認めざるを得ないであろう。それらは根本的な問題を内包し、多くの者は当該問題を認識している一方で、学生（特に留学生）の進路選択や大学の世界的名声に大きな影響を与えているのは事実である。マージンソン（Marginson, 2008）が述べるように、適切な評価基準がなければ、人々は悪いと知っていても指標等を使ってしまうのである。そうであれば、人文科学にとっての選択肢のひとつは、現在あるものより適切なものを作ることであろう。たとえば欧州では、特に上海交通大学のランキングを意識して、新しいランキングの検討が始められている。[16]また、中国では人文社会科学の独自の指標（ＣＳＳＣＩ）が設けられている。こうした試みがさまざまな問題を抱えていることは事実であるが（もしかしたら現行制度は弊害の方が大きいかもしれない）、他方において、主として近隣のアジア諸国との協力も視野に入れつつ、日本においても人文科学の評価基準となるような指標等の可能性を関係者自らが検討していく必要があるのではないだろうか。そうでなければ、数十年来議論の俎上に上っていた国立大学の法人化が大学改革の枠外の力で上意下達的に決定されたことに鑑みても――その責めの一端は、その間議論を怠った国立大学関係者が負うべきである――、早晩外部の者によってなんらかの説明責任を問う仕組みが作られることであろう。指標等はひとつの可能性にすぎないが、人文科学が社会の認知を得るための方策の検討を当事者自らの手で行なうことが強く期待されるのである。

参考文献

天野郁夫（一九九九）『大学――挑戦の時代』、東京大学出版会。

天野郁夫（二〇〇四）『大学改革――秩序の崩壊と再編』、東京大学出版会。

大場淳（二〇〇九）「高等教育の市場化：平等と卓越の狭間で――フランスにおける公役務概念の変化に着目して――」、大学論集第四〇集、出版予定。

岡山茂（二〇〇八）「大学改革の日仏比較と学長たちの惑星的思考」、『現代思想』第三六巻一二号（二〇〇八年九月号）、一四三―一五三頁。

カーナン、アルビン編（二〇〇一）『人文科学に何が起こったか』、玉川大学出版部。

木戸裕（二〇〇八）「ヨーロッパ高等教育の課題――ボローニャ・プロセスの進展状況を中心として――」、レファレンス、六九一、五―二七頁。

タイヒラー、ウルリッヒ（二〇〇六）『ヨーロッパの高等教育改革』、玉川大学出版部。

Altbach P. G. et al. (2007) *World Class Worldwide: Transforming Research Universities in Asia and Latin America*. Baltimore: Johns Hopkins University Press.

Amaral A. (2007) Higher education and quality assessment: The many rationales for quality. In *Embedding Quality Culture in Higher Education: A Selection of Papers from the 1st European Forum for Quality Assurance*, Edited by Bollaert, L. et al., EUA, Brussels, 6-13.

ARESER (1997) *Quelques diagnostics et remèdes urgents pour une université en péril*. Paris: Raisons d'Agir éditions.

Barr R. B. and Tagg J. (1995) From Teaching to Learning - A New Paradigm for Undergraduate Education. *Change*. November/December, 13-25.

Bauchet P. (2004) Le malaise de la recherche en sciences humaines et sociales. *Rayonnement du CNRS*. HS octobre.

Commission of the European Communities (2000) *Towards a European research area*. Brussels: Author.

Cocula A.-M. (2002) La problématique et les enjeux. In *La professionnalisation des filières littéraires*. Rencontres du 23 octobre 2001, édité et publié par l'AMUE, Paris, 1-2.

Coordination RES (2003) *Livre noire sur les universités françaises*. http://membres.lycos.fr/manifestes/.

Dizambourg B. (2007) Transformations universitaires: un modèle international? *Revue internationale d'éducation*. n° 45, 17-25.

Escoufier Y. (2002) Premier cycle: La politique de parcours diversifiés et de professionnalisation. In *La professionnalisation des filières littéraires*. Rencontres du 23 octobre 2001, édité et publié par l'AMUE, Paris, 3-7.

Fave-Bonnet M.-F. (2007) *Du processus de Bologne au LMD: analyse de la "traduction" française de "quality assurance"*. Communication à la conférence RESUP des 1-3 février 2007, Paris.

Froment É. (2007) Quality assurance and the Bologna and Lisbon objectives. In *Embedding Quality Culture in Higher Education: A Selection of Papers from the 1st European Forum for Quality Assurance*. Edited by Bollaert L. et al., EUA, Brussels, 11-13.

Garcia S. (2006) L'assurance qualité: un outil de régulation du marché de la formation supérieure et de gestion des universités. *Cahier de la recherche sur l'éducation et les savoirs*, 5, 69-93.

Henkel M. (2007) Changes in the governance and management of the university: the role of governments and third-party agencies. In *Changing Governance in Higher Education: Incorporation, Marketisation, and other reforms - A comparative study* -. COE Publication Series 29, RIHE, 3-14.

Laurent D. et al. (1995) *Universités, relever les défis du nombre*. Groupe de réflexion sur l'avenir de l'enseignement supérieur, Paris: MEN.

Kyvik S. (1995) Are big university departments better than small ones? *Higher Education*. Vol. 30, 295-304.

Lisle É. (2002) Les sciences sociales en France: développement et turbulences dans les années 1970. *Revue pour l'histoire du CNRS*. n° 7.

Maillard D. et Veneau P. (2006) La "professionnalisation" des formations universitaires en France: du volontarisme politique aux réalisations locales. *Cahiers de la recherche sur l'éducation et les savoirs*. n° 5, 95-119.

Musselin C., Froment É. et Ottenwaelter M.-O. (2007) Le processus de Bologne: quels enjeux européen? *Revue internationale d'éducation*. n° 45, 99-110.

Oui M. et Vaillant E. (2008) Fac: la vérité sur 15 filières. *l'étudiant*. n° 70, 70-86.

Teixeira P., Jongbloed B., Dill D. and Amaral A. (2004) *Markets in Higher Education: Rhetoric or Reality?* Dordrecht: Kluwer.

Vinokur A. (2008) La loi relative aux libertés et responsabilités des universités: essai de mise en perspective. *Revue de la régulation Capitalisme, institutions, pouvoirs*. n° 2, janvier.

Wende M. van der (2007) Internationalization of Higher Education in the OECD Countries: Challenges and Opportunities for the Coming Decade. *Journal of Studies in International Education*, Vol. 11, 274-289.

★1　ここで言う「大学」には他の高等教育機関も含まれる。

★2　高等教育に関するEUの政策は強制力をともなうものではないが、EUが目標やその達成度にかかる指標を設定し、各国に進捗状況を報告させることによって、その実施を強く促している。

★3　ただし、リスボン戦略で対象とされる高等教育は理工系科学（hard science）を中心とする研究や技術革新に関わるものであって、そうした限定性はボローニャ・プロセスの展開に大きな影響を与えている（Froment, 2007）。

★4 さらに、職業教育にかかるコペンハーゲン・プロセスで設定される資格枠組み（European Qualifications Framework）が高等教育と職業教育の参照可能性を図ることを推進している（木戸、二〇〇八）。

★5 日本における高等教育市場化については、天野（一九九九、二〇〇四）参照。

★6 国民教育省 note d'information 08. 28.

★7 ただし、科学技術系の割合も低下しており、より職業専門性が強い医歯薬系が大きく伸びている。

★8 わが国では、二〇〇〇年の文部省調査研究協力者会議報告書「大学における学生生活の充実方策について」（廣中報告）で、「教員中心の大学」から「学生中心の大学」へといったかたちで捉えられている。また、二〇〇八年の中央教育審議会答申「学士課程教育の構築に向けて」でも学習中心（学習成果の重視）が色濃く反映されている。

★9 後述の大学自由・責任法（二〇〇七年制定）で組織編成に関する自律性が拡大された。

★10 英国においても、二〇〇一年の人文科学系を含む財政審議会の共同声明 "Joint Statement of the Skills training requirements for research students" が、研究に従事する学生に対してコミュニケーション、ネットワーク、チームワーク、キャリア管理等にかかる能力開発を大学が行なうことを求めている。

★11 二〇〇一年に設置された総合科学技術会議は人文社会科学をも対象としており、同年に始められた第二期以降の計画では自然科学と人文社会科学の統合的活動の推進が盛り込まれている。人文科学が自然科学と並んで国家的検討の対象となった反面、国の政策や自然科学の評価手法等の影響を受け易くなったことは否めない。

★12 Rapport sur la programmation et l'orientation de l'effort national de recherche et de développement technologique.

★13 たとえば、ノルウェーの大学にかかる Kyvik (1995) の調査では、医学分野の出版物の七六%が共同著作であったのに対して、人文科学におけるその割合は一〇%であった。

★14 Symposium "Positioning Universities in the Globalized World: Changing Governance and Coping Strategies in Asia" 10-11 December 2008, University of Hong Kong.

★15 日本学術会議「学術の社会的役割」（二〇〇〇年六月二十六日特別委員会報告）や科学技術・学術審議会「人

文・社会科学の振興について——21世紀に期待される役割に応えるための当面の振興方策——」（二〇〇二年六月十一日学術分科会報告）など。

★16　Le Monde du 15 novembre 2008 "L'Europe lance son classement des universités".

第10章　条件付きの大学——フランスにおける哲学と大学

藤田尚志

「哲学と大学」という大きな主題を、フランスという個別的な文脈において、とりわけ制度の側面から論じる——これが私に課せられた務めである。私は大学論や高等教育論、あるいは知識社会学をprofession（専門・職業・生業）とする者ではない。そしてまさにそのような資格をもたない者という資格で、知を愛する者、知のアマチュアとして、哲学者として、すなわち真正面からこの問題の責任を引き受けるのではなく、「責任」の言説の周囲を情熱をもって遊歩する者として、この任務に取り組んでみたい。

一、大学の貧困、貧困の大学

（1）フランスの高等教育機関の例外性

まずフランスにおける「哲学と大学」という問題を論じるさいに必要最低限の知識を再確認してお

く。日本では高等教育機関と大学はほぼ同義だが、フランスには大学以外にグランゼコールをはじめとして多種多様な高等教育機関がある。それどころか、フランスにおいて、大学は高等教育制度のなかで決して圧倒的多数を占めているわけではない。二〇〇六―二〇〇七年度フランスの高等教育機関で学んでいる二三〇万人の学生のうち、狭義の大学で学んでいるのは五七％にすぎない。残りの四三％もの学生のうち、ごく少数が grands écoles（グランゼコール）やその選抜試験に備えるリセの準備学級、あるいはいわゆる grands établissements（特別高等研究・教育機関）で、その他の学生はＳＴＳ（中級技術者養成課程）やＩＵＴ（技術短期大学部）などで学んでいる。前者（グランゼコール系）は象徴的地位のみならず卒業生の昇進度や生涯賃金といった即物的な次元でも圧倒的優位を与えることでごく一部のエリート候補生を、後者は実践的な職業教育を提供することで多くの学生を惹きつける。大学は教育面で挟み撃ちにあっているようなものである。研究面でも、一五三〇年のコレージュ・ド・フランス創設から一九三九年のＣＮＲＳ（国立科学研究センター）創設、戦中戦後の研究所創設ラッシュ（主なものだけでも一九四五年にフランス原子力庁や国立農業研究所、一九六〇年に国立衛生医学研究所など）にいたるまで、フランスでは国家がつねに大学以外の場で高等研究を推進しようとしてきたかのように見える。こうしてフランスの大学は、教育面でも研究面でも難しい局面に立たされることになる。

　このような高等教育機関の全体的布置に関する「フランス的例外」を踏まえたうえで、まず大学を論じるさいの典型的な身振りをいくつか紹介しておこう。それらの間にはある共通点があり、それを批判することがわれわれの出発点となるからである。

フランスの代表的な大学論者の一人クリスティーヌ・ミュスランによれば、グランゼコールや強力な高等研究機関との競合関係によって、大学は国家への依存を深めざるを得なくなり、二十世紀半ばまで、形式的な、ほとんど有名無実と言えるほどの存在しか有していなかった。フランスの大学の歴史は自律への長き歩みなのであって、実質的には、四年ごとに予算執行計画を各大学が策定するという（日本の独立行政法人化に近い意味合いをもつ）「中期契約（contractualisation）」制度が一九八〇年代後半に導入されたあとで大学の真の歴史が始まる、というわけだ。[★1] 哲学者アラン・ルノーによれば、フランスの大学が構造的に弱いのは、高等教育レベルの知と、それを支えるエリート層の養成所としての地位を独占できなかったからである。大学とグランゼコールが構成する二極構造は、フランス的なシステムの「原罪」ですらある。少なくとも十九世紀以来（将来、指導者層となる）エリートがグランゼコールで形成されてきた以上、公的権力は大学を改革したり、増強したりする必要を感じなかったのだ。[★2] 政治家クロード・アレーグルによれば、フランスの大学が構造的に弱いのは、学部間・学科間などで絶え間ない派閥抗争が生じるからであり、大学人が職業教育や実学に対して伝統的に高踏的・侮蔑的な姿勢をとり続けてきたからである。狭小な縦割り構造ないし党派性の醸成するある種の保守主義が新たな知の冒険をグランゼコールに売り渡してしまった[★3]……。

これらの言説に共通するのは、意識的にせよ無意識的にせよ、大学をめぐる問題に関して政治的モーメント（とりわけ国家による介入）の優位を認めてかかる姿勢である。しかし、グローバリゼーションという名のもとで競争が際限なく地球規模にまで拡張していく現代にあって、大学にとっての問題はむしろ、宗教（中世ヨーロッパにおける教会との折衝）、政治に続いて、経済をも相手に交渉し、駆引きを行なわなければならなくなったという事実のほうであろう。注意してほしいのは、経済を相手に交渉を行なうということは、「グローバリゼーション下にあって大学も一企業として率先して市場の論理に従うべきだ」といった主張を必ずしも意味しない、ということである。市場の論理に従い、そのゲームにプレイヤーとして参加する（jouer）ばかりでなく、ゲームの規則を支えている諸概念を批判的に吟味・再検討すること、あるいは自然科学のみならず、人文・社会科学的な発明や発見によってゲームの規則そのものを長期的に変えてしまうこと、いずれにしても大学の運命をもてあそぶこのゲームの裏をかくこと（déjouer）こそ、大学が大学であり続けるための条件であるだろう。

さて、ではフランスの重要な哲学者たちは、大学の置かれたこのような状況に対してどう反応してきたのだろうか。次にこのことを見ていくことにしたい。

（2）大学はフランス哲学において己の場を欠いている

偉大な哲学者たちは、折にふれて、必要に応じて、困難に直面しつつ、教育の問題、すなわちもっとも広い意味で「制度づけるもの」の問題――近代ではそれはしばしば「大学」の問題という形態をとった――を論じてきた。カントの『諸学部の争い』（一七九八年）、フィヒテの『学者の使命』（一七九四年）や『学者の本質』（一八〇六年）、シェリングの『学問論』（一八〇三年）、ヘーゲルのギムナジウム校長としての式辞（一八〇八―一六年）や大学教授就任講義（一八一六―一八年）。ショーペンハウアーやニーチェの苛烈な大学批判を加えてもよい。二十世紀に入っても、ハイデガーの「ドイツ的大学の自己主張」（一九三四年）やヤスパースの『大学の理念』（一九五二年）、ガダマーやハーバーマスの講演集である『大学の理念』(一九八八年)、あるいはデリダの大部の大学論・教育論である『哲学への権利について』(一九九〇年)にいたるまで、例には事欠かない。しかしここで素朴な疑問が生じる。なにかと対比されることの多いドイツ哲学とフランス哲学であるが、一方における大学論の連綿と続く系譜と、他方におけるその驚くべき不在、これはいったいどうしたことであろうか。

考えてみれば、フランス哲学はじつに長きにわたって「大学」とはまったく相いれない運命にあった。既得権益に固執して新しい人文知を頑迷に受け入れようとしない当時の大学に業を煮やしたフランソワ一世によって一五三〇年に創設されたコレージュ・ロワイヤル(現在のコレージュ・ド・フランス)。当時の大学教育のスタンダードであったアリストテレス主義を痛烈に批判したかどでソルボンヌに睨まれていたペトルス・ラムスをアンリ二世はそのコレージュに哲学の講座を設けることで迎え入れた(ラムスの偶像破壊的な言説は、全ヨーロッパの注目を集め、その死後、若きデカルトは『精神指導の規則』によってその衣鉢を継ぐことになるだろう)。十八世紀に入ると、今度はヴォルテールやディドロ、ルソーといった百科全書派が大学の外で縦横無尽の活動を繰り広げ、ヨーロッパ規模の知のネットワークを構築するだろう。十九世紀にはメーヌ・ド・ビランをはじめ、ラヴェッソン、ルヌーヴィエら、重要な哲学者たちは皆、またしても大学の外にいた。コントは窮乏のうちに自らの思想を奇怪な形で「制度」化することを余儀なくされたし、テーヌは文筆業で生計をたてており、ルナンはごくわずかな間、コレージュ・ド・フランスでイエスの生涯を説いたにすぎない。フランソワ・アズーヴィが挑発的な仕方で断定しているように、結局のところ「フランス哲学の歴史は『ソルボンヌ』という語抜きで書かれうるのである。この語が、もっとも著名な哲学者たちが教壇に立たなかった場所を指し示すというのでなければ」★4。ドイツでは政治的・経済的な後進性から知識人が官僚化＝大学人化したのに対し、フランスでは大学の後進性が知識人をしてアカデミーやジャーナリズムの世界に押し出した。ドイツ人哲学者にとって大学がつねにそこに回帰＝反省すべき場所であったのに対し、フランス人哲学者にとって大学は改革してまで維持されるべき存在ではなかったのである。

　こうしてまず確認できるのは、近代のドイツ哲学がそのほぼ全歴史において大学を軸として展開してきたのに対し、フランス哲学は、伝統的に「大学」という制度の外側にいたということである。コレージュ・ド・フランスや社会科学高等研究院（ＥＨＥＳＳ）、あるいは高等師範学校《エコール・ノルマル・シュペリウール》（ＥＮＳ）といった例外的な場の存在が織りなす高等教育の多孔質構造はフランス的な知の独創性を生み出す要因のひとつであることは疑いえない（この構造的差異はまた、ドイツ哲学とフランス哲学のスタイルの差異を解き明かすひとつの鍵でもあるだろう）。フランス哲学における大学論の不在はこうしてたやすく説明されるように見える。

　二十世紀のフランス哲学も、ある二つの根本的な変化を除いては、この「不文律」をきわめて忠実に守ったと言えるだろう。ベルクソンはソルボンヌに落選し、コレージュで教えた。サルトルはごく早いうちに高校の教職を辞したし、メルロ＝ポンティもフーコーもわずかな期間、大学で教えたのち、コレージュで教えた。アルチュセールは生涯ＥＮＳで教えたし、デリダはＥＮＳののち、ＥＨＥＳＳで教えた。ではフランスの哲学者たちの大学に対する沈黙に生じた根本的な二つの変化とは何か。

(3) 二つの変化——第三共和政と一九六八年、あるいは「哲学者たちの共和国」の誕生と没落

まず第一に、十九世紀にすでに始まっていた根本的変化がある。大学を解体し中等教育を軸に再編したナポレオン体制を引き継ぎつつ、普仏戦争の敗北を受けてドイツ・モデルの移入(哲学の分野で言えば、本格的な講壇哲学化)を推進したフランス第三共和政において、大学に対する哲学者たちの伝統的な沈黙ないし侮蔑は根底的な変質を蒙る。もはや「哲学者」は、反大学的な在野の自由思想家にのみ与えられる称号ではない。哲学者の大部分は職業的哲学者となり、全面的に制度化された講壇哲学を(それに服従するにせよ、それと敵対するにせよ)暗黙の参照軸とすることを余儀なくされる。独創的な哲学的思考を生み出す例外的な場すらもが別様の強い磁化を蒙ることになる。

次に、二十世紀中頃に顕在化し、以来加速化し続けている根本的変化がある。それは一言で言えば大学の急激な民主化であり、グランゼコールとの境界線(したがってエリート層なるものの境界画定)の鮮明化とその果てに兆してきた境界線の漸進的崩壊である。一九六八年五月は、こと大学に関する限り、十九世紀末以来鬱積してきた構造的疲弊の露呈という側面をもっているが、ここでいう「民主化」とは、大学の門戸が広く開かれた、すなわち学生の急激な増加(大衆化)が生じた——一九六〇年代の第一波で学生数は一九万二千人(一九五八年)から五八万六千人(一九六八年)まで上昇し、一九八〇年代の第二波で八四万人(一九八五年)から一二〇万人(一九九五年)に上昇した——という意味だけでなく、いびつな職業ピラミッドにおける助手や講師といった層の疲弊が憂慮され、是正が行なわれたという意味でもある。一九六八年には非教授職教員十人に対して教授一人であったのが、いわゆるエドガー・フォール法の成果として一九七〇年には四人に対して一人まで改善されたのであった。

十九世紀以来、政治（国家）が経済（産業資本主義）を制御するために高等教育に要請するものとしての高度の実践知がグランゼコールの根本原理であり、大学との対立点であったとすれば、第二次大戦後いよいよ本格化し、一九六〇年代に加速する大学の民主化とは、グローバル化した経済（情報・金融資本主義）が政治を規定する状況下で、一般化された実践知の拠点として大学を再定義しようとする試みにほかならない。ここでの皮肉はたんに、フランス現代思想（ドゥルーズ・フーコー・デリダ）がアメリカや日本といった諸外国において「French theory」[★5]として、言ってみればフランスのナショナルな知的生産物の「典型」として商品化されるという代価を支払って国際化していくという点にあるのではない。そうではなく、フランス本国においても――哲学が大学という己の思索の拠って立つ場所となったものを哲学的思索の対象としない限りは――、異形の思考といえども消費者たる学生に提供される逆輸入の嗜好品として商品化された形で講壇哲学（大学の哲学）に吸収されていくだけで、講壇哲学の構造そのものに直接切り込むことはできない、という点にあるのだ。「哲学者たちの共和国」（ジャン＝ルイ・ファビアニ）[★6]たる第三共和政下で、哲学を教える多くの教師たちが誕生したにもかかわらず、以後、ドゥニ・カンブシュネールなどごくわずかな例外を別として、[★7]彼らは新たな磁化を蒙ったフランス的多重構造に自らの意識を引き裂かれつつ、大学の外にいる偉大な哲学者たちとともに、大学という制度を自らの思索に固有の〈場〉として反省することなく今日にいたっている。フランスの哲学者たちは昔も今も大学をめぐる問題に対して基本的に沈黙し続けている。変わったのは沈黙の意味である。

　ここまでをまとめよう。フランスにおける哲学と大学の関係に生じた根本的な二つの変化とは、第三共和政期における「講壇哲学」の全面的な制度化（そして有力グランゼコール卒業生による大学の植民地化）であり、第五共和政下における大学・グランゼコールの民主化（とそれを通してのエリート主義の漸進的崩壊）である。こうして、かつてなら在野に飛び出したはずの哲学者たちが大学教員として哲学を講じつつ、講壇哲学を揶揄するという皮肉な逆説が定着する一方で、大学がかつて「異端」として拒絶した異形の思考のほうもまた、国際的に認知され、その外圧で大学に場を占めるにいたったものの、いまのところ大衆化した大学において消費される知的商品以上のものになりえているとは言い難い。その獰猛なポテンシャルが大学という場の構造そのものに働きかけているとはとうてい思えないのである。そして哲学者たちは今も昔も変わらず大学をめぐる問題に対して沈黙を続けている。だが今日、大学が哲学者の活動の場として定着した限りで、なされるべきはまさに大学という制度や大学をめぐる諸問題を——「条件なき大学」ではなく、今日の大学を構成する諸条件を——哲学的に論じる手段を模索し、そのための概念を創造することではあるまいか。ノンポリと称して結局のところ体制＝大勢（サイレント・マジョリティ）に盲目的に加担する大学人ほど偽善的かつ欺瞞的なものはないという認識がある程度事実だとしても、絵空事の無制約なアナーキーを唱える活動家的大学人ほど無責任かつ無力なものはないということもまた事実である。大学とは制度であり、条件であり、交渉であり、介入であり、そうであるほかはない。

だが、デリダはどうなったのだ、という人もいるだろう。フランスにはデリダがいるではないか。では次に、デリダを読む労をとらない自称ノンポリと、デリダに自分の願望を性急に読み込む活動家たちに代わって、『条件なき大学』をじっくりと読んでいくことにしよう。

幕間劇：ファウスト――資本主義の精神、大学の魂

その前に準備作業として、カントと並んでドイツの大学にもっとも影響を与えながら、大学人ではなかった人物に言及しておきたい。近代の大学制度が始まったころ、近代的な精神という観点から知識人の問題について倦むことなく語り続けたその人物とは、ゲーテである。彼の見解は『ファウスト』に要約されている。生き生きした現実との共感に満ちたつながりを欠いた研究に絶望し、老知識人は現世の快楽と確実な学とを手に入れることと引き換えに、悪魔に魂を売り払う契約を交わす。そのファウストがヨハネ福音書の最初の行「はじめにロゴスありき」を翻訳しようと試みる有名な場面がある。はじめにあるべきもの、「ロゴス」とは「語」か？「意」か？「力」か？ しかしファウストは満足しない。最後に、不意に思いつき、心やすらかにこう書きつける、“Im Anfang war die Tat!”（はじめに業《わざ》あり）、と。ここで思弁に対する実践、言葉に対する行為の近代知における優位が確立されたと見るのは、アメリカの大学における教養教育の衰退を憂えたアラン・ブルームである。[★8]

アリーヌ・ジルーは『大学のファウスト的契約』においてその見解をさらに推し進め、近代の大学を悪魔に魂を売り払ったファウストに見立て、劇の筋書きと大学がその後たどった歴史を重ね合わせる。知性的・能動的でダイナミックな精神（animus）と、感性的・情動的・受動的で密かに揺さぶられる魂（anima）を区別しつつ、ジルーは「市場原理」ないし「資本の論理」という悪魔に売り渡されてしまったかもしれない「大学の魂」とは何かと自問している。『良心のない学問は魂の廃墟にすぎない』というラブレーの言葉にヒントを得て言うとすれば、大学にとって魂とは、学問を考究する人々

を道徳的廃墟に導きたくなければ、学問が必ず必要とするものである。★9」

ところでジルーは、近代の大学の歴史をカントでも、ベルリン大学の基本構想をつくったとされるフンボルトでもなく、この大学の創設を画策した当時の枢密顧問官バイメ（Karl Friedrich Beime）から始めている。「ベルリン大学創設を画策」というと語弊がある。というのも、バイメは、もともと民間団体であり、しかも十八世紀においてはもはや旧態依然の知を再生産する場でしかなかった「大学」を見限り、「反大学的」な学校として、ベルリンに王立の新たな「総合教授施設」を創設することを王に提案したのだからである。注意すべきは、「総合教授施設（Allgemeine Lehranstalt）」というドイツ語表現が studium generale というラテン語のドイツ語訳であること、このラテン語が中世以来 universitas とは異なる性質の教育機関を指す語として用いられてきたこと、すなわち universitas が、同じ町に住んでめいめい学校を開いていた個人としての教師が職業の共通性を基盤として作った（その意味で国家その他の政治権力・宗教的権威からは基本的に独立した）ギルド的な団体であるのに対して、studium generale は皇帝や国王、ローマ教皇によって設立された、その意味で間接的にもせよ権力による支配を受ける機関であったということである。

さらに注意しておかねばならないのは、このたんなる機構の差異がイデオロギー的な対立物として読みとられたのは近代においてであるということだ。一七九三年、隣国フランスに現われたまったく新しい国営の「反大学」的 studium generale、すなわち国家の強大化と繁栄に必要な科学と技術を教える高等教育機関である「総合技術学校（école polytechnique）」が成功を収めつつあることに意識的であったバイメは、言ってみればドイツ版総合技術学校を作ろうとした。フンボルトのベルリン大学に関する有名な意見書「ベルリンに設置される高等教育施設（Höhere wissenschaftliche Anstalten）の内的および外的組織について」はその命を受けて作成されたものだったのである。歴史の皮肉というべきか（理性の狡知？）、フランスはその後、一八六八年にドイツ大学の先進性を取り入れるべく、高等研究実習院（école pratique des hautes études）を創設することになる……。このような近代の大学の起源にある「反大学」性や実践的知の要請といった性格を見ずになされる、そもそもの（中世の）大学へ戻れといった議論は端的に無意味である。

この事実から汲むべき問いは三つある。ひとつは、カントの大学論が、いかに優れたものであったとしても、近代の大学が抱える根底的に反大学的な studium generale の側面、すなわち「さまざまな条件付きの大学」という側面を（バイメ以前なのだから当然のことだが）論じきれないのではないか。二つ目は、フランスはこの「universitas と studium generale の対立」を「大学とグランゼコールの対立」として変奏したのではないか。そして、これから検討するように、デリダの大学論はカントに基づき、中世の大学との一貫性を信じているかのように振る舞う一方で、現代のアメリカ型大学／人文学部を対象としている点で幾重にも困難を抱えてしまうのではないか、ということである。

二、デリダの『条件なき大学』を読む（neg-otium――労働／余暇の脱構築）

この三つの問いを念頭に置きつつ、デリダの『条件なき大学』を批判的に検討していくことにしよう。本論考の表題として用いた「条件付きの大学」という言葉は、デリダの『条件なき大学』に明らかに対抗するものであると同時に、じつはデリダの著書自体のなかに見られるものである（二八）[★10]。

（4）「かのように」に限界がないかのように

『条件なき大学』の大半は、「かのように」の論理、パフォーマティヴの論理に基づいて構築されている——デリダが「あたかも私たち自身がある種の『かのように』に、ほかならぬこの『かのように』に、ほかならぬこの『遂行的行為』に賭けていた『かのよう』なのです」と言うのは、「そろそろ結論へと急がなければなりません」（六一）と言ったあとである。

ところが、デリダによれば、脱構築は到来するもの、出来事の思想であり、『『おそらく』の思考」（六九）である。〈おそらく〉の経験に付与された力は、〈もしも〉や〈かのように〉との親近性や共謀性を保つが、しかし、この〈もしも〉〈かのように〉は、「もはやここまで論じてきた『かのように』に還元することができません」（七〇）。〈おそらく〉の力は、パフォーマティヴの力に還元されず、逆にパフォーマティヴ自体に力を与えるものだ。「出来事の力はつねに遂行的行為の力よりも強大です」（七〇）。ところで、大学外の勢力との交渉や同盟、争いが現実のものとなるのは、「ここまで論じてきた『かのように』」ではなく『『おそらく』』の極限＝限界」においてなのだ。

こうした不可能なもの、「おそらく」「もしも」の限界こそが、分割可能な大学を、現実へと、外の力（それは文化的、イデオロギー的、政治的、経済的、等々の力でしょう）へと、曝す地点なのです。この地点においてこそ、大学は自らが思考しようとする世界のなかに存在します。したがって、この境界線に即して、大学は自らの抵抗を駆け引きし（négocier）、組織しなければなりません。〔……〕アカデミズムの外の力と手を結び（s'alliant）効果的に抵抗するために、また、（政治的・法的・経済的な）再我有化のあらゆる試みに抗して、主権のあらゆる別の形象に抗して、自らの営為＝作品によって創造的な全面攻勢を仕掛けるためにです（七二、強調引用者）。

そうなのだとすれば、ここまでカント（哲学）の〈かのように〉を英米系の文化（文学）研究に引き継がせ、パフォーマティヴとしての〈かのように〉の展開に未来の人文学の可能性を、ひいては明日の大学の無条件的な独立を託してきたデリダの「信仰」はどうなってしまうのか？「思考、脱構築、正義、〈人文学〉、大学、等々が有するある種の無条件的な独立は、分割不可能な主権および主権的な統制のあらゆる幻像《ファンタスム》から切り離されるべきであろう」（七〇、強調原著者）。デリダによれば、無条件性は大学の脆弱さ、傷つきやすさ、無力さを示し、我有化しようとするあらゆる権力に対する防御の脆さをさらけだす。[★11]「大学の無条件性が権力とは疎遠であり、権力の原理とは異質である以上、大学は固有の権力を欠いている」（一五）。しかし、明らかに、大学という存在と国民国家原理とは深く関連している。近代国家が法の支配を前提としているとすれば、これを実行するのは大学で専門教育を受けた法の専門家である。大学を規定する大学法もまた、そうした大学が養成する専門家抜きに成立しない以上、大学と国家との支配―被支配関係は重層決定的な構造をなしているのだ。[★12]

この観点からすると、「無条件性の原理は人文学のなかに現前化の、顕在化の、保護のための本源的で特権的な場をもつ」というデリダの言葉は強い疑念を生じさせる。それは、かつて彼自身が厳しく批判した「話しているのを聴く」「欠けることなき現前」「充溢したパロール」を否応なく思い起こさせ、その結果として、大学の純粋性や純潔性を強調しているのではないか、大学とその外部の関係をあたかも付加的で付随的で副次的なものと見なしているのではないか、という疑念である。「学術的なタイプの空間が、あたかもその内部が侵害されえないものであるかのように、一種の絶対的な免疫によって象徴的な仕方で保護されなければならないという考えを、私たちは再び肯定し、宣言し、絶えず公言しなければならないと思うのです」（四二、強調引用者）。彼は人文学系の大学人を宛先として意識しつつ語っているが、この意識は「『私たち』とは誰か」という批判的問いかけにまで高まり得ているだろうか。

デリダの『条件なき大学』は、「大学への信、大学における明日の〈人文学〉への信」を表明した「信仰告白のようなもの」であり、「ひとつの仮説というよりも、宣言によるアンガージュマン、信仰告白の形をとった呼びかけ」である。つまり『条件なき大学』とは、「大学とは無条件的に（外部から課せられる諸条件からは独立して）～であってほしい、あるべきだ」という希望を述べたテクストであり、デリダの意図としては行為遂行的であることで事実確認的でもあろうとするテクストである。しかしいずれにせよ、信仰告白はパフォーマティヴでありえても、出来事の論理に与しえない。

（5）大学とその外部

見過ごすことのできない第二の点は、『条件なき大学』というこの「信仰告白 profession de foi」のなかでも、「信仰 foi」ではなく、「職業 profession」のほうである。デリダは、「あらゆる類の経済的な合目的性や利害関心に奉仕するすべての研究機関」から「大学」を区別する（一五）。あたかも大学は本来的には資本の論理による汚染からは免れた純粋な存在であるかのように。他方で、彼は「大学は真理を公言し、真理を職業とします（L'université *fait profession* de la vérité）」（一〇、強調原著者）と断言している。職業（profession）を仕事（métier）や労働（travail）と区別しつつ、デリダは、労働・仕事・職業の歴史を通じて、「条件なき大学の問題を保証や関与、約束、信仰の業、信仰の表明、信仰告白に結びつけたい」（二〇）と語る。こうして「信 croire」と「知 savoir」が連結されるわけである。しかし、デリダがここで語る職業性は大学人に固有のものでは必ずしもないであろう。

> したがって、特に医者、弁護士、教師を引き合いに出す方がよいでしょう。金目当てでない自由な技芸（arts libéraux et non mecenaires）により深く結びついた職業こそが、自由に宣言され、ほぼ宣誓されたに等しい責任――一言で言うと、公言された責任へのアンガージュマンを含んでいるかのようなのです。〔……〕職業という考えが前提とするのは、知、ノウハウ、専門的能力を超えて、遺言的な拘束、自由、宣誓された責任、誓約された信が、規定されるべき審級の前で釈明を行なうことを主体に課すということです（四六―四七）。

大学人の職業人としての側面が必ずしも「研究する」や「教える」に留まるものでないというところまでは理解できる。しかし、大学人が真理を「職業とする」ということは、資本の論理に屈服することを必然的に意味するわけでないのはもちろんとしても、しかし何よりもまず経済的な身振りであるはずではないのか。たしかにデリダは、「ある職業に携わるとき、とりわけ、教師という職業に携わるとき、ひとは何を行なっているのでしょうか」（二〇）と問うている。しかし彼は、資本投資とそれに関係する科学を悪魔化しつつ、「〈人文学〉はつねに、学術の世界とは無縁な、収益性が見込まれる資本投資に関係する純粋科学や応用科学の学部のための人質となる」（一六）とも書いている。労働と資本の論理と、職業のうちで作動しているある〈エコノミー〉の区別をこそ精査すべきではないのか。

従来人文学は、芸術作品をはじめとする作品（œuvre）を論じることで知を生産し、学説を教授してきたが、現代の人文学はむしろ自分自身が「作品」に署名するものとならねばならない（三七、四〇、四七）として、デリダは「作品」概念に「大学、とりわけ〈人文学〉の労働に固有の型」（三六）を見てとる。「『職業』の行為遂行的な価値が考慮され、さらには、教師が知識や知識以前のものだけでなく、『作品』をも生み出すことが認められるとき、何が生じうるのでしょうか？」（四四）。だとすればなおさら、「作品が自由労働ないしは賃金労働と、作家の署名や権威と、市場と関係をもつということについてはここでは分析しません」（三六、強調引用者）と足早に通り過ぎる代償は高くつくことになるだろう。市場の問題を大学論と切り離すデリダは、知的労働を唯一、失業問題を免れているものとして描き出すリフキンの「労働の終焉」を批判している。「大学のなかで周縁化される低賃金の数多くのパートタイム被雇用者たちが、柔軟性や競争性と呼ばれるものの名においてますます疎外される状況」（五四）をリフキンが考慮していないと問い詰める。だが、デリダ自身が大学にいかなる権力とも無縁の主権をもたせ、経済の論理全般から切り離そうとしている以上、『条件なき大学』自体はこの状況にどう理論的・実践的に介入できるのだろうか？　大学の外部の諸勢力との折衝なしに？

この点で、デリダがジャック・ル・ゴフの仕事を彼にしては珍しく素直に参照しつつ、中世における「労働の時間」について語ろうとしたことは評価できる。十二―十三世紀において、「新しい学生と学者の勉強や研究に報いを与えるものを規定するために、金銭と名誉が語られ〔……〕給与と栄光が経済的な機能と職業意識とを関連づける」（五九）ようになる。この学問と労働の関係の変容を、もしデリダが自分のものとして引き受け、積極的に展開していたら、『条件なき大学』はずいぶん違った様相を見せていたことだろう。

デリダは、資本の論理と結託し労働をこととする自然科学／パフォーマティヴの論理と結び職業を旨とする人文学、という単純な二項対立を念頭に置いているようにも見えるが、資本の論理はまたパフォーマンスの論理でもあり、高等教育の論理はまた能力主義の論理でもある以上、ここはむしろパフォーマンスの論理／パフォーマティヴの論理、あるいはハイパーメリトクラシー／メリトクラシーの錯綜した関係[★13]を分析せねばならないのであろう。要するに、ヴァーチャルなものがいよいよ猛威をふるう時代にあって、大学における仕事（negotium）は余暇（otium）と新たな経済的・社会的関係を見出さねばならず、そのためには大学の抽象的な無条件的独立性とパフォーマティヴの論理に向かうよりも、大学外部との交渉（négociations）とその絶えざる再検討を通じて出来事の到来を待つほうが重要なのではないか。

(6) 場所の問題——哲学者の土曜日

デリダの『条件なき大学』は、一九九八年四月にアメリカのスタンフォード大学で行なわれた講演を基にしており、その後、二〇〇〇年にエジプト・カイロ、二〇〇一年に中国・上海の復旦大学でも同じ講演が行なわれたそうである。この「場所」の問題は、『条件なき大学』の構成原理にとって、ひいては「大学と哲学」を論じようと思う者にとって、どうでもいい問題ではない。デリダは、この大学論のなかで、明らかに「哲学」よりも、「明日の〈人文学〉」に頻繁に言及している。これは、彼が一九七〇年代後半から八〇年代前半にかけてフランス語で発表した一連の大学論が「哲学」を軸足にしているのと鮮明な対照をなしている。確認しておけば、近代的な意味での大学が文化による民族統合の装置だとしても、その精神的な中心は（したがって人文学の中心もまた）、ドイツやフランスといった国々と、イギリスやアメリカといった英語圏の国々とでは異なる。後者の大学においては、むしろ「国民文学」の発明が哲学研究以上の役割を果たしてきたのである。[★14] 哲学ではなく、文学研究が人文学一般のモデルとなっているという、おそらくは日本の大学にもあてはまるアメリカ的な状況下で語られたことが、フランスにおける「哲学と大学」の問いにそのまま適用されうるわけではない。『条件なき大学』をフランス語で出版したデリダはこの点を巧みにすり抜けることで、フランス哲学の伝統を無意識的に反復しているのではないだろうか。

したがってむしろ、われわれにとって重要なのは、『条件なき大学』の「かのように」の議論だけに限局せず、のちに『哲学への権利』[★15] にまとめられることになる一九七〇—八〇年代の膨大なテクスト群のうちにデリダの大学論の可能性を見出そうと努めること、言い換えれば、大学に「人生の日曜日」の無償性・純粋性を見てとる「日曜日のヘーゲル」[★16]に舞い戻るのでもなく、かといって「労働の終焉」という言説に抗して大学的営為の「職業」性を強調しようとする「金曜日《ウィークデー》のデリダ」につくのでもない道を、言ってみれば「哲学者の土曜日」を、デリダとともに探すことである。しかしその仕事を遂行するのはまた別の機会を待つことにして、ここまでのデリダ批判をまとめておこう。

①無条件性（政治）：『条件なき大学』の中心にある「無条件性」という概念、「無条件の独立」や「無条件的な主権」といった概念は、「正義」や「贈与」などと同様、きわめて後期デリダ的であり、脱構築不可能な逆説的観念であろう。デリダはその逆説性を誇張法によって強調するだけにとどまっており、本来であればただちに行なわれるべき「無条件性」の精緻な分析や、「無条件性を条件づけるもの」の具体的な分析が無限に延期されているのではないか。

②職業／労働（経済）：この疑念を経済的な観点から言い直せば、次のようになる。デリダは、資本の論理とはまったく無縁なものとして人文学の純粋性や純潔性を想定し、それらを大学全般に押し広げようとしているようにみえる。あたかも人文学が大学の（望まれてもいない）守護天使の位置につきうるかのように。しかし、デリダ自身が言うように「大学が真理をこととし職業とする」のであれば、資本の論理ではないとしても、なんらかの〈エコノミー〉が人文学においてすらも作動していると考えるべきではないか。

③パックス・アメリカーナ（文化）：デリダはカントの「かのように」をアメリカ的人文学研究が継承発展させたことをもって、ドイツの近代大学から現代アメリカの大学へのヘゲモニーの移行を彼なりの仕方で語る権利を確保しようとしているように見える。現代アメリカの大学をモデルとして世界

中の大学について語るのであれば、はたしてそれを「資本主義の〈精神〉」と完全に切り離されたものとして語ることは可能だろうか。また、そう語ることは、デリダ的観点そのものからして首尾一貫したことなのだろうか。[★17]

結びにかえて――大学の脱構築、脱構築の大学

大学とは制度であり、条件であり、交渉であり、介入である。条件のない大学などないし、それを要求するという身振りが批判的な射程を備えているとも思わない。なされるべきは具体的なプロジェクトの提示であり、その実行である。デリダが『哲学への権利』でやっていたのがまさにそれだと私は考える（大学の外部での哲学国際コレージュの創設）。問題は、廃墟と化した大学を嘆くことではなく、廃墟のあとに、いかなる未来図を描くのか、である。『廃墟のなかの大学』の著者レディングズが試みたのがまさにそれであった。たんなる弱肉強食の自由競争社会ではなく、よりよい教員、よりよい教育、よりよい大学を作るためにはどうすればよいのか――ここに「大学という制度の脱構築」の必要性が生じる。この脱構築はさまざまなかたちでなされうるはずだが、私の考えでは、次のようなことがまず何よりも先に行なわれるべきである。

(1)**そもそもの「大学」概念の脱構築**：特に、中世における「大学」の生成過程についてわれわれはもっと詳しく知る必要がある。たとえば、大学の起源は association（組合）であった、universitas は

たんにcorporation（協同体）という意味であった、という事実を振りかざして、大学の起源における独立性・自律性・連帯性を強調するのはいいが、たとえば、ボローニャをはじめとする南欧の医学系・法学系が強い大学が学生主導の団体であったのに対し、パリなどの教養系が強い大学が教師主導の団体であった、つまり「団体」そのものが画一的ではなかったこと、またその団体が形成されるにあたって、宗教的・政治的権威との折衝が最初から重要な役割を果たしていたこと（教皇による教授免許授与権〔licentia docendi〕の導入、修道会士たちの参入、都市や国家の介入）などが見過ごされては困る。起源にユートピア的な団体の純粋な独立や自律があったわけではないのである。

⑵近代大学の「起源」としての「フンボルト理念」の脱構築：これは、フンボルトのテクスト（いわゆる構造論文）の脱構築的読解という形もありうるし、フンボルト理念の形成史の脱構築という形もありうるだろう（先に近代大学の「起源」としてフンボルトではなくバイメの名を挙げたのもそのような挙措の素描と見なされてよい）。いずれにしても、最低限「フンボルト理念は遡及的に捏造された『起源』である」という程度のことは踏まえる必要がある。[★18]

⑶現代大学をとりまく諸概念・諸価値の脱構築：先に触れた「労働／余暇」をはじめ、「卓越性」「評価」「能率性」「引用数」といった諸概念・諸価値自体を批判的に再検討することは可能ではないか。「卓越性（excellence）」とはいったい何なのか。「卓越性」を強要する人々の書いたテクストを読み解くことで、あるいは過去の思想家（必ずしも経済学者でなくともよい）や哲学者たちの諸概念を借用することで、脱構築を試みる、ということである。

最後に、資格と責任の問題に戻ろう。私は冒頭で、非専門家という資格で、知を愛する者、すなわち哲学者として、この任務に取り組んでみたい、と書いた。というのも、私の考えでは、「哲学」と「大学」という二項がもっとも生産的な関係に入るのはこの観点においてだからである。「哲学と大学」は大学の哲学科教員、思想系の研究者だけに関する問題ではない（彼らの哲学的営為が真に深まっていくためには、この思索が行なわれている場そのものに対する批判的意識が不可欠のものだとしても）。人文科学・社会科学研究者だけでもない。自然科学の研究者や、そして大学と遠く離れたところにいると思い込んでいる人々もまた、自分の専門・職業・生業を束の間離れ、知のありかた、知の来し方行く末を手持ちの道具立てで考えるとき、我知らず哲学者になっているのであり、「哲学と大学」という問題に関わっているのである。ここで、「束の間」ということと「手持ちの道具立て」ということが重要であり、また二つのことは切り離せない。超越的な永遠の無私無欲（désintéressement）にいたろうとする超人的な努力ではなく、自らの利害関係（intérêt）の括弧入れであれば、誰しもじつはつねに既に一部実行してしまっているものだが、自分の専門・職業・生業において獲得された思考の手段・道具を別様に活かすことは、この括弧入れを意識化する「束の間」という特異な時間性においてはじめて可能となるからだ。

私は大学論の非専門家として、フランス哲学研究という手持ちの道具立てを用いながら、「哲学と大学」という問題へのアプローチを私なりに試みた。ドイツ哲学における大学論の伝統（カントからハイデガーを経てハーバーマスまで）と顕著な対比をなすフランス哲学における大学論の不在（デカルトからベルクソンを経てドゥルーズまで）を取り上げ、その歴史的・構造的理由、そしてそれへの対処法自体をもフランス哲学の伝統（デリダの大学論の批判的読解）のうちに探ることで、制度の問題を批判的に（フランス哲学研究者である自分自身の問題として）取り上げようとしたわけである。大学論にしても、フランス哲学研究にしても、人文社会系の学問であり、専門領域の近さを否定するつもりはない。いずれにせよ、大学が激変を蒙りつつある転換期にあって、大学論・高等教育研究・知識社会学の専門家ではない者が何を発言しうるのか、何かを発言しうるのか、それを知ることが決定的に重要である。人文科学・社会科学研究者だけでなく、自然科学の研究者や、そして大学から遠く離れたところにいると思い込んでいる——しかし大学《ユニバーシティ》は遍在する——人々が、自分の専門・職業・生業を束の間離れ、大学のありかた、大学の来し方行く末について、手持ちの道具立てで考えるという共同作業に参加すること——「哲学と大学」とはこの共同作業の別の名にほかならない。

★1　Christine Musselin, *La longue marche des universités*, PUF, 2001.

★2　Alain Renaut, *Que faire des universities?*, Bayard, 2002.

★3　Claude Allègre, *L'âge des savoirs: pour une reconnaissance de l'université*, Gallimard, 1993.

★4　François Azouvi, *La Gloire de Bergson. Essai sur le magistère philosophique*, Gallimard, 2008, p. 329.

★5　Cf. François Cusset, *French theory: Foucault, Derrida, Deleuze & Cie et les mutations de la vie intellectuelle aux Etats-Unis*, Decouverte, 2003.

★6　Jean-Louis Fabiani, *Les philosophes de la Republique*, Minuit, 1988.

★7　だとすれば、原光景とでも言うべき第三共和政に立ち戻り、そこから別の方向へ再出発する手立てを探るということも、「フランス的大学の脱構築」にとって必要不可欠な挙措のひとつであろう。私は別の機会に、その一例として、この時代の代表的な哲学者ベルクソンが高校教師であったところに書いたいくつかの式辞（「礼儀正しさ」「専門」「良識と古典学習」）の読解を通じて、たんなる儀礼や慣習の機械的反復ではない「開かれた礼儀正しさ」を鍵概念として取り出してみせた（Hisashi Fujita, «L'Université manque à sa place dans la philosophie française: ou de *La Politesse* de Bergson», *Philosophie et Éducation II*, UTCP Booklet 10, 2009）。

★8　『アメリカン・マインドの終焉――文化と教育の危機』みすず書房、一九八八年、三三六頁。

★9　Aline Giroux, *Le pacte faustien de l'université*, Liber, 2006, p. 10.

★10　ジャック・デリダ『条件なき大学』西山雄二訳、月曜社、二〇〇八年。以下、丸括弧内に訳書の頁数を記す。

★11　デリダの指摘する「分割可能な主権」の問題――『絵葉書Ｉ――ソクラテスからフロイトへ、そしてその彼方』（水声社、二〇〇七年）を思い起こせば「文字の分割可能性」の問題――は、「抵抗」の問題と表裏一体である。どのように、どこから、誰が、抵抗を始めうるのか。より一般的に言って、ポスト構造主義（たとえば、フーコーやドゥルーズ）において主体化や個体化の概念は本当に主体性の問題を汲みつくしたのだろうか。

★12　関廣野『「法」と「学」と「教育」の三位一体――プラトンからトルーマンまで」、「現代思想」一九八九年七月号、一三二頁を参照。

★13　本田由紀『多元化する「能力」と日本社会――ハイパー・メリトクラシー化のなかで』、ＮＴＴ出版、二〇〇五年を参照。

★14　ビル・レディングズ『廃墟のなかの大学』青木健・斎藤信平訳、法政大学出版局、二〇〇〇年、第六章を参照。

★15　Jacques Derrida, *Du droit à la philosophie*, Galilée, 1990.

★16　本論集所収の大河内論文を参照。

★17　つねに日本の文脈に置き戻して考えることが大切だとすれば、ここまでのデリダ読解の三つのポイントから次のような指針が出てくる。⑴無条件性ではなく、むしろ今日の日本の大学を条件づけているものを見極めること。⑵大学人という職業の特性を、とりわけ労働（の時間）とのかかわりにおいて探ること。⑶日本の大学がアメリカ・モデルに追随しているのだとすれば、別の参照項を求めること。フランスの例を検討することはその点で意味がある。

★18　潮木守一『フンボルト理念の終焉？――現代大学の新次元』、東信堂、二〇〇八年を参照。

第11章　高学歴ワーキングプア——人文系大学院の未来

水月昭道

一、高学歴神話の崩壊

高学歴になればよいことがあるはずだ。我が国では、この神話が長いこと続いてきた。実際に、初等教育および中等教育の場に対しては、そこへ子どもを通わせる親から大きな期待がかけられている。よい中学やよい高校へと進学することは、それが、一流大学へと進む最短かつ有効な手段であると認識され、目指す一流大学へと進学できれば、我が子の人生は大きく花開くはずだと信じられている。

中学や高校は、人生を豊かにするはずのゴールへと到達するための、必修〝通過点〟なのだ。当然のことながら、各学校の関係者はその事実をイヤというほど自覚している。そのために、目的地を目指す学生や親たちに対しては、自らがそこへ繋がる最大限の利益をもたらす意欲と環境を有していることを、学校側はアピールしなければならない。そして、その情報を基に、親や学生は最も有利であると考えられる学校への進学を考える。高学歴神話とともに構築されてきた、学歴の頂上を目指す階段構造の基礎部分は、このようなかたちで現在も確固として存在している。

だがいま、子どもの頃から寸暇を惜しんでまでして、高学歴者になるための安全ルートに乗ろうと必死になっている多くの親子にとって、信じられない光景が急速に広がっている。

無事に、地域で一番といわれるような中高に進学したとしても、本命であるはずのその先のゴールがすでに崩落を来たしているのだ。日本で一流と呼ばれる高校の卒業生たちが、こぞって東大を避け地方国公立の医学部へと進学先をシフトしはじめたことは、このことと無関係ではないはずだ。

実際に、東大を出てその先の大学院博士課程まで進学し、学歴社会の頂点を極めた証である「博士号」を取得したとしても、まったく就職先などないのがいまの世の中なのだ。高等教育の現場において起きている惨状は、これまでの一般社会の常識ではとうてい理解されないはずだ。なぜなら、大学院修了者の多くが、フリーターなのだから。

いや、いわゆる非正規雇用のアルバイトというだけであるなら、まだましかもしれない。フリーターをしている人たちのうち、少なくない数が債務者へと転落していっている現実があるからである。

現在、大学院に進学する学生たちは、奨学金制度を利用する場合が少なくない。仮に、修士二年間と博士三年間にわたりこの制度を利用した場合、おおむね、院生は六百万円ほどの借金を背負うことになる（修士・二百万＋博士・四百万）。

しかし、修士や博士の学位を取得したあとの彼らに、〝まとも〟な仕事が見つかる可能性などほぼないことは、我が国の就職戦線における常識となっている。一部上場企業などの大手に就職したければ、学部新卒であることが必要とされる社会構造が確立しているからだ。

必然的に、大学院まで進学した学生たちは、その出口において返済不可能な額のローンを抱えることとなる。現在、博士号と引き替えに得られるものは、富や社会的地位などとはまったくかけ離れた、莫大な負債でしかないのである。

二、学歴信仰を維持しようとする勢力

学歴神話がすでに崩壊していることは、高等教育市場にあって周知の事実となっている。にもかかわらず、一般社会にそのことはあまり知られることがなかった。そのわけは、市場の価値を維持しておきたいという強い意志が存在し、それを実現するためのあらゆる手が打たれたからにほかならない。

少子高齢化というメガトレンドの洗礼をうけねばならない教育市場全般において、学歴神話の崩壊は、ただちに自己の崩壊へとつながっていくからである。神話は、間違っても崩れ去ることがあってはならないのだ。

学校関係だけでなく転職関係業種などにおいても、神話にぶら下がることで生きているところは少なくない。だからこそ、市場価格の維持、つまり株価維持のためには露骨な手段がとられることもめずらしくない。

たとえば、高等教育に触れようとするとき、若者たちは、非常に純粋な思いを抱えて臨んでいる場合がほとんどだ。しかし、その思いが一途であればあるほど、若者やその両親には危機が近づいてくる。

現在、大学や大学院における学びと、産業界のニーズに一致が見られることはあまりない。裏を返せば、世間的な需要などない領域に、人材の供給力が働いているということを、これは物語っている。なぜなら、直面する経営危機に対して、大学が学生を集めることだけに集中しすぎているからだ。そこでは、あからさまに、若者におもねったとしか思えない、人気取りの学部が安易に作られ続けている。こうした場合、学生を集めるさいの誘い文句はほぼ決まった型がみられる。「あなたの夢を実現しませんか?」

自分の夢を追いかけたいという若者は少なくない。そして、不幸なことに、親は安易にそれを実現させてあげたいと手助けをする。こうした結果がもたらすものは深刻だ。

うちにくればこんな資格がとれますなどといった謳い文句に加え、うちの卒業生はこんな一部上場企業に勤めていますといった実績の強調、そして、極めつけはたまたま有名になった卒業生に登場願い、社会で活躍する人材を生み出し続けている学校であることを証明してみせるその手練手管の前では、高等教育〝市場〟にずぶの素人である学生や親など、赤子にも等しい。

夢が叶うかもしれない場所。自己実現を助けうる場。これが、高等教育界が身にまとっている外向きの顔である。高等教育を受けることが、間違いなく人生の得になると信じられ続ける限り、人々はそこにやって来る。

そして、そのはしごは、上に登れば登るほど、よい景色が見られるのだと思い込んでもらってさえいれば、市場は安泰なのである。「君は優秀な研究者に化ける可能性がある」。『ラブホテル進化論』(文春新書、二〇〇八年)の著者・金益見はそう言われ大学院博士課程への進学を決めたそうだ(「まえがき」

より）。ただ、彼女は本当に実力があっただけまだ救われるが。

三、市場はすでに崩壊している

金のように、若手でありながら世間の耳目を集めている研究者は実は少なくない。たとえば、『搾取される若者たち――バイク便ライダーは見た』（集英社新書、二〇〇六年）の著者である阿部真大も、先の金と同じく大学院生時分にヒット本を刊行している。

だが、彼らのように世間の注目を集めるほどの論文を執筆し、その成果を新書というかたちで世に還元してみせるほどの若手研究者であったとしても、大学の専任教員への道のりは決して明るくない。

それは、市場そのものがすでに崩壊を来たしているからだ。専任教員の占有率に至っては、「准教授」以上のポストの九割が四十代以上の世代によって占められているといわれるほどだ。つまり、二十代・三十代で正規の大学教員になっている者は、ほぼ皆無なわけだ。

しかも、残った数少ないポストも、いわゆる研究大学出身者によって埋まっていく可能性は否定できないため、全国各地の大学院博士課程出身者のほとんどにとって（特に私大出身者の）、ほぼ、専任教員になれる目はないといえよう。

さらにこうしたなか、多くの私立大学などでは、大学が開講する講義のほぼ半数を非正規雇用の〝非常勤講師〟が担っていることは、あまり社会に認知されていない。高等教育の現場であっても、のである。

産業界の例に漏れず、いわゆる多くの〝ハケン〟によって組織維持の下支え構造ができあがっている

高等教育の社会的義務を考えるとき、こうした歪《いびつ》な構造が長く構築され続けていることは、国民全体の利益とならないのではないか。

そしてこれは、現在、専任教員という立場にいる人たちにとっても、決して人ごとではないのである。現在、約五七〇校余りといわれる我が国に設置されている私立大学が、今後も同じ規模を保っていけるなど、アカデミアに生きる人間であれば誰しも思ってはいない。当然、今後、倒産する大学が続出するはずだ。

では、倒産したあとに、専任教員はどこにいくのか。おそらく、再就職先は皆無のはずだ。すでに、どこの大学もポストは完全なまでに埋まっており、たまたま発生した数少ない空きポストに、横滑りで就けるような人は限られるはずだからだ。加えて、非常勤講師のなり手は、若手を中心にあぶれるほどおり、わざわざ、高い給与が発生しかねない「旧」教授などに話がくるわけもないだろう。

そして何を隠そう、このほかにも、博士号を有していながら定職につけていない者たちは、現時点で一二〇〇〇人以上を数えているのである。学校が倒産したからといって、おいそれと次の職が見つけられないのは、もはや自明である。

膨大数いる二十代・三十代の非正規雇用の大学教員について、その雇用形態のおかしさを論じ、格差是正に正面から取り組もうとする専任教員は、当然ながらそう多くはいない。だが、彼ら若手の労働環境について考えることは、実は、人のためではない。万一、専任教員の立場から転落したさいに

は、自らのこととしてただちに直面する問題となるであろうからだ。

このままの制度でいけば、現在、「博士」である人の子が今後、知的生産者となり、父の次を担う世代として立派に成長することなど、もはやまったく期待できない。博士になるまでに莫大な借金を背負ったものの、定職につけない若手研究者が、我が子の教育費をどのように捻出できるというのだろうか。いや、そもそも結婚すらも夢のまた夢とまでいわれているのが現状なのだ。

このことは、我が国において、すでに知の再生産への道のりが絶たれていることを端的に示している。

それどころか、奨学金という名のローンを若者に背負わせ、家庭からのタンス預金を投資させ、国民の税金まで使いながら、まともな職業にも就けず借金漬けとなる若者を大量に発生させているこの状況は、国の未来を食いつぶしながら、既存のシステムを維持しようとしているだけのように見えないか。

博士の子が、非正規雇用者になるほかない。莫大な資金を投じて作られた知的人材が、社会に何の還元もすることなく、たったの一代限りで滅びていく。そんな国にはたして将来はあるのだろうか。

四、発言しづらい空気

本来であれば、高学歴ワーキングプア問題に関しての、院生救済や日本の知的社会づくりに対する提言は、真っ先に大学側が、政策を練った当局や世間に対する意見表明として行なわなければならなかったはずである。大学院拡充のための人集めを始める前に、あるいは、そうした動きと同時に制度も作り上げていくことが必要だったはずだ。

だが、運営サイドからも現場サイドからも、増やした博士をどう活用するかといった論議はまったくといっていいほど出されずに、気がつけば、猛烈な勢いで大学院生が増産され始めていた。

良心的な経営陣や教員も少なからずいたはずだが、そうしたところからの声はあまりにも小さく、大学院重点化という大きなうねりの波間に飲まれることは避けがたかった。現場の教員は、定員数充足のために、大学院へと進学する学生を（その意に反しても）リクルートしなければならない動きが形成されたのだ。

なぜ、発言がなかったのか。これから生産される若手博士たちに、就職先などないことは誰の目にも明らかだったはずであるのに。

直面する経営危機回避のためにしかたがなかったのかもしれない。当局の政策に反論しにくいムードがあったのかもしれない。いや、そもそも反論などする理由がなかったからかもしれない。だが、大学の社会的役割を考えるとき、近い将来に大きな問題（博士難民という）が発生することが容易に予測されるとしたならば、そのことを真っ先に指摘し、問題回避や解決のための提言を行なうことが自らに求められていることなのではなかろうか。

現在、教育政策の場では、十年後の教育投資のあり方をめぐり、教育振興基本計画の策定が迷走中だという。教育への公財政支出を現在の三・五％から、ＯＥＣＤ平均並の五％に引き上げるかどうかで、文科省と財政当局との意見が平行線を辿っているからだ（読売新聞朝刊、二〇〇八年六月二十五日付）。

これに対し、安西祐一郎は、同紙面「論点」において、国の将来を担うはずの教育の重要性という観点からの判断が下されることが重要であり、教育分野だけの枠組みからでなく分野を超えた戦略的決断が行なわれることが重要だと説いている。

もとより、アカデミアの社会的役割という視点にたつならば、こうした国の将来や、社会の健全性などについての意見を適宜、主張していくことが本来、最も必要なことであったはずだ。だが、大学院重点化計画が勢いに乗って進められるなか、ついぞ、それは見られることなく最悪の結果を招いてしまった。

大学院生や若手研究者の間においても、似たような現象が見られる。政策的に増産された彼らは、行き場がなくなり青息吐息となっているにもかかわらず、表面的にはそうした現状に対してなんらの声をあげるそぶりもない。だが、2チャンネルなどの匿名掲示板では、本音をちらつかせる。

自らが直面する問題に対して、アカデミアのなかには、自由にものを言える空気が失われてきているということなのではないだろうか。

実は、このことが、大学の弱体化（特に人文系大学院弱体化）の誘い水となっているような気がしてならない。学問の場における自由が、さまざまな思惑の網の目に絡め取られていること。このことこそが、アカデミアに困難をもたらし続けている元凶ではなかろうか。そして、それを良し、あるいはしかたがないとする風潮が人文系の未来をも閉ざしている。世間に対する発言力という点で、大学は現在、大きく力を失っていないか。

五、自らの首を絞める「自己責任」発言

本来、人文系の人たちは、強く社会に意見表明をすることが職能であったはずだ。私たちの社会に起こっている、あるいは起ころうとしている問題点を的確に捉え、分析し批評し、そして提言を行なうことにこそ、大きな存在意義があったのではないのか。

だが、この「社会との繋がり」という視点が小さくなり始めて、いったいどれくらい経つだろうか。人文系の学問領域に生きる人々は、自らが住まう小さな城の中でのみ生き残ることに汲々とし、外の世界に目を移す余裕を失っているかのようである。そのことが、実は自らの首を絞めることにも繋がっているとも知らず。

大学院重点化問題について目を移しても、明らかに構造上の問題であるにもかかわらず、それを個人的な問題に転嫁することを可能としてしまう「博士の質」や「自己責任」という言葉を、いとも簡単に使いすぎてはいないだろうか。

なるほど、世間一般であれば、「二十歳を過ぎた大人が自分で決めたことであるから自己責任だろう」と、こうのたまったとしても格好はつく。だが、人文系の人間が同じことをもし言ったならば、それはただちに自己否定に繋がるはずである。

私たちの生きる社会に生み出されている問題の本質を的確に見抜くことこそが、人文系の学問を修

める人々に求められていることであり、それを安易に個人の問題としてしまうのであれば、その学問領域は自ら力を失ってしまうことにならないだろうか。

質の問題もまた然りだろう。重点化で異常なまでに増えた若手研究者の就職難について、「博士の質が落ちたからしかたがない」という発言が、まことしやかに囁かれている。しかし、この「質の問題発言」こそ、社会に大きな問題が生じたときに繰り返し見られる凡庸な発言の最たるものなのである。社会問題を個人の問題として片づけてしまうに、これほど便利な言い回しはない。だからこそ、何かひとたび問題が起これば、すぐにこの言葉が使われる。

要するに、現在、高学歴ワーキングプア問題に絡んで、世間に出回っている視点は、すでに使い古されてきた目くらましの手法が、厚かましくも再利用されているにすぎない。

だからこそ、人文系の学問領域に生きる人々は、そのまやかしを解き、真の問題の所在を明らかにし、解決に向けての提言を行なっていかねばならないのだ。

だが、少なくないケースで、質の問題や自己責任などという発言が、当の領域から聞こえてくるのはなぜなのか。

たとえば、「博士の質を維持するために入学時における入口管理を徹底するべきだ」という意見はたびたび聞かれる。しかし、これは単なる「選別」の発想ではないのか。

かつて、国のためだけに価値ある頭脳を育てようとした時代に見られた、知的特権階級層の復活を願わんばかりの危うい視点が、正論としてまかり通ろうとするとき、人文系領域の人たちが発言すべきは、いったいどんな言葉であるべきだろうか。まさか、社会に階層を作り出してしまうのを〝よし〃とするものではないはずだ。

入口を狭くするのではないとしたら、ではいったいどうしたらよいのか。

それには、現在いる若手研究者たちは〃増えすぎた〃のではなく、〃増やされた〃のだということに、再度注目しなければならない。つまり、政策誘導によって、短期間に急激に増加させられたという事実を思い出さねばならない。

ここで大事なことは、自然発生的には決して、この院生の異常な増加率を示し得ないということだ。入口を広げたからといって、自ら望んで大学院に進学した者は決して多くはないということだ。もちろん、最終決定は、自らで下しただろうが、しかし、多くは、大学側からの周到なリクルートがあったはずだからだ。

学部生は及ばず、社会人に対しても精力的にそれは行なわれたはずだ。加えて、高等教育市場が急激に拡大しようとする流れにのるかたちで、キャリアアップを勧める動きが世の中に形成されていった。気づけば、身の回りには「大学院に進学しよう」「キャリアアップをしよう」といった情報が溢れ、そのリスク情報についてはいっさい、見られることがなかったのである。

さて、入口についてであるが、この余計なリクルートを止めさえすれば、それだけで入学希望者は相当数減ることは間違いない。「君は優秀な研究者に化ける可能性がある」などという発言を、むやみに使わないということが肝要だろう。だが、多くの学部生は、こうした言葉に胸を躍らせてしまった可能性が少なくないだろう。そのことを考えると、胸が痛くなるばかりである。

余計な操作をしなければ、大学院への入口人口は自然に絞られるはずである。これは、大学院へ自ら「行きたい」という人に制限をかけることとはまったく違う。学びへの興味と意欲を持続している人たちに対しては、門戸は絶対に開かれていなければならない。そして、こうして学びへの強い意志をもって入学してきた人に、質の高い教育を丁寧に施すことが求められよう。

つまり、選別をするのではなく、入口を広く開放しておいて、その扉を自発的にノックした者たちへ、手厚いケアを行なっていくことが大事だろう。現在は、手を無理矢理引っ張ってきてノックをさせ、あとは、ほとんどほったらかしという状況なのだから。

人文系の研究者たちが行なうべきは、社会に見られがちな視点や発言に安易に乗ることではなく、その裏側に潜む問題点や危険性について、市民にわかりやすい言葉でもって説明を行なうことではないのだろうか。

六、大学の現状をどう捉えるべきか

日本の大学・大学院数は、平成十九年時点でおよそ七五〇校余り。そのうち、国公立は一七六校で、残りの約五七〇校は私立である。

設置校の比率でみると、国公立は全体のわずか三割未満である。学生数（学部生・院生を含む）に目を移すと、累計では約二八三万人で、国公立在籍者七六万人余り、私立二〇七万人となり、実に、学生の七割強は私立に通っていることになる。

つまり、我が国の高等教育市場の大まかな傾向を捉えるには、在校生の大多数が所属する私立大学の動向に目を向けることが必要となるはずだ。

さて、その私立大学であるが、二〇〇八年七月三十日付の毎日新聞では、全体の四七パーセント(二六六校)が定員割れと報道された。もちろん、過去最多という。

少子化の波の直撃を受け、全国の約半数の私大は現時点で危機的状況を迎えつつある。こうした状況は、当然、予測されていたわけで、各大学は生き残りをかけた戦略をこの十年近くの間に必死で展開してきた。

それは焦りを伴ったなかでの動きだったはずだ。近くやってくる氷河期に備え、次々と繰り出される新手は、だからこそ〝大学側〟にとって有益となるものではあっても、そこに〝学生にとっての真の利益〟という視点を同時に備えることは難しかったはずだ。

学生集めに奔走する大学が、いつしか専門学校化していき、ある種のビジネススクールの様相を呈するようになるまで、そう時間はかからなかった。ビジネス的発想に立った大学の運営形態に対しては、新雅史が「論座」二〇〇八年六月号で痛烈なる批判をしている。

新によれば、入学者獲得のための競争が激しくなるなかで、自学の優位性をアピールするための就職率アップが各大学の必修課題になったために、産業社会あるいは世間的ニーズに対応するかたちでの、学—職ラインが意識され、実学指向の〝大学〟教育(専門学校化)が行なわれることになったとある。

その結果、従来的学範のなかでの教育が時代遅れとされていったことを、新は、大学という場所での教育のあり方を考えるとき、大きな問題であると指摘している。

高等教育市場における教育は、その本質を見失おうとしている。質の高い〝教育〟を与えるという視点から、食べていくために有利な〝手に職〟となる資格取得を目指すという方向への転換が急激に進んでいるのである。

大学をめぐるこうした時代背景のなかで、人文系の研究者が発言と行動すべきこととしては、何が求められるだろうか。

ひとつには、制度そのものに対する視点が必要だろう。つまり、これは社会と繋がるという視点である。

七、博士人材の活用へ向けてやるべきこと

国が総力をあげて大量に作り上げた博士たちは、その膨大な数を考えるとき、もはやアカデミアのなかだけにおいて吸収しようとすることは、現実的に不可能となっている。であれば、若手博士を活かす道を開拓するには、やはり制度を見直す必要があるだろう。既存の枠組みのなかでは、大学院博士課程修了者は、大学のなかにも一般社会のなかにも、活躍する場を独自に見つけ出すことは至難の業だからである。

そこで、制度である。もし、制度的に、博士が〝いなければ困る〟という状況が作られたならば、

話は一転するのではないか。身近な例を挙げると、最近の、禁煙空間の急速な広がりには、博士問題解決のための糸口が隠されているようにも見えるのだ。

ほんの十年も遡れば、日本は喫煙大国だったことが思い返される。しかし、ここ数年で、急速に禁煙社会に変貌を遂げた。この突如とした禁煙ブームは、実は自然に発生したというわけではない。九七年あたりを境に、医療の世界では、質の高いサービスなどを実現していくために、外部評価を導入する動きが全国に広がっていった。その評価軸のひとつに、「禁煙・分煙の配慮がなされているかどうか」という項目があった。

高い外部評価を得るためには、個々の項目を充実させていくことが重要となることはいうまでもない。こうして、禁煙・分煙の実施を進めていこうとする場が構築されていくこととなる。これが、多くの公共機関（大学や役所等）に広がりを見せるなかで、禁煙社会形成の力強い推進力となっていったのである。

さて、もし、「職員や社員のなかに博士号取得者がいるかどうか」といった項目が、役所や企業などの評価軸に入れられたとしたらどうだろうか。あるいは、中高などの現場で、管理職に博士号取得者がいるかどうかといったことが評価対象となったらどうだろうか。大学職員、小中学校教員、外部評価機関や病院スタッフなどはどうか。

組織の評価基準をあげるために、博士の存在そのものが必要ということになれば、あぶれる若手博士をめぐる状況も一変するかもしれない。

高い税金をかけて博士を「生産した」ならば、制度を整備して彼らを活用しなければ社会に損失を与えるだけなのではなかろうか。こうした、制度にまつわる視点をもっと私たちは社会に提示していくことが必要となるはずだ。

もう一点としては、学びの意味というものについて再考していくことだろう。制度に比べ、これこそ、人文系大学院が世に発言できる最も得意な分野ではなかろうか。

現在、大学で手にすることができる資格だけをもってして、社会に出たあとに十分に飯を食っていける者など、そう多くはないはずだ（博士号など、その最たるものである）。

学生に、夢や希望や生きる力を与える本来的な役割を放棄して、単なる紙切れの資格証を与えることに力を注ぐ大学で、その後の人生を力強く生き抜いていける若者を育て上げることなど期待できはしない。

だからこそ、学びのもつ本来的な力を世間に訴え、そして学びの迷宮に入り込んでしまった若者とその両親たちを掬い上げることが、いま、人文系大学院に求められているすべてではないのだろうか。

学生に対して提供するべきは、単なる証明書や実学スキルなどでは断じてない。資格を含む、学びの過程で身に付けたさまざまな知識や技能を、世間をわたっていく武器に代えていく、知性や思考力や精神力であるはずだ。

それには、しがないハウツーを供するのでなく、若い人たちに社会の現実をしっかりと教え、本質的な高等教育としての学問を与えていくことが必要となるだろう。

そのためには、なぜ、私たちは学ぶのかということを問い続けねばならないだろう。そして、現在では、すでに利益との直線的な繋がりが失われてしまったこの「学び」に対して、私たちはどのように対峙していけばよいのかということを、同時に世の中へと問うていかねばならないはずだ。それが、人文系大学院の未来を開いてくれるはずだからである。

（本稿は「高学歴ワーキングプアが照らす大学の闇」〔「現代思想」二〇〇八年九月号〕に大幅な加筆・修正を加えたものである。）

参考文献

水月昭道『高学歴ワーキングプア――「フリーター生産工場」としての大学院』、光文社新書、二〇〇七年。

阿部真大『搾取される若者たち――バイク便ライダーは見た』、集英社新書、二〇〇六年。

新雅史「大学の専門学校化と衰退する『知』」、「論座」二〇〇八年六月号、朝日新聞出版。

広島大学高等教育研究開発センター編『日本の大学教員市場再考――過去・現在・未来〔COE研究シリーズ15〕』、広島大学高等教育研究開発センター、二〇〇五年。

山野井敦徳『日本の大学教授市場〔高等教育シリーズ142〕』、玉川大学出版部、二〇〇七年。

本田由紀『多元化する「能力」と日本社会――ハイパー・メリトクラシー化のなかで』、NTT出版、二〇〇五年。

本田由紀『軋む社会――教育・仕事・若者の現在』、双風舎、二〇〇八年。

マリー・ドュリュ＝ベラ『フランスの学歴インフレと格差社会――能力主義という幻想』、林昌宏訳、明石書店、二〇〇七年。

諸星裕『消える大学　残る大学―全入時代の生き残り戦略』、集英社、二〇〇八年。

中井浩一『大学「法人化」以後――競争激化と格差の拡大』、中公新書ラクレ、二〇〇八年。

三浦展『下流大学が日本を滅ぼす！――ひよわな〝お客様〟世代の増殖』、ベスト新書、二〇〇八年。

杉山幸丸『崖っぷち弱小大学物語』、中公新書ラクレ、二〇〇四年。

古沢由紀子『大学サバイバル――再生への選択』、集英社新書、二〇〇一年。

金子元久『大学の教育力――何を教え、学ぶか』、ちくま新書、二〇〇七年。

学術研究フォーラム編『大学はなぜ必要か』、NTT出版、二〇〇八年。

潮木守一『世界の大学危機――新しい大学像を求めて』、中公新書、二〇〇四年
天野郁夫『国立大学・法人化の行方――自立と格差のはざまで』、東信堂、二〇〇八年。

朝日新聞教育取材班『大学激動――転機の高等教育』、朝日文庫、二〇〇三年。

竹内洋『大衆モダニズムの夢の跡――彷徨する「教養」と大学』、新曜社、二〇〇一年。

竹内洋『学問の下流化』、中央公論新社、二〇〇八年。

苅谷剛彦『なぜ教育論争は不毛なのか――学力論争を超えて』、中公新書ラクレ、二〇〇三年。

神前悠太・新開進一・唯乃博『学歴ロンダリング』、光文社ペーパーバックス、二〇〇八年。

中井浩一編『論争・学力崩壊2003』、中公新書ラクレ、二〇〇三年。

石渡嶺司『最高学府はバカだらけ――全入時代の大学「崖っぷち」事情』、光文社新書、二〇〇七年。

編者あとがき

本論集『哲学と大学』は、東京大学グローバルCOEプログラム「共生のための国際哲学教育研究センター（UTCP）」における公開共同研究「哲学と大学」の成果である。

二〇〇七年十一月に若手研究者を中心として発足したこの研究会は、東京大学駒場キャンパスで計六回の定期的なセミナーと二回のシンポジウム「哲学と大学——人文科学の未来」（二〇〇八年二月二十三日）および「大学の名において私たちは何を信じることを許されているのか」（同年九月十九日）を開催した。

また、UTCPは大学の哲学的な考察に関わる催事を主催・共催しており、その成果も本論集には反映されている。編者の西山が参加した催事には次のようなものがある。

・二〇〇八年一月八日、国際フォーラム「哲学と教育　教えること、学ぶこと——哲学と精神分析の教育をめぐって」、国際哲学コレージュ（パリ）。記録集は、*Philosophie et Éducation: Enseigner, apprendre - sur la pédagogie de la philosophie et de la psychanalyse*, UTCP Booklet 1, 2009.

・同年十月六日、国際シンポジウム「大学の哲学　合理性の争い」、アルゼンチン国立図書館（ブエノスアイレス）。

・同年十一月二十四—二十五日、国際フォーラム「哲学と教育——哲学への権利」（二十四日「制度、教育、評価」、パリ高等師範学校。二十五日「高等教育をめぐる各国の事情と人文学の未来」、国際哲学コレージュ）。記録集は、*Philosophie et Éducation II: Le droit à la philosophie*, UTCP Booklet 10, 2009.

・二〇〇九年二月十五日、ワークショップ「人文学にとって現場とは何か」、研究空間スユ＋ノモ（ソウル）

ほとんどの催事はグローバル資本主義の影響下における大学のあり方をおもに哲学の視座から模索することを目的としており、フランス、アルゼンチン、イタリア、韓国、日本の研究者が発表と討議をおこなった。

「哲学と大学」——初回の研究会で私たちがまず討議したのは、この主題のいささか古めかしく高尚な響きに関してだった。「哲学と大学」という時代遅れの主題を、「東京大学」において、しかも、学術の国際競争のための文教政策の極みとも言える「グローバルCOEプログラム」（COEはCenter Of Excellence〔卓越した拠点〕の略称）の枠で議論するというある種特権的な立場について、まずは自覚的にならざるをえなかった。「哲学と大学」を論じる参加者の立場や語り口そのものを客観化し、批判的な距離感をとることが必要に思えたのだ。

まず、「哲学と大学」という問題設定はきわめてヨーロッパ的である。哲学は古代ギリシア以来の真理の理性的探究の営みであり、現在の大学制度は中世ヨーロッパに端を発するものである。理性の営みのヨーロッパにおける制度的発現が大学と言えるのだ。

また、「哲学と大学」という文句は必然的に男性的な響きをもつ。大学論を執筆した哲学者はみな男性であり、しかも、彼らの大学論のなかに女性の存在に対する感性を見出すことは困難である。

そして、「大学とは何か」という問い自体が哲学、さらには人文科学に固有の響きをもつのは何故だろうか。大学の理念や本質への問いは往々にして人文科学から発せられ、自然科学がこの問いを提起することは多くはないようにみえる。自然科学はそもそも大学という知の枠にとどまらない普遍的法則を相手にしているからだろうか。

このように、研究会メンバーは「哲学と大学」という主題の限定的な性質を自覚しつつ、共同研究を進展してきた（また、巻末の参考文献表も含めて、本論集では英米系および日本の文脈には立ち入って論述することができなかった。今後の課題としたい）。

いまとなっては大学の理念が失効している以上、哲学を通じて大学論を検討しても無益であり、むしろ個々人が哲学的成果を生み出すことこそが哲学の営みには有益であると言えるのかもしれない。ただ、現在の大学の困難を歴史的・哲学的に再考するために、「哲学と大学」と題されたアンソロジー的な出版物が日本にも一冊あった方がよい、と研究会メンバーは考えている。今後役立つ資料となるように、きわめて限定的な仕方でではあるが、巻末の参考文献一覧には「哲学と大学」をめぐる大学論および研究文献を注釈つきで掲載した（「欧州高等教育再編と人文科学への影響」および「高学歴ワーキングプア」に関する参考文献は、巻末ではなく大場および水月論文の最後に配置した）。

本論集が刊行されるまでに多くの方にお世話になった。まずは、本共同研究の重要性を理解し、活動の場を提供してくださり、適宜的確な忠告をしてくださったＵＴＣＰリーダーの小林康夫氏に心より感謝申し上げたい。

岩崎稔氏、鵜飼哲氏にはシンポジウムに参加していただき、有益なコメントをいただいた。巻末の参考文献表の作成に関しては、村井則夫氏に貴重な助言をいただいた。心より謝意を表明する次第である。

編集に関しては、未來社編集部の髙橋浩貴氏には迅速かつ的確に作業を進めていただいた。また、未來社社長の西谷能英氏には万般にわたって大変御世話になった。厚く御礼を申し上げたい。

「哲学と大学」という簡潔で限定的な総題ではあるが、本論集が描き出した問いの数々は今日の大学に携わる人々に広く共有されているものである。研究の今後の進展のために、先学諸兄、読者の方々からの忌憚のない御批判、御教示をいただければ幸いである。

編者は執筆者に対して、哲学者の大学論を回顧的に論じ、専門的な論述を進めるだけでなく、現在の大学の困難を踏まえつつ、「何らかの希望を語ってほしい」と依頼してきた。本書が、大学に対する、学問に対する希望が感じられる作品に仕上がっているならば、それは執筆者一同にとって望外の喜びである。

二〇〇九年三月八日

「哲学と大学」に関する参考文献

西山雄二・宮﨑裕助・藤田尚志・大河内泰樹・斉藤 渉・野口雅弘・竹内綱史編

I. 本論集で取り上げた各哲学者の大学論および研究文献

「哲学と大学」という主題は哲学者による教育論、学問論、さらには、教養論、人間論など多様に拡張しうるものであるため、哲学者が公刊した大学論および研究文献を限定的に列挙する。

1）イマヌエル・カント

Immanuel Kant, *Der Streit der Fakultäten*, hrsg. von Horst D. Brandt und Piero Giordanetti, Hamburg: Meiner, 2005. ／「諸学部の争い」角忍ほか訳、『カント全集18』、岩波書店、2002 年。／「学部の争い」小倉志祥訳、『カント全集 13』、理想社、1988 年。

Immanuel Kant, Über Pädagogik in *Werkausgabe, Bd. 12: Schriften zur Anthropologie, Geschichtsphilosophie, Politik und Pädagogik, Teil 2*, hrsg. von Wilhelm Weischedel, Frankfurt am Main: Suhrkamp, 1977. ／「教育学」加藤泰史訳、『カント全集 17』、岩波書店、2001 年。／『人間学・教育学』、三井善止訳、玉川大学出版部、1986 年。

1776 年から 87 年にかけて計四回実施されたカントの教育学講義。「人間は教育によってのみ人間となることができる」という命題に基づいて、子供たちを人間性の理念とその全使命に合致させるような教育術の原理が説かれる。「子供は人格者として教育される権利を有する」というカントの主張は、その後の教育学一般の思想的方向性を決定する。

Reinhard Brandt, *Universität zwischen Selbst- und Fremdbestimmung. Kants ›Streit der Fakultäten‹. Mit einem Anhang zu Heideggers ›Rektoratsrede‹*, Berlin: Akademie, 2003.

カントの哲学史・文献学的研究で名高い著者が、下級学部（哲学部）における「自律」と上級三学部（神学部・法学部・医学部）における「他律」という基本対抗軸から『諸学部の争い』の議論を再構成する。一種のコメンタールとしても利用できる。補論として、ハイデガーによる学長就任演説（1933 年）の批判的分析を収録。

Richard Rand (ed.), *Logomachia: The Conflict of the Faculties*, University of Nebraska Press, 1992.

制度としての大学について考えるうえで脱構築がもつ含意と効果に関する論集。ジャック・デリダへのインタヴュー「正典と換喩」も収録。

Timothy Bahti, Histories of University: Kant and Humboldt, *MLN* 102. 3, 1987.

カントとフンボルトの関係を軸としながら、「大学史」と「大学としての歴史」の相互連関について掘り下げた優れた論考。

Hent de Vries, State, Academy, Censorship, in *Religion and Violence: Philosophical perspectives from Kant to Derrida*, Johns Hopkins University Press, 2002.

カントの大学論は、「哲学部と神学部の争い」のうちに位置づけられ、その宗教論とともに検閲を受け、公表を禁じられたが、こうした背景を踏まえ「宗教」と「検閲」の観点から、カントの他のテクストやデリダの議論等も関連づけながら、縦横に論じた内容豊かな論考。

牧野英二「カントの大学論——『諸学部の争い』の現代的射程」、『遠近法主義の哲学——カントの共通感覚論と理性批判の間』、弘文堂、1996 年。

カントの大学論を要点を明快に整理しつつ、検閲概念の意義を説く。本論によれば、大学は、国家の検閲制度に抗する「理性の検閲」の場としての「超権力」の役割を担う。

加藤泰史「理性の制度化と制度の理性化——『学部の争い』の現代的意義」、『ヘーゲル學報』第 5 号、京都ヘーゲル讀書會、2003 年。

理性は制度化できないとしたシェリングおよびデリダの大学論を批判して、ユルゲン・ハーバーマスの討議理論に依拠しつつ、大学を、公共的な自律性に基づく「理性の制度化」の場として捉え直す。

2）G・W・F・ヘーゲル

『ヘーゲル教育論集』、上妻精編訳、国文社、1988 年。

ヘーゲルがギムナジウム校長や学長として行なった式辞や、行政文書、書簡など教育をめぐって執筆したテクストは彼の大学観・教育観を伝える数少ない資料である。この論集で重要なものを読むことができる。

山﨑純ほか編「資料　ヘーゲルの講義活動」、加藤尚武編『ヘーゲル哲学への新視覚』、創文社、1999 年。

イェナ大学、ニュルンベルクのエギディウス・ギムナジウム、ハイデルベルク大学、ベルリン大学でのヘーゲルの講義活動に関して日本語で読むことができる資料。

幸津國生「ヘーゲルのニュルンベルク時代ギムナジウム講義題目一覧」、幸津國生『意識と学——ニュルンベルク時代ヘーゲルの体系構想』、以文社、1999 年

とくにニュルンベルク期に限定したヘーゲルの講義活動に関する資料。

O. Pöggeler (Hrsg.), *Hegel. Einführung in seine Philosophie*. Freiburg i. Br.: Karl Karl Alber, 1977／オットー・ペゲラー編著『ヘーゲルの全体像』、谷嶋喬四郎監訳、以文社、1988 年

1970 年代にまとめられたヘーゲル文献学研究の成果の中間報告。ニュルンベルク期の教育活動について扱ったF・ニコーリン「教育学・哲学予備学・エンチクロペディー」が含まれている。

Karl Rosenkranz, *Georg Wilhelm Friedrich Hegel's Leben*, Berlin, 1844, Nachdruck, Darmstadt: Wissenschaftliche Buchgesellschaft, 1998／カール・ローゼンクランツ『ヘーゲル伝』、中埜肇訳、みすず書房、1983 年

ヘーゲルの弟子による伝記。依然として貴重な資料であり、ヘーゲルの講義活動の息吹を伝えてくれる。

Jacques Derrida, L'âge de Hegel, in *Du droit à la philosophie*, Galilée, 1990. ／ジャック・デリダ『ヘーゲルの時代』、白井健三郎訳、日本ブリタニカ、1980年。

哲学教育の問題に関してヘーゲルがプロイセンの教育大臣アルテンシュタインに宛てた書簡の読解を通じて、大学教師＝公務員としての哲学者が国家の技術官僚的体制といかなる関係を模索し、いかなる仕方で哲学教育を擁護するべきかを主張した実践的論考。

Timothy Bahti, History Enters the University: Philosophy and History to the University of Berlin, in *Allegories of History: Literary Historiography after Hegel*, Johns Hopkins University Press, 1992.

学問が大学において制度化されることではじめて「歴史なるもの」が立ち上がる起源の問いをヘーゲルの歴史哲学に即して考察する重厚な論考。

Gerhart Schmidt, *Hegel in Nürnberg. Untersuchungen zum Problem der philosophischen Propädeutik*, Tübingen: Max Niemeyer Verlag, 1960.

Roland W. Henke, *Hegels Philosophieunterricht*, Würzburg: Königshausen & Neumann, 1989.

この二著はやや専門的だが、とくにニュルンベルク・ギムナジウムでの哲学講義を扱った数少ない研究。

3）ヴィルヘルム・フォン・フンボルト

Wilhelm von Humboldt, *Werke in fünf Bänden*, hrsg. von Andreas Flitner und Klaus Giel, Stuttgart: Cotta 1960-1981.

この五巻本選集のうち、Band 4: *Schriften zur Politik und zum Bildungswesen* が教育制度論を収めている。もっとも重要な草稿「ベルリン高等学術施設の内的および外的組織について」には、次の二種類の翻訳がある。(1)「ベルリン高等学問施設の内的ならびに外的組織の理念」梅根悟訳、フィヒテほか『大学の理念と構想』、明治図書、1970年。(2)「ベルリン高等学術施設の内的ならびに外的組織について」、クレメンス・メンツェ編『人間形成と言語』、小笠原道雄・江島正子訳、以文社、1989年。

Eduard Spranger, *Wilhelm von Humboldt und die Reform des Bildungswesens*, Tübingen: Niemeyer, 1960.

哲学者・教育学者エードゥアルト・シュプランガーは、1909年の *Wilhelm von Humboldt und die Humanitätsidee*（ヴィルヘルム・フォン・フンボルトとフマニテート理念）をはじめとする研究で、20世紀初頭のフンボルト教育哲学再評価を先導した。翌年出版された本書（原著初版は1910年）は思想面だけでなく制度面にも多くの紙幅を割いている。

Clemens Menze, *Die Bildungsreform Wilhelm von Humboldts*, Hannover [u. a.]: Schroedel, 1975.

メンツェは、戦後のフンボルト研究を代表する教育学者。本書は教育改革を扱ったものだが、歴史的背景や事実関係を跡づけつつ、20世紀後半への影響を論じている。

Dietrich Benner, *Wilhelm von Humboldts Bildungstheorie. Eine problemgeschichtliche Studie zum Begründungszusammenhang neuzeitlicher Bildungsreform*, Weinheim/München: Juventa, 1990.

教育思想史研究で活躍する著者が、フンボルトの著作を歴史的・体系的に考察した著作。

Sylvia Paletschek, Verbreitete sich ein 'Humboldt'sches Modell' an den deutschen Universitäten im 19. Jahrhundert?, in *Humboldt International. Der Export des deutschen Universitätsmodells im 19. und 20. Jahrhundert*, hrsg. von Rainer Christoph Schwinges, Basel: Schwabe, 2001.

フンボルトの大学論の影響が、19世紀には確認できないこと、いわゆるフンボルト・モデルが20世紀の「発明」であることを証明しようとした野心的論文。

江島正子『フンボルトの人間形成論』、ドン・ボスコ社、1996年。

フンボルトの教育論を主題的に扱った日本語の単著としてはおそらく唯一のもの。日本のフンボルト受容について論じた章も有益。

潮木守一『フンボルト理念の終焉？——現代大学の新次元』、東信堂、2008年。

前掲のパレチェク論文に触発されつつ、「フンボルト理念」が現代日本の文脈においてもつ意味を考察している。

4）フリードリッヒ・ニーチェ

Friedrich Nietzsche, Ueber die Zukunft unserer Bildungsanstalten, in *Sämtliche Werke: Kritische Studienausgabe*, Bd. 1, hrsg. von G. Colli und M. Montinari, Berlin/New York: Gruyter, 1980.／「われわれの教養施設の将来について」渡辺二郎訳、『ニーチェ全集 第三巻』、ちくま学芸文庫、1994年。／「われわれの教育施設の将来について」西尾幹二訳、『ニーチェ全集 第I期 第一巻』、白水社、1979年。

若きニーチェの大学・ギムナジウム論。他の著作や遺稿にも晩年に至るまで大学や学者に対する（ほとんどが批判的な）発言が散見されるが、このテクストが唯一のまとまった「大学論」といえる。なお、従来の専門研究は「われわれの教養施設の将来について」をあまり扱ってこなかったが、ドイツのNietzsche-Gesellschaftの機関誌*Nietzscheforschung*（Berlin: Akademie Verlag）が近年になって同書について次の二号で特集を組んでおり、関連論文が多く掲載されている。*Nietzscheforschung*, Bd. 7, 2000（1999年の国際会議Nietzsche und die Zukunft der Bildungの講演を収録）、*Nietzscheforschung*, Bd. 12, 2005（特集Bildung-Humanitas-Zukunft bei Nietzscheを収録）。

ジャック・デリダ「ニーチェの耳伝　固有名詞のポリティーク——ニーチェの教え」、クロード・レヴェック、クリスティ・V・マクドナルド編『他者の耳——デリダ「ニーチェの耳伝」・自伝・翻訳』、浜名優実、庄田常勝訳、産業図書、1988年。

ニーチェにおける自伝と署名の問題を問う論考だが、「教養施設の将来」に関連づけられることで、国家・大学・ナチズムといった「政治の問い」が抉り出される。とくに、講義を聴講する学生たちが大学に臍の緒のようにぶら

さがって国家のテレタイプとなるという論点の分析は非常に刺激的。

三島憲一『ニーチェとその影——芸術と批判のあいだ』、未來社、1990年／講談社学術文庫、1997年。

あとの章になるにつれてニーチェに批判的となる論文集だが、「大学でニーチェを研究する」というパラドキシカルな事態に対する真摯な問題意識が随所に見られる。

西尾幹二『ニーチェ』全二部、ちくま学芸文庫、2001年。

少年期から『悲劇の誕生』の執筆とその後の論争までを扱った伝記。豊富な資料を駆使し、ニーチェが大学という制度に対して批判的になっていく過程が描かれている。

川原栄峰「大学に哲学がない——ニーチェの大学論」、「実存主義」、第47号、1969年。

大川勇「ニーチェの教養理念——『われわれの教育機関の将来について』にみられるフンボルトへの回帰」「社会システム研究」第9号、2006年。

5）マックス・ウェーバー

Max Weber, *Gesammelte Aufsätze zur Wissenschaftslehre*, Tübingen: J. C. B. Mohr, 1922. ／『職業としての学問』、尾高邦雄訳、岩波文庫、1980年。／『社会科学と社会政策にかかわる認識の「客観性」』、富永祐治・立野保男訳、折原浩補訳、岩波文庫、1998年。

Wissenschaftslehre（科学論／学問論）には、『職業としての学問』をはじめ、ウェーバーの学問論、社会科学方法論をめぐる論文が収められている。

Max Weber, *Wissenschaft als Beruf 1917/1919-Politik als Beruf 1919*, hrsg. von Wolfgang J. Mommsen und Wolfgang Schluchter, Tübingen: Paul Siebeck, 1992.

ウェーバー全集（MWG I/17）では、『職業としての学問』と『職業としての政治』が一巻にまとめられ、講演の成立経過などに関する詳細な解説がつけられている。

『ウェーバーの大学論』、上山安敏・三吉敏博・西村稔編訳、木鐸社、1979年。

『職業としての学問』以外にも、商科大学をめぐる問題や「アルトホフ体制」についてなど、ウェーバーは当時の大学をめぐる諸問題に言及している。本書ではその主要なものが翻訳され、解説が付されている。なお、大学に関係するウェーバーの文章の英訳としては、*Max Weber on Universities: The Power of the State and the Dignity of the Academic Calling in Imperial Germany* (trans. and ed. by Edward Shils, University of Chicago Press, 1974) がある。

上山安敏『神話と科学——ヨーロッパ知識社会　世紀末〜20世紀』、岩波現代文庫、2001年。

ウェーバーとシュテファン・ゲオルゲとの関係をはじめ、ウェーバーの学問論とその交友関係、敵対関係を軸としながら、世紀末から20世紀初頭にかけての知のパノラマが描かれている。

向井守『マックス・ウェーバーの科学論——ディルタイからウェーバーへの精神史的考察』、ミネルヴァ書房、1997年。

ウェーバーの「科学論」の総体を、同時代のさまざまな思想家たちとの論争も含めて包括的に検討している。

6）マルティン・ハイデガー

Martin Heidegger, *Die Selbstbehauptung der deutschen Universität. Das Rektorat 1933/34. Tatsachen und Gedanken*, Frankfurt am Main: Klostermann, 1983. ／「ドイツ大学の自己主張」、『30年代の危機と哲学』、清水多吉ほか訳、平凡社ライブラリー、1999年。

Jacques Derrida, L'oreille de Heidegger - Philopolémologie (*Geschlecht* IV) in *Politiques de l'amitié*, Galilée, 1994. ／ジャック・デリダ「ハイデッガーの耳——フィロポレモロジー（ゲシュレヒトIV）」、『友愛のポリティックス　2』、鵜飼哲・大西雅一郎・松葉祥一訳、みすず書房、2003年。

現存在が「友の声」を聴取することの構造的な分析を基調としつつ、気分や情状性の存在論的次元が考察され、ハイデガーにとっては聴取されるべきロゴスがその大学論などにおいて友愛と闘争として両義的に解釈されることが示される。

Philippe Lacoue-Labarthe, La transcendance finie/t dans la politique in *L'imitation des modernes*, Galilée, 1990. ／フィリップ・ラクー＝ラバルト「政治のなかの有限なる超越／超越は政治のなかで終わる」、『近代人の模倣』、大西雅一郎訳、2003年。

Philippe Lacoue-Labarthe, *La fiction du politique*, Christian Bourgois, 1987. ／フィリップ・ラクー＝ラバルト『政治という虚構——ハイデガー　芸術そして政治』、浅利誠・大谷尚文訳、藤原書店、1992年。

たんにハイデガーの大学論を論じたものではなく、ハイデガーにおける大学の問いを通じて、ハイデガー特有の政治的思考の可能性を探ろうとするきわめて野心的な試み。ハイデガー的立場からの大学論の哲学的射程を検討するための必読文献である。前者はとくに「総長就任演説」の分析にあてられ、ジェラール・グラネルとの論争（Gérard Granel, *De l'université*, Trans-Europ-Repress, 1982）を引き起こした。

クリストファー・フィンスク「差異と自己主張」竹内孝宏訳、「現代思想」1999年5月臨時増刊号「総特集＝ハイデガーの思想」。

茅野良男「ハイデガーの大学論」、「実存主義」、第47号、1969年。

森一郎「ハイデッガーにおける学問と政治——『ドイツ大学の自己主張』再読」、『〈対話〉に立つハイデッガー』、ハイデッガー研究会編、理想社、2000年。

山本尤『ナチズムと大学——国家権力と学問の自由』、中公新書、1985年。

フンボルト以来「学問の自由」を謳い近代的大学の範例をなしてきたドイツの大学が、なぜ、かくもやすやすとヒトラーによる国家権力の介入に屈したのか。嵐が吹き荒れたナチ体制下の大学の実態を平明な筆致で描きだした良書。

7）ジャック・デリダ

Jacques Derrida, *Du droit à la philosophie*, Galilée, 1990.

1974年のGREPH（哲学教育研究グループ）の結成宣言から1990年の「哲学および知識論委員会報告書」まで哲学教育制度に関わる活動に即して書かれた文章と、哲学と教育、大学をめぐる理論的な文章が収録された650頁を超える大部の論集。カント、ヘーゲル、シェリング、フンボルト、フィヒテ、シュライアーマッハー、クーザン、ニーチェ、ハイデガーなどによる大学に関する諸言説が議論の組上に載せられる。一部のテクストの日本語訳は『他者の言語——デリダの日本公演』（高橋允昭編訳、法政大学出版局、1989年）に収録されている。

Jacques Derrida, *L'université sans condition*, Galilée, 2001.／『条件なき大学』、西山雄二訳、月曜社、2008年。

1998年にスタンフォード大学で口頭発表されたデリダ晩年の講演。グローバル化時代の高度資本主義の状況を考慮しつつ、大学とりわけ人文学の将来をめぐって、信という観点からデリダ自身の教師論、職業論が披露された独創的な大学論。

Jacques Derrida, *Inconditionalité ou souveraineté : L'Université aux frontières de l'Europe*, Patakis, 2002.

1999年にアテネのパンテオン大学で名誉博士号を授与したデリダの記念講演。『条件なき大学』の論旨を踏まえて、無条件性と主権性の識別困難な境界をたどり直しつつ、大学における脆弱さと隣合せの抵抗の原理を主張。

Jacques Derrida, *Le droit à la philosophie du point de vue cosmopolitique*, éditions Unesco/Verdier, 1997.

1991年のユネスコでの講演録。大学や研究施設と国際的な文化施設との制度的な関係、哲学や美術、科学といった学際性をめぐって、問いが生起するための場について考察。

Simon Morgan Wortham, *Counter-Institutions: Jacques Derrida and the Question of the University*, Fordham University Press, 2006.

哲学は制度に帰属すると同時に帰属しえないという両義的な視座からデリダの大学論を読み解く著作。

Tom Cohen (ed.), *Jacques Derrida and the Humanities: A Critical Reader*, Cambridge University Press, 2001.

政治、歴史、ジェンダー、テクノロジー、文学、美学、倫理、法、精神分析など、人文学の諸領域とデリダ思想の関係を網羅的に扱う論集。『条件なき大学』の英語版を収録。

Gert J. J. Biesta and Denise Egéa-Kuehne (eds.), *Derrida & Education*, Routledge, 2001.

Peter Pericles Trifonas and Michael A. Peters (eds.), *Derrida, Deconstruction and Education*, Blackwell, 2003.

Michael A. Peters Gert Biesta, *Derrida, Deconstruction, and the Politics of Pedagogy*, Peter Lang Publishing, 2008.

これら三冊は、ポスト・モダン思想による教育概念の問い直しを議論の射程に入れつつ、教育の文脈において脱構築における倫理、正義、責任の問題を扱った論集。

II. その他の大学論および研究文献

大学に関する参考文献は大学制度、大学史、大学教育、大学経営などきわめて多岐にわたるため、「哲学と大学」という主題に関連する文献を限定的に列挙する。

1）ドイツ関係

***Über das Wesen der Universität: Drei Aufsätze von Joh. Gottl. Fichte, Friedr. Schleiermacher, Henrik Steffens aus den Jahren 1807-1809*, mit einer Einleitung über „Staat und Universität" hrsg. von Eduard Spranger, Leipzig: Meiner, 1919.**

シュプランガー編 über das Wesen der Universität（大学の本質について）と題された選集（第1版 1910年、第2版 1919年）には、フィヒテ「ベルリンに創立予定の、科学アカデミーと緊密に結びついた、高等教授施設の演繹的プラン」（1807年）、シュライアーマッハー「ドイツ的意味での大学についての随想」（1808年）、シュテフェンス「大学の理念についての講義」（1808/09年）を収める。この選集は比較的廉価なフェリックス・マイナー社の「哲学文庫」の一書であり、大学の「本質」や「理念」をめぐるその後の議論に少なからぬ影響を与えている。

Ernst Anrich (Hg.), *Die Idee der deutschen Universität. Die fünf Grundschriften aus der Zeit ihrer Neubegründung durch klassischen Idealismus und romantischen Realismus*, Darmstadt: Wissenschaftliche Buchgesellschaft 1956.

シュプランガー編の選集に、シェリングの「大学における学術研究の方法に関する講義」（1803年）とフンボルトの「ベルリン高等学術施設の内的および外的組織について」（1809年ごろ）を加え、五編を収録した論集。このアンリヒ編 *Die Idee der deutschen Universität*（ドイツの大学の理念）あるいはシュプランガー編 *Über das Wesen der Universität*（大学の本質について）を底本にした訳書に次のものがある。

フィヒテほか『大学の理念と構想』、梅根悟訳、明治図書、1970年。シェライエルマッヘル『国家権力と教育――大学論・教育学講義序説』、梅根悟・梅根栄一訳、明治図書出版、1969年。

前者は、フィヒテとシュテフェンスとフンボルトの論文の翻訳。後者は、シュライアーマッハーの論文に「教育学講義序説」をあわせて収録したもの。なお、シェリングの講義は、シェリング『学問論』（勝田守一訳、岩波文庫、1957年）として訳されている。

フィヒテ『学者の使命　学者の本質』、宮崎洋三訳、岩波文庫、1942年。

「学者の使命に関する数講」（1794年）、「学者の本質と自由の領域における

その現象とについて」(1806年)、「学者の使命に関する五講」(1811年)という、最初期から最後期に至る学問論・大学論を集めたもの。また、フィヒテ『ドイツ国民に告ぐ』(大津康訳、岩波文庫、1940年)は、直接大学に関わる議論ではないが、この時代のドイツにおいて教育が担わされた意味の大きさを知るうえでもあわせて参照されたい。

フィヒテ「大学の自由の唯一可能な阻害要因について」、『フィヒテ全集第22巻』、哲書房、1998年。

1812年のベルリン大学での学長就任演説。「学生」であることを無制限の自由を与えられた特権的「身分」と考え傍若無人に振る舞う者たちこそが「大学の自由」の最大の敵であると攻撃し、大学の本質と真の自由を説く。しかしこの攻撃が元となってフィヒテはわずか半年で学長辞任に追い込まれることになった。

Arthur Schopenhauer, Über die Universitätsphilosophie, in *Sämtliche Werke in fünf Bänden*, Bd. IV, Frankfurt am Main: Suhrkamp, 1986. /「大学の哲学について」有田潤訳、『ショーペンハウアー全集10』、白水社、1973年。

当時(1850年)の大学を風靡していたヘーゲル派への罵詈雑言が多く、個人的怨恨による文章とみられがちだが、大学(の哲学部)を立身出世などの社会的利益のための場とすることに対する徹底した批判がその根底にある。

Max Lenz, *Geschichte der Königlichen Friedrich-Wilhelms-Universität zu Berlin*, 4 Bände, Halle: Verlag der Buchhandlung des Waisenhauses, 1910-1918.

ベルリン大学の歴史を扱った四巻本。大学創立100年を記念して刊行された。

Karl Jaspers und Kurt Rossmann, *Die Idee der Universität. Für die gegenwärtige Situation entworfen*, Berlin/Göttingen/Heidelberg: Springer, 1961. /「大学の理念」森昭訳、『ヤスパース選集2』、理想社、1955年。/『大学の理念』、福井一光訳、理想社、1999年。

ナチズムの支配によって道義的破壊を被ったドイツの大学の精神的再建のために書かれた、哲学者による大学論の古典的テクストのひとつ。フンボルト的な大学の理念を継承しつつ、真理探究にむけた各々の実存的な交わりが、研究・教育・授業を通じて大学=「学問の宇宙」において制度的に実現されることを説く。

Helmut Schelsky, *Einsamkeit und Freiheit. Idee und Gestalt der deutschen Universität und ihrer Reformen*, 2., um einen »Nachtrag 1970« erweiterte Auflage, Düsseldorf: Bertelsmann 1971. /ヘルムート・シェルスキー『大学の孤独と自由——ドイツの大学ならびにその改革の理念と形態』、田中昭徳・阿部謹也・中川勇治訳、未來社、1970年。

フンボルトらの大学改革が当時の社会においてもっていた意味を問い直し、1960年代の大学改革論への指針を取り出そうとした。「1970年の後書き」では、著者自身がこのような目論見を放棄するに至っている。なお、日本語訳は原著第一版によるもの。

Fritz K. Ringer, *The Decline of the German Mandarins: The German Academic*

Community, 1890-1933, University Press of New England, 1990. ／フリッツ・K・リンガー『読書人の没落――世紀末から第三帝国までのドイツ知識人』、西村稔訳、名古屋大学出版会、1991年。

「読書人」とは世襲の権利でも富でもなく教育上の資格証明によって身分を得た社会的・文化的エリートのことで、彼らはドイツの19世紀の栄光を担い、20世紀のその破滅を準備した。人文科学・社会科学の著名な大学教授たちを取り上げながら、その社会階層の歴史を描く本書から、ドイツにおける「哲学と大学」をめぐる問題のコンテクストを知ることができる。なお、一般的にその社会階層は「教養市民層（Bildungsbürgertum）」と呼ばれ多くの研究書が出ているが、問題の輪郭を知るためには、野田宣雄『ドイツ教養市民層の歴史』（講談社学術文庫、1997年）が簡便である。

西村稔『文士と官僚――ドイツ教養官僚の淵源』、木鐸社、1998年。

リンガーが扱う読書人階層（教養市民層）の前史を中世まで遡って跡づけている。とりわけ、啓蒙主義からカントを経てベルリン大学の成立後に至るまでの学者・大学・教養人・官僚の布置転換を鮮やかに描き出す。

潮木守一『近代大学の形成と変容――一九世紀ドイツ大学の社会的構造』、東京大学出版会、1973年。

潮木守一『ドイツの大学――文化史的考察』、講談社学術文庫、1992年。

19世紀から第一次世界大戦にかけて、ドイツの大学が世界の大学のモデルとなり、やがて軍国主義の波に呑み込まれていった過程を豊富な事例とともに文化史的に描く。

Manfred Eigen u. a., *Die Idee der Universität: Versuch einer Standortbestimmung*, Berlin/Heidelberg/New York: Springer, 1988. ／マンフレッド・アイゲン、ユルゲン・ハーバマス、ハンス・ゲオルク・ガダマーほか『大学の理念――立場決定の試み』、赤刎弘也訳、玉川大学出版部、1993年。

ハイデルベルク大学創立600周年（1986年）を記念して行なわれた連続講演。ガダマーやハーバーマスなどの哲学者による大学論を含む。

曽田長人『人文主義と国民形成――19世紀ドイツの古典教養』、知泉書館、2005年。

18世紀末以降、ドイツの教育改革を担った新人文主義の理念と展開を論じた好著。

2）フランス

フランスでは、ある程度まで構造的と思われる要因によって、「哲学と大学」という問題に対する哲学者の貢献が、幾人かの例外を除いてほぼ欠落している。それを補っているのはむしろ、哲学との対抗関係において学問として発達してきた社会学である。

Emile Durkheim, *L'évolution pédagogique en France* (1904-1905), Alcan, 1938. ／エミール・デュルケム『フランス教育思想史』、小関藤一郎訳、行路社、1966年。

フランスにおける「哲学と大学」をおそらく初めて本格的に問うた著作。社会学者のデュルケムはパリ大学の教員養成コースでヨハン・ハインリッヒ・

ペスタロッチやヨハン・フリードリッヒ・ヘルバルトを論じ、教育学や教育史の研究にも携わった。この分野に関しては、ほかにも『教育と社会学』（佐々木交賢訳、誠信書房、1976年）などの著作がある。また、ほぼ同世代のアランは教育現場の実践から教育思想を語る『教育論』（『アラン著作集7』、八木冕訳、白水社、1960年）を著わしている。

エミール・デュルケム「ドイツの大学における哲学教育の現状」、『デュルケームドイツ論集』、小関藤一郎・山下雅之訳、行路社、1993年。

1885-86年にデュルケムがドイツへ留学したさいの報告。第三共和政当時のフランスの哲学教育との比較が興味深い。

André Canivez, *Jules Lagneau, professeur de philosophie. Essai sur la condition du professeur de philosophie jusqu'à la fin du XIXe siècle*, 2 tomes, Publications de la Faculté des lettres de Strasbourg, 1965.

「私の知るかぎりでは、フランスで、哲学的制度のいくつかの歴史的問題を直接的に扱っている二つか三つの著作のうちのひとつ」（デリダ）。

François Châtelet, *La philosophie des professeurs*, 10/18, 1970.

大学の哲学教師が講壇哲学を批判したひとつの典型。ただし、ジル・ドゥルーズやジャン＝フランソワ・リオタールとともにシャトレが在籍したのは実験的な色彩の濃いパリ第八大学であったことも明記しておこう。

GREPH, *Qui a peur de la philosophie?*, Flammarion, 1977.

1974年、フランス政府による中等教育における哲学教育の削減案に抗して、デリダが教師や学生らとともに結成したGREPH（哲学教育研究グループ）の記録集。

***États généraux de la philosophie: 16 et 17 juin 1979*, Flammarion, 1979.**

哲学教育の諸問題を一般市民とともに議論するために、1979年6月にデリダがドゥルーズやポール・リクール、ウラジミール・ジャンケレヴィッチ、フランソワ・シャトレらとともにパリ大学ソルボンヌ校で開催した公開討論会「哲学三部会」の記録集。

***Philosophies de l'université : l'idéalisme allemand et la question de l'université*, réunis à l'initiative du Collège de Philosophie, présentés par Luc Ferry, J.-P. Pesron et Alain Renaut et trad. de l'allemand par G. Coffin et al., Payot, 1979.**

アラン・ルノーとリュック・フェリーのコンビによる初期の仕事で、ドイツ観念論哲学者による大学論の網羅的なアンソロジー集。

Jean-François Lyotard, *La condition postmoderne. Rapport sur le savoir*, Minuit, 1979.／ジャン＝フランソワ・リオタール『ポスト・モダンの条件——知・社会・言語ゲーム』、小林康夫訳、書肆風の薔薇（水声社）、1986年。

「フランスにおける哲学と大学」という視座から読み直されるべき重要著作。

Gérard Granel, *De l'université*, Trans-Europ-Repress, 1982.／抄訳、ジェラール・グラネル「大学にかかわるすべての人々へのアピール」松葉祥一訳、「現代思想」1989年7月号。

Pierre Bourdieu, *Homo academicus*, Minuit, 1984.／ピエール・ブルデュー『ホモ・ア

カデミクス』、石崎晴己・東松秀雄訳、藤原書店、1997年。

1964年の『遺産相続者たち――学生と文化』(戸田清ほか訳、藤原書店、1997年)以来、高等教育の社会学を研究の柱に据えていたブルデューが大学における知の生産活動そのものを議論の俎上に載せた作品。『諸学部の争い』の現代フランス版と言える哲学的側面ももつ。ちなみに、フランス独自のエリート主義的な教育体制に関しては、柏倉康夫『エリートのつくり方――グランド・ゼコールの社会学』(ちくま新書、1996年)が簡便。

Jean-Louis Fabiani, *Les philosophes de la République*, Minuit, 1988.

ブルデュー派に連なる著者が、第三共和政下の哲学者と制度の関係を社会学的に考察している。よりシニカルな視点から現状を扱ったものに、Louis Pinto, *La vocation et le métier de philosophe. Pour une sociologie de la philosophie dans la France contemporaine* (Seuil, 2007) がある。

François Châtelet et al., *Le rapport bleu: Les sources historiques et théoriques du Collège international de philosophie*, PUF, 1998.

前述のシャトレがデリダらとともに、大学の「外部」に国際哲学コレージュを創設しようとしたさいに政府に提出した報告書などを集めた資料集。

François Azouvi, *Descartes et la France. Histoire d'une passion nationale*, Fayard, 2002.

本書の姉妹篇とでも言うべき *La gloire de Bergson. Essai sur le magistère philosophique* (Gallimard, 2007) とともに、「フランスにおける哲学と大学」に関する歴史的な視点を提供してくれる。

Alain Renaut, *Que faire des universités?*, Bayard, 2002.

現代の「ソルボンヌ」に席を占める政治哲学者アラン・ルノーは、カントやフィヒテをはじめとするドイツ哲学の研究者でもあり、ごく初期から大学論に関わり続けている。そのスタンスは、最近著の表題 *Quel avenir pour nos universités? Essai de politique universitaire* (Timée-Editions, 2008) が示しているように、哲学的というより政策論的である。ちなみに、自律化(autonomisation)を大学政策の柱と考える点でも、ルノーは盟友リュック・フェリーと一致している。

アレゼール日本編『大学界改造要綱』、藤原書店、2003年。

人文・社会科学系の大学教員からなる自主団体「アレゼール(高等教育と研究の現在を考える会)」による、日仏間の高等教育政策をめぐる批判的考察。フランスの大学制度に関する概説書としては、少し古いが、J・B・ピオベッタ『フランスの大学――その制度と運営』(中山毅・諸田和治訳、白水社、1963年)が簡便。

ポール・フルキエ『哲学講義』、全4巻、中村雄二郎ほか訳、ちくま学芸文庫、1997年。

フランスの高校では教育の総仕上げとして最終学年で哲学が必修とされており、文系理系を問わず週に4-8時間の哲学の授業を受ける。「認識」と「行動」と題されたこれら諸巻からは、フランスの哲学教育が哲学に関する知識の伝授ではなく、哲学的思索のラディカルな訓練の場であることがわかる。

白井成雄「フランスの哲学教育――歴史と現況」、および、浅利誠「フランスの哲学教育（20世紀後半）」、小林道夫ほか編『フランス哲学・思想事典』、弘文堂、1999年。

澤田直「『エコール・ノルマル』というトポス――アランからデリダまで」、鷲田清一編『哲学の歴史』第12巻、中央公論新社、2008年。

日本語で読める「フランスにおける哲学と大学」に関する事典類の項目。

3）イギリスおよびアメリカ

John Henry Crinal Newman, *The Idea of a University*, Oxford at the Clarendon Press, 1976.／ジョン・ヘンリー・ニューマン『大学で何を学ぶか』、ピーター・ミルワード編、田中秀人訳、大修館書店、1983年。

神学者ニューマンがダブリンのカトリック教徒および学生向けに19世紀半ばにおこなった説教と講演からなる、大学の本質に関する基本文献。ニューマンは英国国教会の再建を唱えるオックスフォード運動の指導者であり、彼が教会と大学の双方の制度を見据えながら大学教育の神髄を示している点が興味深い。

ジョン・スチュアート・ミル『ミルの大学教育論――セント・アンドルーズ大学名誉学長就任講演「教育について」』、竹内一誠訳、御茶の水書房、1983年。

父親からの英才教育を受けて神童として育ち、東インド会社に奉職していたミルが、セント・アンドルーズ大学の名誉学長に選出されたさいの記念講演。一度も大学研究者の職に就いたことのないミルの講演はたしかに大学制度の実情とはかけ離れた主張を含むが、だがそれゆえに、大学教育の理念がもっともラディカルな仕方で提示されてもいる。

David Riesman, *Constraint and Variety in American Education*, University of Nebraska Press, 1956.／デイビッド・リースマン『大学教育論――教育社会学への試み』、新堀通也ほか訳、みすず書房、1961年。

社会学者リースマンは1960年代に生じた高等教育の大衆化を、教授団の権威にもとづく学術的価値の優位から顧客＝学生の消費者主義への移行とみなし、この急激な歴史的変化の弊害を指摘しつつ、受動的な学生を能動的な学習者へと転換する方途を模索した。ほかにも『大学の実験――学問とマス教育』（荒木泰子訳、みすず書房、1973年）、『大学革命――変革の未来像』（國弘正雄訳、サイマル出版会、1969年）などの著作がある。

Theodore Roszak (ed.), *The Dissenting Academy*, Pantheon Books, 1968.／シオドア・ローザク編『何のための学問』、城戸朋子ほか訳、みすず書房、1974年。

不条理なベトナム戦争に危機意識を抱いた人文社会科学の研究者が、現代文明の行き詰まりを打開するために異議申し立てとしての学問の方法を模索した論集。ノーム・チョムスキー「知識人の責任」を収録。

Allan Bloom, *The Closing of the American Mind*, Simon and Schuster, 1987.／アラン・ブルーム『アメリカン・マインドの終焉――文化と教育の危機』、菅野盾樹訳、みすず書房、1988年。

アメリカの精神的支柱である古典主義教育の頽廃を指摘した1980年代のベストセラー。アメリカのみならず、先進国の大学の批判的な現状分析として広く受け入れられたが、著者による人文学への貴族主義的、エリート主義的郷愁が賛否両論を招いた。

Jaroslav Pelikan, *The Idea of the University: a Reexamination*, Yale University Press, 1992.／ヤーロスラフ・ペリカン『大学とは何か』、田口孝夫訳、法政大学出版局、1996年。

前掲のニューマンの大学論の意義を発展的に継承しつつ、現代の大学を理念的に考察し、一般教養の重要性を主張しつつ、大学の本質と目的、その社会的機能と現実などを網羅的に考察した著作。

Bill Readings, *The University in Ruins*, Harvard University Press, 1996.／ビル・レディングズ『廃墟のなかの大学』、青木健・斎藤信平訳、法政大学出版局、2000年。

近代における哲学と大学の歴史を概観しつつ、グローバル資本主義時代において大学制度を席捲する新たな理念「エクセレンス（卓越性）」をめぐる批判的考察。グローバル化時代の大学論の必読書だが、日本語訳には誤訳が散見されるのが遺憾。

Peggy Kamuf, *The Division of Literature, or The University in Deconstruction*, University of Chicago Press, 1997.

脱構築、文学、大学制度との相互関係をめぐる論集。ハーマン・メルヴィル『信用詐欺師』を読み解きつつ、文学研究を、脱構築しつつある大学の場に位置づける。

Alvin Kernan (ed.), *What's Happened to the Humanities?*, Princeton University Press, 1997.／アルヴィン・カーナン『人文科学に何が起きたか――アメリカの経験』、木村武史訳、玉川大学出版部、2001年。

文献学と解釈学を本流とする人文科学が、1970年代以降のアメリカの大学において、フランスのポスト・モダニズム思想の影響を受けていかに変容したのかを多角的に分析した論集。教室や学生の変化、デジタル化時代のアーカイヴの状況、大学組織の変質などにも言及されている。

Samuel Weber, *Institution and Interpretation*, University of Minnesota Press, 1987; Expanded ed., Stanford University Press, 2001.／抄訳、サミュエル・ウェーバー「人文学の未来――実験すること」門林岳史・宮﨑裕助訳、「表象01」表象文化学会、月曜社、2007年。

デリダとポール・ド・マンの衣鉢を継ぐ著者が、人文学の制度化という問いを、テクストの正典化、文学教授法、大学の未来、精神分析、脱構築といった観点から論じた刺激的な論集。本書との関係では、レディングズの大学論への批判的応答の章が必読。

Gayatri Chakravorty Spivak, *Death of a Discipline*, Columbia University Press, 2003.／ガヤトリ・C・スピヴァク『ある学問の死――惑星思考の比較文学へ』、上村忠男・鈴木聡訳、みすず書房、2004年。

境界を横断する可能性をもつ地域研究との協働によって、グローバル化に対

峙する惑星的思考として比較文学研究を再定義する試み。

Christopher Fynsk, *The Claim of Language: A Case for the Humanities*, University of Minnesota Press, 2004.

「言語」への問いに定位することで、グローバル化や文化研究の隆盛によってあまりに拡散してしまった人文学の現代的条件をあらためて問い直す試み。ハイデガーやデリダの言語論、グラネルの大学論への検討を含み、レディングズ以後の大学論の地平を拓く。

Edward W. Said, *Humanism and Democratic Criticism*, Columbia University Press, 2004.／エドワード・W・サイード『人文学と批評の使命——デモクラシーのために』、村山敏勝・三宅敦子訳、岩波書店、2006年。

文献学的手法を人文学の本質としながら、人文学がナショナリズムや宗教的な熱狂に加担することも、エリート主義的な営みに矮小化することもなく、むしろその民主的で世俗的な開かれた力を十全に発揮することに希望を託すサイードの学問的遺言。

マサオ・ミヨシ、吉本光宏『抵抗の場へ——あらゆる境界を越えるために　マサオ・ミヨシ自らを語る』、洛北出版、2007年。

戦後まもなく日本を出てアメリカで英文学の教授にまでなった著者が、英文学を捨て、グローバリゼーションのなかで急速に変貌する大学や人文学の凋落について精力的に発言した興味深い議論。彼の日本語で読める大学論としては、「売却済みの象牙の塔——グローバリズムのなかの大学」（宮田優子・清田友則訳、「現代思想」2000年9月号）、「大学、宇宙、世界、そして『グローバリゼーション』——『超学問領域』の地平へ向けて」（前田晃一訳、「at」第10号、太田出版、2007年）がある。近年の著者は、諸学が結集して領域横断的な抵抗を組織しうる可能性をエコロジー問題に見出している。

4）その他

Jose Ortega y Gasset, *Mision de la universidad*, 1930.／ホセ・オルテガ・イ・ガセット『大学の使命』、井上正訳、玉川大学出版部、1996年。

専門分化が過度に進展し、研究偏重的となった現代の大学に対して、中世のフマニタスの伝統的意義を重視しつつ、一般教養の必要性を宣言する大学論の名著。大学における専門教育と教養教育の関係を論じるうえでの必読書であり、たとえば、1990年代に日本で教養学部が再編された時期には立花隆が『東大生はバカになったか——知的亡国論＋現代教養論』（文藝春秋、2001年。文春文庫、2004年）などで本書を参照しつつ「教養」の重要性を説いた。

東洋大学哲学科編『哲学の現場、そして教育——世界の哲学者に聞く』東洋大学哲学講座別巻、知泉書館、2007年。

哲学と教育の理論的・実践的な関係をめぐって、ベルンハルト・ヴァルデンフェルスやジャン＝リュック・マリオン、フランソワ・ジュリアンら独仏米の哲学者9名へのインタヴューと論考で構成された良質の証言集。

蓮實重彦、アンドレアス・ヘルドリヒ、広渡清吾編『大学の倫理』、東京大学出版会、2003年。

21世紀の大学の倫理をめぐって、グローバル化時代における自然科学、人文・社会科学のあり方を論じた、ミュンヘン大学と東京大学の合同シンポジウムの記録集。

南川高志編著『知と学びのヨーロッパ史――人文学・人文主義の歴史的展開』、ミネルヴァ書房、2007年。

ヨーロッパの歴史における人文学的な教養の意義と評価を検討することで、グローバル化時代における人文学の今日的意義を探究する論集。

Pierre Riche, Écoles et enseignement dans le Haut Moyen Âge: fin du Ve siècle - milieu du XIe siècle, Picard, 1989.／ピエール・リシェ『ヨーロッパ成立期の学校教育と教養』、岩村清太訳、知泉書館、2002年。

古代末期から11世紀半ばに至るヨーロッパ・キリスト教世界における教育の歴史的変遷を辿りながら、修道院を中心に展開する学校制度や自由学芸に関する膨大な史料とともにヨーロッパ中世の学問と教養の源泉を解明する労作。

上智大学中世思想研究所編『教育思想史』全6巻、東洋館出版社、1984-86年。

本リストでは広義の教育思想に関する文献を扱う余裕はないが、この主題を網羅的に扱ったものとしてこのシリーズを挙げておく。

5）雑誌特集

「理想」、第428号、1969年1月号「特集＝大学論」

「実存主義」、第47号、1969年「特集＝大学論」

「理想」、第611号、1984年「特集＝「教育」を問う」

「理想」、第624号、1985年「特集＝日本の教育改革――その課題と展望」

「現代思想」、1989年7月号「特集＝消費される〈大学〉」

「現代思想」、1999年6月号「特集＝大学改革」

「別冊環②大学革命」、藤原書店、2001年。

「現代思想」、2008年9月号「特集＝大学の困難」

Duncker & Humblot, 2005)、『闘争と文化――マックス・ウェーバーの文化社会学と政治理論』(みすず書房、2006年)ほか。訳書にクラウス・オッフェ『アメリカの省察――トクヴィル・ウェーバー・アドルノ』(法政大学出版局、2009年)。

北川東子(きたがわ・さきこ)

1952年生まれ。東京大学総合文化研究科教授(現代ドイツ思想)。著書に『ジンメル――生の形式〔現代思想の冒険者たち 01〕』(講談社、1997年)、『ハイデガー――存在の謎について考える』(NHK出版、2002年)、『法と暴力の記憶――東アジアの歴史経験』(共編著、東京大学出版会、2007年)ほか。訳書に『ハイデガー全集第56-57巻　哲学の使命について』(創文社、1993年)、『マルティン・ハイデガー――伝記への途上で』(共訳、未來社、1995年)ほか。

早尾貴紀(はやお・たかのり)

1973年生まれ。東京経済大学非常勤講師、ほか(社会思想史)。著書に『ユダヤとイスラエルのあいだ――民族/国民のアポリア』(青土社、2008年)。共編に『ディアスポラと社会変容――アジア系・アフリカ系移住者と多文化共生の課題』(国際書院、2008年)。共訳書にジョナサン・ボヤーリン、ダニエル・ボヤーリン『ディアスポラの力――ユダヤ文化の今日性をめぐる試論』(平凡社、2008年)ほか。

大場 淳(おおば・じゅん)

1961年生まれ。広島大学高等教育研究開発センター准教授(高等教育論)。著書に『フランスの大学評価』(編著、高等教育研究叢書104、2009年)、「高等教育の市場化:平等と卓越の狭間で――フランスにおける公役務概念の変化に着目して――」(大学論集第40集、2009年)、"Creating World-class Universities in Japan: policy and initiatives"(Policy Futures in Education Volume 6, 2008)、Des universités autonomes - La réponse japonaise aux défis de l'enseignement supérieur(Revue internationale d'éucation n° 45, 2007)。

藤田尚志(ふじた・ひさし)

1973年生まれ。九州産業大学国際文化学部講師(フランス近現代思想)。著書に『ベルクソン読本』(共著、法政大学出版局、2006年)。論文に、"Cassirer lecteur de Bergson"(*Annales bergsoniennes*, t. III, PUF, 2007)"Bergson's Hand: Toward a History of (Non)-Organic Vitalism"(*SubStance*, Vol. 36, No. 3, 2007)ほか。

水月昭道(みづき・しょうどう)

1967年生まれ。立命館大学衣笠総合研究機構研究員(環境心理学)。著書に『高学歴ワーキングプア――「フリーター生産工場」としての大学院』(光文社新書、2007年)。『子どもの道くさ』(東信堂、2006年)、など。論文に、「高学歴でも転落する」(「中央公論」2008年4月号)、「なぜ高学歴ワーキングプアは生まれるのか」(『日本の論点2009』、文藝春秋)ほか。

執筆者略歴（目次順）

西山雄二（にしやま・ゆうじ）
1971年生まれ。東京大学大学院総合文化研究科特任講師、グローバルCOE「共生のための国際哲学教育研究センター（UTCP）」所属（フランス思想）。著書に『異議申し立てとしての文学――モーリス・ブランショにおける孤独、友愛、共同性』（御茶の水書房、2007年）ほか。訳書にジャック・デリダ『条件なき大学』（月曜社、2008年）、『名を救う――否定神学をめぐる複数の声』（共訳、未來社、2005年）、カトリーヌ・マラブー『ヘーゲルの未来――可塑性・時間性・弁証法』（未來社、2005年）ほか。

宮﨑裕助（みやざき・ゆうすけ）
1974年生まれ。新潟大学人文学部准教授（哲学）。著書に『判断と崇高――カント美学のポリティクス』（知泉書館、2009年）、『ヨーロッパ現代哲学への招待』（共著、梓出版社、2009年）、『いま、哲学とはなにか〔UTCP叢書1〕』（共著、未來社、2006年）ほか。訳書にジャック・デリダ『有限責任会社』（共訳、法政大学出版局、2003年）。

斉藤 渉（さいとう・しょう）
1968年生まれ。大阪大学言語文化研究科准教授（哲学・思想史）。著書に『フンボルトの言語研究――有機体としての言語』（京都大学学術出版会、2001年）。論文に、「権力とメディア――コミュニケーション史的考察」（木村健治・金崎春幸編『言語文化学への招待』、大阪大学出版会、2008年）、“Der öffentliche Gebrauch der Fiktion. Zur Rolle der fiktiven Autorschaft in der Brieffolge ‘Ueber Berlin, von einem Fremden’ aus den Jahren 1783-1785”（*Neue Beiträge zur Germanistik*, Bd. 5/4, 2006）ほか。

大河内泰樹（おおこうち・たいじゅ）
1973年生まれ。京都産業大学文化学部助教（哲学）。著書に *Ontologie und Reflexionsbestimmungen. Zur Genealogie der Wesenslogik Hegels*（Würzburg, 2008）論文に、「脱超越論化と相互主観性――ハーバーマスによる『精神現象学』批判のメタクリティーク」（「理想」No. 679, 2007年）、「規範という暴力に対する倫理的な態度――バトラーにおける批判と倫理」（「現代思想」Vol. 34-12, 2006年）ほか。

竹内綱史（たけうち・つなふみ）
1977年生まれ。龍谷大学経営学部専任講師（宗教哲学）。著書に『ディアロゴス――手探りの中の対話』（共著、晃洋書房、2007年）、『西洋哲学の10冊』（共著、岩波ジュニア新書、2009年）、『ヨーロッパ現代哲学への招待』（共著、梓出版社、2009年）。論文に、「自由精神と自由意志――『人間的、あまりに人間的』におけるニーチェの自由論」（関西倫理学会編「倫理学研究」第38号、2008年）ほか。

野口雅弘（のぐち・まさひろ）
1969年生まれ。岐阜大学教育学部准教授（政治学、政治理論）。著書に *Kampf und Kultur: Max Webers Theorie der Politik aus der Sicht seiner Kultursoziologie*（Berlin:

UTCP叢書3

哲学と大学

発行――二〇〇九年三月二十五日　初版第一刷発行

定価――（本体二四〇〇円＋税）

編　者――西山雄二

発行者――西谷能英

発行所――株式会社　未來社

〒112-0002東京都文京区小石川三―七―二

電話・（03）3814-5521（代表）

http://www.miraisha.co.jp/

Email: info@miraisha.co.jp

振替〇〇一七〇―三―八七三八五

印刷・製本――萩原印刷

ISBN 978-4-624-01179-6　C0310

（消費税別）

小林康夫編
いま、哲学とはなにか ＵＴＣＰ叢書１
哲学はどこへ向かうのか。「共生のための国際哲学交流センター（ＵＴＣＰ）」の精鋭に外国人執筆者をまじえた十九人による応答集。現代哲学のかかえる問題を内在的に捉え返す試み。二〇〇〇円

村田純一編
共生のための技術哲学 ＵＴＣＰ叢書２
〔「ユニバーサルデザイン」という思想〕現代社会において科学技術の問題はいまや不可欠の課題。人間がよりよく生きるための技術論を哲学的・社会哲学的・文化論的に考察する論文集。一八〇〇円

小林康夫著
大学は緑の眼をもつ
カリキュラム改革でゆれる大学のなかで教師であるとはどういうことか。国際的・学外的な活動もふくめた知的実践をつうじて自身の全方位的人間性を開陳したスーパーエッセイ。一七〇〇円

折原浩著
大衆化する大学院
〔一個別事例にみる研究指導と学位認定〕独立行政法人化などで揺れる現下の大学院・研究教育機関の実態に広く関心を喚起し欠陥の是正と責任性の回復を訴える。大学人必読の書。一八〇〇円

岩崎稔・小沢弘明編
激震！　国立大学
〔独立行政法人化のゆくえ〕行政改革の一環として浮上した国立大学の「独立行政法人」化を徹底検証する。市場原理主義とヴィジョンなき行政改革への警告。関連資料も多数収録。一六〇〇円

マラブー著／西山雄二訳
ヘーゲルの未来
〔可塑性・時間性・弁証法〕時間性をめぐるヘーゲルとハイデガーの生産的対話を紡ぎだしながら、あえていま主体性を再考する。フランス・ヘーゲル研究史に一線を画す肯定的解釈。四五〇〇円